날씨가 바꾼 세계의 역사

Wie das Wetter
Geschichte macht

로마제국의 번성에서 미국의 독립까지

✳

날씨가 바꾼
세계의 역사

☀
🌧

로날트 D. 게르슈테 지음

강희진 옮김

미래의창

차례

프롤로그: 지구라는 배 • 6

기원전 200년~기원후 300년
로마의 번영을 가져온 최적의 기후 • 19

기원전 480년 9월
살라미스 해전의 승패를 가른 해풍 • 39

535~542년
화산재를 뒤집어쓴 지구, 인류 멸종의 위기 • 49

9세기
마야 문명의 붕괴가 주는 '섬뜩한' 경고 • 59

950년, 1000~1300년
중세에도 지구온난화가 있었다? • 65

1274~1281년 그리고 1944~1945년
일본의 운명을 가른 '가미카제' 신화 • 81

1315~1350년
인류의 생존을 위협한 기나긴 비 • 91

약 1315~1850년
중세에 찾아온 빙하기 • 107

1588년 여름
무적함대를 물리친 '신교도의 바람' • 139

1709년 1월
기억 속 가장 추웠던 겨울 • 153

1776년 8월과 12월
미국의 독립을 도운 비바람과 눈폭풍 • 165

1788년 7월 13일~1789년 7월 14일
대혁명의 먹구름과 거대한 우박덩이 • 175

1794년 7월 27~28일
로베스피에르의 목을 거둔 장대비 • 185

1812년
나폴레옹을 무릎 꿇게 한 러시아의 혹한 • 195

1815년 6월 18일
나폴레옹의 발목을 잡은 워털루의 폭우와 진흙탕 • 211

1814년 8월 25일
불타는 백악관 위로 쏟아진 폭우 • 219

1815~1816년
여름이 없는 해 • 227

1939년 11월 8일
히틀러의 목숨을 살린 그날의 안개 • 241

1941년 12월
독재자의 야망을 꺾은 혹독한 추위 • 251

1944년 6월 6일
연합군에 허용된 단 '하루'의 맑은 날씨, 노르망디 상륙작전 • 263

1944년 12월
안개에 가로막힌 히틀러 최후의 반격 • 277

1980년 4월 24일
모래 폭풍 속의 최후, 독수리 발톱 작전 • 289

2005년 8월 29일
기억하기 싫은 이름, 카트리나 • 301

에필로그: 지구온난화에 관한 짧은 고찰 • 308
주 • 313

지구라는 배

토르켈 파르세르크Thorkel Farserk는 운동선수처럼 탄탄한 신체와 손님을 융숭하게 대접하는 따뜻한 마음씨를 가진 인물이었을 것이다. 토르켈은 자신의 사촌 에이리크의 방문 소식을 듣자마자 손님맞이 준비를 시작했다. 어떤 음식을 준비할지 고민하던 토르켈은 사촌에게 양고기를 대접하기로 결정했다. 토르켈은 자신의 시야에 들어올 정도의, 그러니까 아주 멀지 않은 섬에서 양을 키우고 있었다. 문제는 그 섬까지 이동할 배가 없다는 것이었다. 토르켈은 헤엄을 쳐서 그 작은 섬으로 건너갔다. 모르긴 해도 옷은 최대한 가볍게 입고 있었을 것이다. 섬에 도착한 토르켈은 양 한 마리를 잡아 등에 태운 뒤 다시 헤엄을 쳐서 집으로 돌아왔다. 그것으로 손님맞이 준비에 있어 가장 큰 걸림돌이 제거됐다. 가장 중요한 식재료를 확보한 것이었다.

그런데 하필이면 그날 데려온 양은 늙은 양이었다. 그래서 몇 시간에 걸쳐 구워야 했고, 결국 육질이 너무 질겨졌으며, 상한 음식에서나 날 법한 퀴퀴한 냄새까지 났다. 하지만 이 이야기에서 가장 중요한 대목은 상한 양고기가 아니다. 여러분이 솔깃해 할 얘기는 따로 있다. 손님 접대용 요리 재료를 조달하기 위해 토르켈이 헤엄을 쳐야 했던 장소가 바로 그것이다. 토르켈은 그날 흐발세이야르 피오르 해안에서부터 흐발세이 섬까지 가기 위해 대략 2킬로미터를 헤엄쳤다. 돌아오는 거리까지 합하면 총 4킬로미터였다. 게다가 그곳은 춥디춥다는 그린란드 지역이었다.

당시 토르켈 파르세르크의 뛰어난 체력에 관한 이야기는《지명 안내서Landnámabok》에 실려 있다.[1] 이 책에는 아이슬란드와 그린란드의 지명에 얽힌 이야기와 흔히 '바이킹족'이라 부르는 이들의 거주지 형성 과정이 담겨져 있다. 식자재를 구하기 위한 과정과 헤엄을 친 거리로 미루어 보건대 당시 수온은 섭씨 10도 정도였을 것으로 추측된다. 그게 아니라면 아마도 토르켈과 그의 등에 업혀 있던 양은 차가운 수온을 견디지 못하고 목숨을 잃었을 것이다.

10세기 말엽 인류의 평균 영양 상태로 볼 때 토르켈의 피하 지방층이 차가운 수온을 견딜 수 있을 만큼 두꺼웠다고 보기는 어렵다. 특히 토르켈처럼 땅에서 먹을 것을 얻고, 매일 해가 뜰 때부터 질 무렵까지 힘든 육체노동을 소화해야 하는 상황에서는 웬만해서는 비만 체형이 되기 어렵다. 토르켈뿐만 아니라 그 시대 유럽인들의 90퍼센트가 그와 비슷한 처지였다. 따라서 오늘날의 학자들은 당시 토르켈이 수영을 해서 건넜던 바다의 수온이 최소 섭씨

3~6도는 됐을 것으로 추정하고 있다.[2]

지금으로부터 약 1천 년 전, 그린란드는 지구상에서 가장 큰 면적을 자랑하던 곳으로 지금과는 상황이 많이 달랐다. 당시 그린란드인들은 사람이 죽으면 땅에다 묻었다. 자신들의 선조라 할 수 있는 국가들, 즉 노르웨이나 스웨덴의 풍습을 따른 것이었다. 하지만 지금은 그린란드 땅 대부분이 사계절 내내 얼어붙어 있는 동토凍土가 되어 더 이상 매장 방식의 장례는 불가능해졌다. 현재 전 세계적으로 빙하가 녹고 있다는 우려가 심각하게 제기되고 있지만, 그럼에도 불구하고 그린란드의 땅은 1천 년 전이나 혹은 1100~1200년경에 비해 훨씬 더 쓸모없는 땅, 경작이 불가능한 땅, 더 추운 땅으로 전락하고 말았다.

1천 년 전 그린란드의 주거지 현황은 기후가 인류의 문명 발달이나 쇠퇴에 얼마나 큰 파급력을 지니고 있는지를 알려주는 대표적 사례다. 아이슬란드도 마찬가지였다. 심지어 아이슬란드가 그린란드보다 더 큰 피해를, 더 오랫동안 입었다고 볼 수도 있다. 사실 10~13세기 무렵, 나아가 14세기 중반까지도 북유럽과 중유럽의 많은 지역은 날씨가 매우 온화했다. 기후사氣候史 분야에서는 그 시기를 '중세 온난기Medieval Warm Period'라 부르는데, 중세 온난기를 맞이하여 유럽인과 유럽 사회 대부분이 포근한 날씨가 주는 다양한 혜택들을 누렸다. 흉년이나 기근은 매우 드물었고, 인구는 급속도로 증가했다.

지금도 그렇지만 당시 인류에게 생존은 그야말로 치열한 싸움이었다. 하지만 끼니가 해결되면서 생존 외의 다른 활동에 필요한

날씨가 바꾼 세계의 역사

에너지가 축적됐다. 그 시기에 건축 문화가 눈부신 발달을 이룩한 것도 모두 다 그런 배경 덕분이었다. 고중세古中世 시대는 새로운 건축 문화를 꽃피우기 위한 항해를 시작했고, 그 과정에서 수많은 교회와 성당이 건립됐다. 종교적 건축물뿐 아니라 교각이나 수로, 운하, 성채와 같은 실생활에 관련된 건축 분야에서도 큰 발전이 있었다. 그중 몇몇 건축물들은 지금도 도시를 대표하는 문화유산으로 자리매김하고 있다.

한편, 우리 조상들은 수많은 나무들을 잘라낸 뒤 그곳에 농경지와 거주지를 조성했다. 환경 문제가 심각하게 대두되고 있는 지금의 상황에서는 결코 환영할 만한 일이 아니지만, 그 당시에는 어쩔 수 없었을 것이다. 그때까지 불모지로 여겨졌던 땅이나 부족의 거주지가 아닌 땅을 새로이 개간하기도 했다. 예컨대 신성로마제국 중 인구밀도가 희박한 외곽 지역이나 그로부터 수백 년이 지난 뒤 프로이센 제국이 건립된 지역이 그렇게 새로이 개척된 땅들이었다. 아이슬란드나 그린란드는 그때까지도 유럽인들에게 매우 생소한 땅이었는데, 꽤 많은 이들이 그곳으로 이주하면서 그 지역 원주민인 바이킹족의 문화가 번성하기도 했다.

그런가 하면 당시 바이킹족들 중에는 완전히 새로운 대륙을 개척한 이들도 있었다. 따뜻한 날씨 덕분에 북미의 신대륙까지 순항한 뒤 그곳에 정착한 것이었다. 앞서 언급했듯 그 당시 노르웨이나 아이슬란드, 그린란드 주변의 날씨는 꽤 온난했다. 바다가 전혀 얼어붙지 않았기 때문에 배로 이동할 수 있었다. 이후 더 많은 바이킹족들이 최초 이주민들의 발자취를 따라 북미 대륙으로 진출했다.

독일의 역사학자 볼프강 베링거Wolfgang Behringer는 이와 관련해 "기후사학자들은 그 당시 폭풍이 매우 드물었을 것이라 보고 있다. 즉, 나침반도 발명되기 전이고 선박에 편의시설도 없던 그 시절에 바이킹족이 전설적인 항해 능력을 보여 줄 수 있었던 것은 무엇보다 그 당시 평온했던 날씨 덕분이었을 것이라는 뜻이다"라고 말한다.[3]

바이킹족들은 자신들이 정착한 머나먼 북미 대륙의 땅에 '포도주의 땅'이라는 뜻의 '빈란트Vinland'라는 이름을 붙였다. 빈란트가 캐나다 뉴펀들랜드 주의 랑스 오 메도즈 만을 뜻하는지, 혹은 그로부터 남쪽으로 계속 이어져 매사추세츠의 일부 지역까지를 포함하는지는 아직 확인되지 않았다. 매사추세츠 주 끝자락에 있는 창끝 모양의 땅이 바이킹족이 개척한 곳이라는 말도 있지만, 그곳에는 포도 농장이 아예 없었다. 미국의 북동쪽 끝에 위치한 매사추세츠 주는 포도 수확과는 전혀 무관한 지방이었다. 스코틀랜드와 노르웨이 중간에 위치한 덴마크령 페로 제도 역시 몇몇 지역을 제외하면, 나아가 계절적 영향에 따른 몇몇 날들만 제외하면 포도 수확에 적합한 곳이 아니었다.

그렇게 볼 때 바이킹족들이 자신들이 개척한 새로운 땅에 이름을 붙일 때 매우 많은 창의력을 발휘한 것이 아닐까 하는 의심이 든다. 누구든 그랬을 것이다. 자신들이 개척한 땅에 '개떡 같은 땅(Shitland)'이라는 부정적인 이름을 붙일 민족이 누가 있겠는가. 바이킹족들의 빈란트가 실제로 포도 수확이 가능한 땅이었는지 아닌지를 확인할 수는 없지만, 한 가지는 분명하다. 그 당시 북미 대륙의 기후는 오늘날 그린란드를 오가는 크루즈선의 따뜻한 선실 안에서 여행객들이 창밖으로 감상하는 차가운 날씨와는 분명 거리가 멀었을 것이다. 사람이 살기에 훨씬 더 적합한 환경이었을 거라는 얘기다.

기후는 늘 변한다. 요즘엔 그 사실이 피부에 와 닿을 만큼 확연해졌다. 중세 온난기는 그다지 오래 지속되지 않았다. 길어야 300~400년 정도였다. 그린란드에는 더 강한 추위가 몰아닥쳤고, 농작물 수확은 더더욱 불가능해졌다. 그러자 그때까지도 그린란드에 남아 있던 많은 이들은 결국 그곳을 포기하고 다른 곳으로 이주했다. 북미 대륙에 정착했던 이들도 다른 곳으로 떠났다. '스크라엔클링가Skraenklingar'라 불리는 원주민들과의 갈등이 원인이었다. 이후, 유럽인들의 시야에서 북미 대륙이 조금씩 사라지면서 오늘날 우리가 '인디언' 혹은 '북미 원주민'이라 부르는 그곳 주민들은 그후 거의 500년 동안 외세의 침입 없이 평화로운 나날을 누렸다. 한편, 바이킹족은 그린란드에 석조 건물인 흐발세이Hvalsey 교회나 묘지 등 다양한 건축물들을 남겼다. 흐발세이 교회는 1300년경 건축된 건물인데, 아쉽게도 그 후 그다지 큰 주목을 받지 못했다.

평균 기온이 꽤 높았던 시대가 끝나면서 유럽은 기후 면에서나 역사 면에서나 큰 변화를 겪게 된다. 그중 하나는 1315년을 전후해서 시작된 장마였다. 당시 많은 이들은 장마가 결코 끝나지 않으리라 점치며 절망에 빠졌다. 그 이후부터 17세기까지 이어진 이른바 소빙하기Little Ice Age는 인류에게 '겨울 풍경화'라는 새로운 회화 장르를 선물하기도 했지만, 수많은 위기를 낳기도 했다. 17세기 유럽은 수많은 종교적·사회적 변화를 겪었다. 흑사병과 마녀사냥, 무엇보다 30년 전쟁이 가장 대표적인 사례다.

그런데 기후와 관련된 과거의 큰 변화들을 고찰한다고 해서 현재의 기후 문제가 덜 심각해지는 것은 아니다. 오늘날 대부분의 기후학자, 지구물리학자 그리고 기타 관련 분야의 학자들은 지금까지 확보된 자료들을 살펴봤을 때 작금의 지구온난화 폭이 과거 그 어느 때보다 더 크다고 입을 모은다. 2000년 이후 열다섯 번의 여름 중 열네 번이 무려 '역사상 가장 더웠던 여름'을 기록했다는 점은 그 이론을 뒷받침하는 단적인 증거다.

대부분 학자들은 이러한 심각한 기후변화가 인위발생적이라 보고 있다. 개중에는 인위발생적인 이유가 천재지변적 요인들과 더불어 오늘날의 기후변화를 초래했다고 주장하는 학자도 많다. 즉, 인구가 급격히 증가하면서 대기 중으로 방출되는 각종 유해 물질의 양이 늘었고, 그것이 다시 지구 대기권으로 급속도로 퍼지면서 예측 불가능할 정도로 심각한 온난화 현상을 초래하고 있다는 것이다.

이런 가운데 학계에서는 터무니없는 대책이나 오늘날의 상황을 지나치게 과장하는 논문들을 쏟아내고 있다. 인류가 스스로 초래한 지구온난화라는 대참사에 대해 경쟁적으로 경종을 울리는 행태도 증가했다. 그 와중에 몇몇 학자들은 연구비 확보를 위해 오히려 그 상황들을 이용하기도 한다. 그들은 아마도 멸망의 시나리오로 각종 언론의 헤드라인을 장식하는 것만큼 쉽고 확실한 예산 확보 방법은 없다고 믿고 있는 것 같다. 지금도 기후변화에 대한 경각

날씨가 바꾼 세계의 역사

심을 잠재우고 싶어 하는 회의론자들이나 기후변화의 심각성 자체를 부인하는 이들은 내용적으로나 심리학적으로나 불완전한 논문들을 대환영하며 자신들의 의도에 맞게 재단하여 활용하고 있다.

요즘은 기후변화를 경고하는 견해와 부인하는 견해가 양극단으로 치달으며 도저히 접점을 찾지 못하고 있고, 양측의 태도는 특정 종교를 둘러싼 찬반 논란을 방불케 할 정도다. 인터넷에 떠도는 네티즌의 견해나 신문 독자 투고란에 게재된 내용을 자신들의 목적에 맞게 재단한 신문 기사나 논평, 방송도 난무하고 있다.

예컨대 인터넷 어느 사이트에 누군가가 "지난 겨울은 정말 추웠다. 매일 매일 '오늘 밤은 또 어떻게 견딜까'를 걱정해야 할 정도였다"라는 글을 올린다면, 지구온난화 부인론자들은 그 내용을 인용하며 "보라, 이래도 지구가 계속 더워지고 있다고 주장할 것인가?"를 외친다. 그간의 기후변화사 역시 오래전부터 양측이 각자 자신의 입장을 옹호하는 수단으로 활용되고 있다. 기후변화가 결코 인위발생적이지 않다는 이들, 인재人災가 아니라 천재天災라는 이들, 기상재해가 결코 인류의 자업자득이 아니라고 주장하는 이들은 자신들의 입장을 대변할 대표적 사례로 중세 온난기를 꼽곤 한다. 즉, 평균 온도가 때로는 높아지고 때로는 낮아지면서 세계적으로 기후가 늘 요동쳐 왔다는 것이다.

그들은 또 1015년경에는 아무도 온실가스를 배출하지 않았음에도 불구하고 지구온난화 현상이 발생했다는 점을 강조하면서, 앞으로도 계속 공장 굴뚝에서 연기가 좀 나도 무방하고, 도로가 꽉 막히거나 말거나 자기 차로 이동하는 게 더 편하니 계속 그렇게 해도 지구 환경에 큰 영향을 끼치지는 않을 것이라 주장한다. 모르긴 해도 인간이 기후변화에 아무런 영향을 끼치지 않았다고 주장하는 이들은 아마도 다음 순서로 고중세시대 우리 선조들이 그 당시 포근했던 겨울을 얼마나 좋아했는지, 연평균 기온이 높은 덕분에 얼마나 편안히 살 수 있었는지를 강조하고 나올 것이다. 소빙하기에 수많은 지역에서 아기들이 엄마 품에 안긴 채로 얼어 죽었다는 사실이나, 추위로 인해 많은 이들이 목숨을 잃고 수확량이 급감했다는 사실도 부각하려 들 것이다. 기후변화가 인위발생적이라 보는 학자들이 제 아무리 수많은 자료와 그래프를 들이밀며 고중세시대 온난기가 지금보다 훨씬 더 기온이 낮았다고 강조해도, 혹은 현재의 온난화 현상과 그 당시의 기후 온난화는 비교 대상조차 되지 않는다고 강조해도 아무런 소용이 없을 것이다.

이 책에서는 기후가 인간 사회의 번영이나 몰락에 어떤 영향을 미쳤는지를 살펴보고자 한다. 이때, 기후라는 거시적 명제와 더불어 날씨라는 미시적 명제에 대해서도 고찰할 것이다. 날씨는 짧게는 하루, 길게는 몇 주일 정도의 단기간에 걸친, 일종의 에피소드에 가까운 요인이라 할 수 있는 반면, 기후는 좁은 지역이나 좀 더 넓은 지역에서 장기간에 걸쳐 일어난 기상학적 현상들의 누적이라 볼 수 있다. 이를 테면 300~400년에 걸쳐 지속된 중세 온난기는 날씨보다는 기후라고 할 수 있는 것이다.

그린란드의 주거지 형성 및 번영과 쇠퇴 과정, 맹추위가 위세를 떨쳤던 근대 초기의 위기 등 날씨가 역사에 미친 영향들을 돈

날씨가 바꾼 세계의 역사

보기로 들여다보듯 밀착 관찰하다 보면 그야말로 드라마틱한 '임팩트'를 발휘한 사례들과 마주하게 된다. 1944년 여름의 어느 날, 연합군이 노르망디 해안에 상륙할 수 있었던 것도 평소와는 달리 24시간 동안 파도와 풍랑이 잠잠했던 덕분이었다. 그러나 날씨, 나아가 기후는 역사를 좌지우지한 수많은 요인들 중 하나일 뿐이다. 러시아 역사상 가장 추웠던 겨울 중 하나로 기록된 1941년 겨울, 동장군이 히틀러의 진격을 가로막은 것은 틀림없는 사실이다. 하지만 그것이 유일한 요인은 아니었다. 붉은 군대의 뜻밖의 거센 저항, 보급 물자를 원활하게 공수하기에는 너무나도 광활했던 러시아의 면적 그리고 침공 방향을 바꾸라는 히틀러의 명령도 독일군의 패인으로 작용했다. 참고로 나폴레옹이 지휘한 프랑스 대군 역시 그로부터 129년 전에 이와 유사한 문제를 겪은 바 있다.

만약 그 당시 독일군이 러시아 진격에 성공했다면 세계 제패를 꿈꾸던 나치 정권에게 분명 유리한 변곡점으로 작용했을 것이다. 하지만 그 결정적인 몇 주 동안 지속된 추위는 역사의 나침반을 다른 방향으로 틀어 놓았다. 이제 와서 우리는 그 당시에 일어난 일들을 그저 당연한 것으로, 나아가 불가피했던 것으로 여길 뿐이지만 사실 역사에는 그 어떤 불가항력의 상황도 미리 정해져 있지 않다.

종교전쟁 당시, 북해의 거센 풍랑이 단 몇 주 만이라도 잠잠했다면 신교도들의 주요 교두보는 구교도들의 강력한 군사력 앞에 힘없이 무너지고 말았을 것이고, 만약 그랬다면 이후 유럽의 역사가 어느 방향으로 튀었을지는 아무도 알 수 없다. 종교재판이 끊임없이 이어졌을 수도 있고, 문화적 번영이 조기에 끝날 수도 있었으며,

미국이 지금 스페인어를 쓰고 있을지도 모른다. 그러나 1588년 여름의 폭풍우는 드레이크 제독이 이끄는 영국 왕립 해군보다는 무적함대를 내세운 에스파냐의 군대에 훨씬 더 큰 피해를 입혔고, 이로써 양국 군대 사이의 팽팽한 균형을 무너뜨렸다. 이 역시 이미 예정되어 있던 역사의 방향을 날씨가 바꾸어 놓은 사례인 셈이다.

흔히들 "날씨 때문에 기분까지 우울해진다"는 말을 입버릇처럼 내뱉곤 한다. 단기간을 염두에 둔 미시적 개념인 날씨와 그보다 긴 기간을 대상으로 하는 거시적 개념인 기후는 중대한 고비 때마다 실제로 엄청난 파급력을 지닌 요인으로 작용해 왔다. 날씨나 기후가 어떤 지역의 특성을 규정하는 기준이 되기도 했다. '영국'이 온난한 날씨와 잦은 비를 연상시키거나, '중미 대륙'이나 '인도'라는 말을 들으면 끔찍한 가뭄부터 떠올리게 되는 식으로 말이다.

하지만 이제 우리는 비교적 작은 행성인 지구에 그런 식의 구분이 그다지 의미가 없다는 것을 깨닫게 됐다. 이제 지구상에는 수많은 기후 대신 단 하나의 기후만 존재한다. 점점 더 많은 이들이 각자 살고 있는 나라의 기후가 아닌 전 지구의 기후를 보호하기 위한 행동, 깨끗한 환경을 후손들에게 물려주기 위한 행동에 참여하고 있다. 다행히 우리는 먼 옛날 차가운 바다를 헤엄쳐야 했던 토르켈 파르세르크와는 달리 지구라는 배를 타고 항해를 하고 있다. 하지만 우리 모두를 태운 그 배는 손 놓고 앉아만 있기에는 그다지 튼튼하지 않다는 사실을 잊어서는 안 된다.

로마의 번영을 가져온
최적의 기후

서기 98년 로마제국의 역사가 타키투스Tacitus는 로마제국에서 상당히 멀리 떨어진 어느 지역에 대해 이렇게 기록했다. "잦은 비와 안개로 하늘은 어두컴컴하지만, 그럼에도 불구하고 살을 에일 듯이 춥지는 않다." 타키투스가 말한 그 지역은 오늘날의 잉글랜드와 웨일스를 아우르는 브리타니아 지역으로, 당시 브리타니아는 로마제국이 지배하고 있었다.

타키투스가 살았던 당시 로마제국의 수도였던 로마는 오늘날 연평균 일조량이 2,500시간에 달한다. 반면 런던의 일조량은 1,500시간이 될까 말까. 월별 일조량을 비교해 보면 그 차이가 더욱 확연히 드러난다. 1월의 경우 로마의 평균 일조량이 130시간인 것에 비해 런던은 45시간밖에 되지 않는다. 지금으로부터 약 2천 년 전의 상황도 별반 다르지 않았다. 타키투스에게 기온은 낮고 비가 잦은 날씨는 꽤 생소했을 것이다. 하지만 위대한 학자 타키투스는 세심한 관찰을 통해 비록 로마제국의 영토 브리타니아의 기후가 사람들을 유인하기에는 부족할지 몰라도 최소한 한겨울 맹추위에 시달려야 하는 날씨는 아니라는 사실을 밝혀냈다.

사실 브리타니아만큼은 아니지만 로마와 지중해 연안에도 비는 자주 내렸다. 하지만 타키투스의 관찰에 따르면 비가 온다 하더라도 로마와 지중해의 날씨는 대체로 온화하고 쾌적했다. 로마제국의 전성기였던 기원후 1~2세기에 걸쳐 로마제국의 기후는 대체로 온화한 수준을 유지했다. 평균 기온은 지구온난화를 겪고 있는 오늘날과 비슷했다. 강우 주기나 횟수도 꽤 일정해서 이탈리아나 지중해 지역 전체에 심각한 가뭄은 일어나지 않았다. 특히 로마제국의 속주屬州들이었던 아프리카(지금의 튀니지와 리비아 해안 지대)와 아에깁투스(지금의 이집트)는 강수량이 매우 풍부했는데, 그중 아에깁투스는 로마에 거주하는 수많은 인구에게 제공할 식량을 조달하는 곳으로서 더더욱 중요했다.

한편, 매우 꼼꼼한 관찰자였던 타키투스는 기후와 농경제의 상관관계에 대해서도 깊이 연구했다. 브리타니아에 대해 타키투스가 기술한 《아그리콜라 XII Agricola XII》를 보면 잉글랜드와 웨일스의 당시 연평균 기온이 지금보다 높았다는 것을 알 수 있다. "올리브 나무나 포도주 제조용 포도, 기타 더운 지방에서만 자라는 몇몇 작물들만 제외하면 대지에서 과실을 수확할 수 있고, 가축도 매우 많은 편이다. 과실들이 무르익는 속도는 느리지만 생장 속도는 빠르다. 그 두 가지에는 공통의 이유가 있다. 비옥한 토지와 하늘이 바로 그

것이다."

요즘은 상황이 조금 달라져서 잉글랜드와 웨일스 남부 지역에서도 포도 재배가 가능해졌는데, 그것은 어디까지나 지구온난화 현상 때문이다. 그렇다. 비록 드러내 놓고 기뻐할 수는 없지만, 영국의 포도주 산업은 분명 기상이변의 덕을 보고 있다. 하지만 그렇다 해도 영국의 포도 농장이나 포도주 제조장들은 대개 규모가 매우 작은 편이고, 모두 합해도 400개 정도밖에 되지 않는다. 올리브 나무는 영국 땅에서 거의 찾아볼 수 없다. 잘해야 인공적으로 적정 온도와 높은 습도를 유지하는 온실 속에서나 키울 수 있는 정도다.

서기 98년, 타키투스는 브리타니아의 기후적 특성을 관찰한 결과를 그나이우스 율리우스 아그리콜라Gnaeius Julius Agricola의 전기문에 포함시켜 출간했다. 아그리콜라는 타키투스의 장인이자 로마제국의 법무관으로 원로원까지 지낸 인물이다. 그런데 그해는 역사적으로도 매우 의미심장한 해였다. 바로 트라야누스 황제가 즉위한 해였기 때문이다. 마르쿠스 울피우스 트라야누스(재위 98~117) 황제는 하드리아누스(재위 117~138), 안토니우스 피우스(재위 138~161), 마르쿠스 아우렐리우스(재위 161~180)와 더불어 어질고 훌륭했던 황제 중 하나로 꼽힌다. 그런데 트라야누스는 위에 나열한 5대 현제賢帝 가운데에서도 특히 더 선한 군주로 추앙받고 있다. 어느 역사 기록서는 아우구스투스 황제(재위 기원전 27~기원후 14)를 시발점으로 제정帝政 시대가 막을 연 이래 트라야누스가 최고의 '프린켑스princeps', 즉 '1인자'였다고 칭송하기도 했다.

트라야누스는 로마제국 최고의 지위에 오른 최초의 속주 출신

정치가였다. 당시 에스파냐 남부에 거주하던 로마인들의 후손 대부분은 로마로 되돌아왔지만 트라야누스는 정치가였던 아버지와 함께 에스파냐 지역에 남아 그곳에서 성장했다. 특히 트라야누스는 재위 기간 중 로마제국의 영토를 널리 확장한 것으로도 유명하다. 그 시절 로마제국의 영토는 대서양 연안에서부터 유프라테스에 이를 정도로 광활했다.

아프리카 북부의 해안 지역과 오늘날 중동이라 불리는 지역의 수많은 땅들 역시 모두 로마제국의 영토에 속했다. 잠시였지만 로마 병사들이 무려 페르시아 만까지 진격하기도 했는데, 이는 가장 먼 동방 원정길이었다. 현대 유럽 국가들을 기준으로 스페인과 프랑스, 포르투갈, 스위스, 오스트리아, 루마니아, 그리스 전역이 로마제국의 일부였으니 그야말로 탁월한 업적이라 할 만하다. 이후 펼쳐진 역사를 생각하면 로마제국의 광활한 영토는 지리학적인 면에서나 상징적인 면에서나 매우 인상 깊은 것이었다.

한편, 동쪽에서는 오늘날 이란에 해당되는 지역에 거주하고 있던 파르티아인들이 로마제국의 정복욕에 거세게 저항했다. 파르티아와의 전쟁은 수많은 로마제국 황제들이 반드시 거쳐야 하는 일종의 통과의례였다. 사실 트라야누스 재위 시절만 하더라도 고르디아누스 3세가 파르티아 원정에서 목숨을 잃는 일 따위는 상상조차 할 수 없었다(244년 사망). 이후 발레리아누스 황제는 전쟁 포로가 되어 처형당하는 더 심한 수모까지 겪었다(260년 사망).

로마군의 영토 확장과 정복을 위한 야심은 현재 독일인 게르마니아 지역에서도 쓰디쓴 고배를 마셔야 했다. 당시 게르마니아인들은 라인 강과 엘베 강 동쪽에 위치한 자국 영토를 로마군의 무차별 침략으로부터 수호하기 위해 국경선을 설치하고 강력히 맞섰다. 비가 잦고 날씨도 추운 편인 브리타니아 역시 그와 비슷한 전략으로 로마군에 대항했다. 그러자 트라야누스의 후임자인 하드리아누스는 오늘날의 스코틀랜드 지역, 그러니까 정복 대상지와의 경계 지역에 자신의 이름을 딴 석조 장벽을 설치하라는 명령을 내렸다. 지금은 폐허로 남아 있는 그 장벽은 당시 로마제국의 상황을 추정하는 귀중한 고대사학적 근거다.

로마제국이 무려 세 개의 대륙에 걸쳐 수많은 승전보를 울리고 자신들의 지배력을 공고히 한 데에는 다양한 요인들이 함께 작용했다. 우선, 고도로 발달된 문자 문화와 문서 문화를 첫 번째 요인으로 꼽을 수 있다. 그게 없었다면 공화정이 이제 막 싹트고 있을 그 무렵 외세 확장을 위한 통치 구조를 결코 단단하게 다질 수 없었을 것이다.

둘째, 군대를 조직하고 확장하는 탁월한 능력이 커다란 기여를 했다는 데에도 의심의 여지가 없다. 그러한 능력은 무엇보다 기원전 3세기와 2세기에 걸쳐 세 차례나 벌어진 포에니전쟁에서 카르타고에 승리를 거두는 원동력이 됐다. 최적의 훈련을 받은 직업 군인들과 뛰어난 장교들로 구성된 로마 군단은 그 당시 제대로 된 조직을 갖추지도 못한 다른 국가의 군대들보다 전력이 몇 배는 더 강했다. 로마의 병사들은 국가에 대한 복무와 희생의 대가로 임금을 지급받았다. 주로 정복한 국가의 토지를 병사들에게 지급하는 형태였는데, 이로써 해당 점령지는 로마제국의 속주가 됐다. 점령지 주민들에게 더러 로마 시민권이 부여되기도 했다.

셋째, 비록 무력 앞에 무릎을 꿇은 것이기는 했지만 정복민들은 로마의 법제가 꽤 많은 장점을 지니고 있다고 판단했다. 로마제국의 법은 오늘날 우리가 생각하는 법과는 비록 거리가 멀었지만, 당시 다른 부족들의 법제에 비하면 훨씬 뛰어난 것이었다.

넷째, 로마제국은 이민족의 문화에 개방적 태도를 취하면서 자국 번영을 위한 기반을 다졌다. 로마가 아직 공화국이던 시절에 정복한 그리스의 문화는 로마제국의 엘리트들에게 상당히 긍정적인 영향을 미쳤다. 나아가 그리스 문명을 받아들이기로 한 결정은 로마제국의 교육 제도에 있어서도 일종의 '축복'이었고, 로마는 또 이집트 문명을 비롯한 몇몇 고대 문명과의 교류에서도 다양한 결실을 거두었다.

하지만 위에 나열한 모든 조건이 충족됐다 하더라도 정치적·경제적 안정이 없었다면 로마제국은 결코 번성하지 못했을 것이다. 특히 100만에 가까운 인구가 모여 살았던 대도시 로마의 경우, 무엇보다 시민들에게 삶을 즐기고 누릴 수 있는 조건을 마련해 주어야 했다. 플레브스plebs라 불린 평민들에게는 '빵과 서커스,' 즉 배를 채워 줄 식량과 기분을 유쾌하게 전환시켜 줄 유흥거리가 필요했다. 로마는 수십 년에 걸쳐 그 과제를 충실하게 수행했다. '제국의 빵 조달 창고'인 이집트 배들이 로마로 식량을 실어 날라 준 덕이었다.

나일 강 계곡의 비옥한 토지, 농사에 유리한 기후를 갖춘 속국들, 도시 내 도로 정비 및 기타 시설물 건설 등과 같은 조건들이 모두 충족된 덕분에 로마제국의 농경제는 그만큼 발달할 수 있었다. 당시 로마제국, 나아가 유럽 대부분 지역의 기후는 로마제국 공화정 말기부터 5대 현제 시절이 끝날 때까지 약 300년 동안 매우 안정적이었다. 기온에 큰 변화가 없었고, 예기치 못한 극단적인 악천후도 거의 없었으며, 적절한 강수량까지 더해지면서 로마제국은 활짝 꽃을 피울 수 있었다. 그래서 그 시기를 '로마제국의 기후최적기 Roman Climatic Optimum'라 부르기도 한다.

하지만 모든 기후 시대들이 그렇듯 로마제국의 기후최적기 역시 정확히 언제부터 언제까지라고 규정할 수는 없다. 본 장의 제목에서는 이 시기를 기원전 200년부터 기원후 300년까지로 소개했는데, 이는 그 시기를 매우 폭넓게 잡은 것이다. 또 특정 지역과 특정 시대의 날씨나 기후의 특성을 기술할 때 으레 그렇듯, 그 당시 로마제국의 기후가 최적의 상태였다는 이론 역시 어디까지나 그 시절, 그 시기의 평균 경향이 그랬다는 뜻이다. 그 당시 특정 지역의 날씨가 아마 더 따뜻했을 것이라고 말한다고 해서 동장군이 단 한 번도 엄습하지 않았다는 뜻은 결코 아니다. 날씨나 기후는 끊임없이 변화하며 이어지는 것이기 때문에 엄격하게 구분할 수는 없다. 요즘 시대엔 모두들 '정치적 올바름'을 따지고 든다. 따라서 역사와 과거 문명에 대해 이야기할 때에도 단어를 신중히 선택하고, 그 단어를 선택한 이유를 충분히 설명해야 한다.

'로마제국의 기후최적기'라는 표현은 당연히 유럽에 초점을 맞춘 용어다. 좀 더 정확히 따지자면 그중에서도 무엇보다 로마에 초점을 맞추고 있다. 그 표현 속에는 로마에 대한 찬사가 내포되어 있는데, 찬사를 받을 이유는 여러 가지 면에서 충분하다. 이 책을 읽는 독자라면 누구나 로마 문화가 남긴 유산의 혜택을 보고 있기 때문이다. 이 책(독일어판)을 구성하는 글자들 역시 아라비아 문자나 그리스 문자, 혹은 키릴 문자가 아닌 로마 문자다.

로마제국의 전성기는 비단 최적의 기후에만 기반을 두고 이루어진 것이 아니다. 권력 쟁탈 과정까지 살펴봐야 비로소 전성기를 누린 이유를 알 수 있다. 그러나 권력 쟁취 과정이 로마제국의 전성기에 기여했다 해서 제국 내 수많은 평민들이 고통 받았다는 사실마저 잊어서는 안 된다. 부유한 로마 시민의 저택에서 일하던 노예, 광산 노동자, 로마 시민의 가장 큰 구경거리였던 원형 경기장에서 타의에 의해 목숨을 잃어야 했던 검투사 등 그들 모두는 분명 자신의 존재와 운명을 좌우하던 그 당시를 결코 최적의 사회로 여기지 않았을 것이다.

'홍적세'에서 '홀로세'로

. . .

한편, 지난 1만 2천 년 동안의 기후변동과 기후사를 되돌아보면, 최근 2천~3천 년 사이에 발생한 한 가지 특이점이 발견되는데, 그것은 결코 우연이 아니다. 그 특이점이란 바로 온난기에는 문화와 사회를 비롯해 다양한 분야가 발전하며 전성기를 누린 반면, 한랭기는 불안과 위기로 점철되어 있었다는 점이다. 문자의 발명이나 새로운 문명의 대두, 다양한 조직과 기구의 형성과 발전 등 인류가 이뤄낸 역사적 발전 대부분은 홀로세Holocene라는 지질 시대, 즉 온난

로마는 기후최적기와 함께
정치적·경제적 안정을 누리며 번성했다.

기에 집중되어 있다.

홀로세는 지금도 계속되고 있는데, 그 시작은 기후온난화였다. 물론 홀로세 내내 기온이 지속적으로 높았다는 뜻은 아니다. 온도가 뚝 떨어진 시기도 여러 차례 있었다. 기원전 4100년부터 기원전 2500년경까지 사하라 사막의 일부가 초원에서 황무지로 변해버린 사례가 대표적이다. 학자들은 홀로세가 대략 서기 2000년을 기준으로 1만 1,700년 전쯤 시작된 것으로 추정하고 있다. 독일 아이펠 산맥 지대의 마르maar형 호수인 마르펠트 호수의 퇴적물을 분석한 결과 역시 그와 비슷했다. 홀로세의 시작 시점을 대략 기원전 9640년으로 본 것이다.

인류는 수천 년에 걸친 악천후에도 불구하고 살아남았다. 10만 년 전에 시작된 빙하기가 지금으로부터 약 1만 2천 년 전까지 이어졌음에도 불구하고 인류는 멸종하지 않았다. 게다가 빙하기 말부터는 생존을 위한 사투를 벌이면서도 뛰어난 예술 작품들을 남겼다. 스페인과 프랑스의 동굴에서 발견된 유명한 암각화들 역시 빙하기에 탄생한 것들이다. 오스트리아 빈의 자연사박물관에 전시되어 관람객들의 감탄을 자아내고 있는 조각 작품 〈빌렌도르프의 비너스〉도 기원전 2만 5천 년경에 제작된 것이다.

그러나 고대인들은 한편으로는 탁월한 예술적 업적을 남긴 반면, 다른 한편으로는 그다지 바람직하지 않은 '범죄'도 저지른 듯하다. 홍적세Pleistocene 말기, 그러니까 홍적세에서 홀로세로 넘어갈 무렵 수많은 거대 동물들megafauna이 대량으로 멸종하는 사태가 발생했다. 빙하기에 각 대륙에 흩어져 서식하던 몸집 큰 동물들이 대거 자취를 감추어 버린 것이다.

검과 같은 치아를 지녔다 해서 검치호라 불리던 거대 동물, 털 코뿔소, 매머드 등 체중이 1천 킬로그램을 훌쩍 넘는 동물들이 갑 자기(여기에서 말하는 '갑자기'란 '불과 몇 백 년에 걸쳐'를 뜻한다) 멸종됐 다. 아프리카와 아시아 일부에 서식하던 몇몇 종들만이 멸종 위기 를 모면했다. 그 동물들이 없었다면 지금 코끼리나 하마 같은 동물 도 존재하지 않을 것이다. 그 당시, 현재 러시아령인 북극해의 랭겔 섬에 서식하던 털매머드 무리만이 기원전 1700년까지 살아남았지 만 결국엔 멸종하고 말았다. 랭겔 섬은 유네스코 세계문화유산으로 지정된 곳이다.

많은 학자들은 털매머드의 멸종과 인류가 그 섬에 거주하기 시 작한 것 사이에 연관성이 있다고 주장한다. 즉, 홍적세에서 홀로세 로 넘어가던 시기에 수많은 거대 동물들이 멸종된 것이 인간의 무 차별적 사냥 때문이었다는 것이다. 물론 어디까지나 가설에 지나지 않지만, 거대 동물이 자연적으로 멸종된 것이 아니라 인류에 의해 절멸됐다는 이론은 매우 충격적이다. 뿐만 아니라 몸집이 작은 동 물들도 80퍼센트가 멸종됐다. 그 당시 전 세계 인구수가 500만 정 도[1]였다는 사실을 감안하면 거대 동물의 멸종은 그야말로 우리 선 조들이 저지른 잔인한 대학살이었다고 할 수 있다. 뒤집어 생각해 보면 빙하기와 석기시대 수렵자들이 사용한 무기나 사냥술이 매머 드만한 몸집의 동물들을 죽일 만큼 강력했다는 뜻으로도 해석할 수 있다.

하지만 당시의 무기 성능이나 사냥술을 따지기에 앞서 그 당시 '오버킬overkill', 즉 무분별한 사냥이 실제로 자행됐는지부터 따져 봐야 한다. 그에 대한 반론이 많기 때문이다. 첫째, 그 당시 우리 조상들이 사냥했던 동물의 개체수가 동물들의 자연 번식을 방해할 만큼 많았다는 근거가 없다. 다시 말해 그 동물들을 절멸시킬 만큼 많은 마릿수를 죽였는지부터가 불분명하다는 것이다. 둘째, 인류의 기원지라 알려져 있고 다른 대륙보다 더 이른 시기에 사람과(사람科, hominidae)가 정착해서 살았던 바로 그 대륙, 아프리카에서 왜 더 많은 거대 동물들이 살아남았느냐 하는 질문에 대해서도 아직 적절한 답변이 제시되지 않았다.

한편, 거대 동물의 대량 멸종을 설명하는 또 다른 가설은 기후가 그 원인이었다는 이론이다. 몸 전체가 털로 뒤덮인 그 동물들에게 당시의 높은 온도가 생존에 불리하게 작용했을 것이라는 추측이다. 얼어붙은 땅, 툰드라의 감소는 그들에게 있어 서식 공간의 감소를 의미했다. 물론 멸종된 동물들 모두가 털이 많은 것은 아니었고, 모두가 시베리아 북부를 연상시킬 만큼 추운 환경에 익숙한 것도 아니었다.

그렇다고 홍적세에서 홀로세로 넘어가는 시기의 심각한 기후변화가 세계 곳곳에서 일어난 동물의 대량 멸종과 아예 연관이 없다고 주장할 만한 근거도 희박하다. 한 가지 확실한 것은 약 4만 5천 년 전 대형 캥거루들과 유대류 사자marsupial lion, 메갈라니아me-galaina, 왕도마뱀 등이 서식하던 호주의 경우 이렇다 할 기후변화가 일어나지 않았다는 것이다. 오세아니아 대륙은 인간이 이주하면서 비로소 기후변화가 시작됐다. 이를 바탕으로 뉴질랜드나 마다가스

카르, 뱅겔 섬 등 수많은 섬에 서식하던 다양한 생물종이 인류가 거주하기 시작하면서 멸종했다는 사실은 인류에게 시사하는 바가 매우 크다.

홀로세의 온도 상승은 해수면 상승으로 이어졌다. 해수면은 특히 기원전 8세기부터 5세기 사이에 큰 폭으로 상승했고, 그렇게 유럽 대륙은 오늘날의 모습을 갖추게 됐다. 이전까지 유럽에서 가장 큰 섬이었던 영국제도(잉글랜드, 웨일스, 스코틀랜드)는 도거랜드Dogger-land의 일부로 대륙에 연결되어 있었다. 그러다가 기원전 7600년 무렵 도버 해협이 생성되면서 영국제도가 유럽 대륙으로부터 분리되는 대사건이 일어났다.

중유럽에서는 대략 기원전 2200년부터 청동기가 시작되었고 당시 안정적이고 전체적으로 온난한 기후는 문명 발달의 견인차 역할을 수행했다. 빙하기에도 상황은 비슷했는데, 중유럽의 빙하기는 기원후 9세기 무렵부터 시작된 것으로 본다. 중동 지역보다는 시간상 매우 뒤처진 시점이었다. 인도와 중국, 티그리스-유프라테스 강 유역, 그리고 이집트까지 4대 문명이라 불리는 고대 문명의 발생 역시 그 시기를 즈음해서였다.

한편, 기원전 5000년경 사하라 지대가 국지적 기후변화로 인해 사막화가 된 것과 나일 강 인근의 비옥한 지역에 수많은 이들이 정착한 것 사이에는 분명 모종의 연관이 있을 것으로 추정된다. 온화한 기후는 풍년을 보장해 주었고, 그로 인해 '도시'라는 이름의 새롭고 광범위한 형태의 집단 주거 형태가 등장했기 때문이다.

몇몇 역사서에는 티그리스-유프라테스 강 인근에 위치한 우루크Uruk가 세계에서 가장 오래된 도시라 기록되어 있는데, 우루크의 생성 시기는 기원전 4500년경으로 추정된다. 우루크와 비슷한 수준의 긴 역사를 자랑하는 도시들로는 알레포, 다마스쿠스, 예리코가 있다. 몇몇 역사학자들은 성벽 폐허들을 분석한 결과, 그 도시들이 조성된 시기가 심지어 기원전 6800년경일지도 모른다고 발표하기도 했다.

기후 변화와 로마제국의 확장 그리고 쇠퇴

· · ·

로마의 세력 확장 여부는 늘 시대별 기후에 영향을 받았다. 공화정 당시 로마제국은 우선 지중해 연안의 힘없고 조직이 느슨하며, 공격적 성향이 그다지 크지 않은 부족부터 복속시켰다. 전성기 이후 쇠퇴의 길을 걷던 고대 그리스도 기원전 146년에 로마의 속국이 됐고, 여러 방면에서 중대한 의미가 있는 북아프리카의 몇몇 지역 역시 로마에 굴복했다. 볼프강 베링거는《기후의 문화사Kulturgeschichte des Klimas》라는 명저에서 "로마가 처음에는 남쪽으로 세력을 확장하다가 기후가 상승한 뒤에 비로소 북진을 시작했다는 점은 시사하는 바가 매우 크다"[2]라고 기술했다.

사실 로마제국의 기후최적기는 비단 영토 확장과 정복욕에만 기여한 것이 아니다. 유라시아 지역 전체의 인구 성장에도 혁혁한 공을 세웠다. 기원전 400년부터 기원후 200년 사이, 유럽과 북아프리카, 중국, 인도의 인구는 70~80퍼센트나 증가했다. 이 네 지역에는 전 세계 인구의 80퍼센트가 거주하고 있었다. 그에 비해 위 지역

날씨가 바꾼 세계의 역사

을 제외한 나머지 지역의 인구 증가율은 40퍼센트 정도밖에 되지 않았다.[3]

한편 로마제국은 기후최적기가 시작되면서 갈리아, 라인 강 서쪽의 게르마니아, 브리타니아 등 날씨가 그다지 좋지 않은 지역에도 눈독을 들이기 시작했다. 악천후에 크게 영향을 받지 않는 작물들을 현지에서 재배할 수 있어 그곳에 주둔하는 로마 병사들과 다른 로마 출신의 거주민들을 먹여 살릴 수 있다는 점이 무엇보다 큰 동기였다. 정복지를 안정적으로 관리하고 권력을 유지하기 위해서는 군인들을 먹여 살리는 게 무엇보다 중요하다. "군대는 위胃로써 진군한다." 나폴레옹은 이런 명언을 남겼다. 배고픈 군인들은 약탈을 서슴지 않는다. 하지만 온난한 기후는 로마 군단으로 하여금 지금껏 농경이 불가능하던 지역에도 뿌리를 내릴 수 있는 조건을 마련해 주었다. 이와 관련해 어느 학자는 다음과 같이 서술했다.[4]

"고대 기후최적기의 온난 건조한 날씨는 로마제국이 서유럽으로 진출할 수 있는 결정적 길을 열어 주었다. 그 당시 기후는 추위를 견딜 수 있는 작물이나 가축을 키워 식량을 조달하는 켈트식 빙하기 농경보다는 지중해성 기후에서나 재배가 가능한 곡물과 포도 농사에 더 적합했다. 그러나 기원후 300년경부터 기후가 급변하면서 남유럽 전체가 한랭다습한 지역으로 바뀌었고, 이로써 농업에 기반을 둔 로마제국의 경제도 성장을 멈추게 됐다."

우리는 편의상 기후 시대를 대략적으로 구분하지만, 어떤 한 시대 내내 늘 일정한 날씨가 유지된 것은 아니다. 다시 말해 기후최적기라 하더라도 그 시대 내내 최적의 기후가 유지되지는 않았다는 뜻이다. 온난한 기후, 풍년을 약속하는 기후가 '대체로' 이어졌기 때문에 기후최적기라는 이름을 붙였지만, 그것과 정반대의 날씨를 보여 준 날들도 적지 않았다. 예컨대 빙하의 이동 과정이나 알프스 지역 나무들의 나이테를 보면 기원전 85년부터 기원후 35년까지 평균 기온이 다소 떨어졌다가 다시금 기온이 상승했다는 사실을 알 수 있다.

또 다른 급격한 기후 변동은 75~90년 사이에 발생했던 것으로, 지금까지도 역사에 기록된 거대한 사건에 의해 일어났다. 79년 8월, 베수비오 화산이 폭발한 것이다. 이후 비록 길지는 않았지만, 화산 폭발로 인해 평균 기온이 뚝 떨어지는 현상이 발생했다. 본디 화산 폭발은 그 후 일정 기간 날씨에 지속적인 영향을 미친다. 물론 긍정적이 아니라 부정적인 영향일 때가 대부분이다. 각종 기록에는 나일 강이 매년 범람했다고 쓰여 있다. 나일 강은 로마의 속주였던 아에깁투스의 농사와 그곳에서 수확한 곡물로 식량을 조달하는 로마 시민들에게 지대한 영향을 미치는 곳이었다.

하지만 나일 강의 범람이 피해만 일으킨 것은 아니었다. 논밭에 충분한 양의 물을 공급하여 작물 생장을 촉진하기도 했다. 이러한 유익한 범람은 기원전 30년부터 기원후 155년에 이르기까지 약 200년 동안 꽤 자주 발생했다. 기후최적기가 끝나고 로마제국이 몰락의 길을 걷고 있던 3세기에 비해 그 이전 200년 동안 유익한 범람이 훨씬 더 잦았던 것이다.

로마제국의 정치적 안정성은 무엇보다 충분한 소출량에 기반을 두고 있었다. 그 말인즉슨 농사에 적합한 기후가 보장됐다는 뜻으로, 이는 다시 안정적인 국경선과 충성심으로 무장한 군대, 나아가 공고한 행정력을 확보할 수 있었다는 의미로 해석할 수 있다. 왕조 국가 체제에서는 국가의 모든 권력이 최고 수장 단 한 명에게만 집중되지 않는다. 하지만 그렇다 하더라도 국왕이 책임감이 충만하고 탁월한 지도력을 지닌 인물인지 아닌지는 국가의 흥망을 좌우할 만큼 중대한 관건이었다.

그런데 기원후 2세기가 끝날 무렵 많은 일들이 한꺼번에 일어났다. 5대 현제 시대가 막을 내리면서 코모두스(재위 180~192), 카라칼라(재위 211~217), 엘라가발루스(재위 218~222)와 같은, 5대 현제와는 전혀 다른 성향의 황제들이 그 뒤를 이은 것이다. 여기에서 이름을 열거하지 않은 다른 통치자들의 재위 기간은 더더욱 짧았다. 황제를 살해함으로써 정권을 교체하는 일이 잦았기 때문이다.

그뿐 아니라 로마제국 국경 지대의 치안은 점점 더 불안해졌고, 이민족들의 대량 유입도 시작됐다. 고트족과 프랑켄족, 알레마니족, 반달족 등이 로마제국 국경 지대로 몰려오면서 유례없는 대이동이 일어났다. 4세기와 5세기에는 훈족까지 가세했다. 그렇게 이민족들의 대이동이 일어난 데에는 복합적 원인이 작용했는데, 그중 하나가 기상 악화였다. 게다가 로마제국의 기후최적기가 끝나갈 무렵 이민족들이 대거 유입되면서 이른바 '암흑기Dark Ages'라 불리는 시대가 시작됐다.

사실 그때까지도 제국의 쇠퇴나 멸망을 암시하는 징조는 눈에 보일만큼 뚜렷하지 않았다. 통치 구조도 비교적 안정적이었다. 그러나 저술을 비롯한 각종 문화 활동들이 이전에 비해 확연히 줄어들었고, 인구수나 경작 가능한 토지의 면적도 급격한 하강 곡선을 그렸으며, 정치적·경제적·사회적 불안감이 사회 전체를 지배했다. 로마제국이 살아남은 것 자체가 신기할 정도라 해도 과언이 아닐 만큼 모든 것이 냉혹하고 어두컴컴한 시절이었다. 그런데 그 암울한 시기에도 유일하게 활발한 출간과 지식 개발이 이루어진 지역이 있었다. 이제 막 기독교화되기 시작한 작은 섬, 아일랜드였다. 아일랜드는 5~6세기에 오히려 황금기를 누렸다. 윈스턴 처칠은 당시 아일랜드를 가리켜 "어둠 속에서 빛을 발하고 불꽃을 피웠다"[5]라고 평했다.

250년경부터는 뚜렷한 냉각 현상이 관찰되었고 536년에는 급기야 최저 기온을 기록했다. 그토록 급격한 온도 하강을 초래한 원인을 정확히 짚을 수는 없지만, 거기에는 분명 구체적인 이유가 있었고, 당시 기록적 혹한은 인구 지형도에도 커다란 변화를 일으켰다. 비가 내리는 횟수도 점차 줄어들었고, 곡물이나 포도 농사에서도 풍년을 기대할 수 없었다. 4세기 전반에는 강수량이 잠시나마 늘어났다. 콘스탄티누스 1세(재위 306~337) 통치 하에서 로마제국이 잠시 안정기를 누리던 시절이었다.

그렇지만 굳건하게만 보이던 로마제국은 395년 완전히 분열되고 말았다. 상대적으로 국력이 약한 서로마제국과 그보다 훨씬 더 오랜 기간 살아남은 동로마제국으로 분열된 것이다. 이후 서로마제국에서는 대혼란이 일어난다. 전쟁이 발발하고, 전염병이 창궐했으며, 인구수가 줄어들고, 경작을 포기해야 하는 땅의 면적도 늘어났다. 한 세대 전만 해도 경작이 가능했던 땅들이었지만 대자연의 어머니는 갑자기 등을 돌렸고, 이후 경작이 불가능한 지역의 주민들은 모두 알 수 없는 곳으로 이주해 버렸다.

나중에 비잔틴제국으로 이름을 바꾼 동로마제국은 서로마제국보다 정치적으로 더 큰 번영을 누렸고 기후도 더 온난했다. 다습한 여름 날씨 덕분에 풍작은 약속된 것이나 다름없었고, 그 덕분에 5세기 동로마제국은 크게 번성할 수 있었다. 서로마제국은 16세의 어린 황제인 로물루스 아우구스투스가 이민족들로 구성된 군대에 의해 강제 퇴위당하면서 멸망하고 말았다. 반면, 1453년 투르크족에게 정복당하기 전까지 동로마제국은 자신들의 영토로 이주해 오는 이민들을 적극 수용하고 통합하면서 점점 더 큰 번성을 누렸고, 서로마제국의 속주를 정복하는 기염을 토하기도 했다. 그러나 6세기 들어 최악의 기후가 동로마제국을 덮쳤고, 유럽 역사상 최대의 재앙이 발생했다.

결론적으로 로마제국을 둘러싼 역사에서 날씨가 크고 작은 영향을 미친 사례가 매우 많았다고 할 수 있다. 로마제국의 통치 형태나 사회 형태가 살아남은 것도 기후와 많은 관련이 있었으리라 추정할 수 있으며, 유럽이 현재 민주주의라는 탁월한 체제를 누리고 있는 것에도 어쩌면 날씨의 입김이 작용했을 수 있다. 다시금 윈스턴 처칠을 인용하자면 민주주의는 "최악의 정부 형태이지만 지금까지 시도한 그 어떤 정부 형태보다는 나은 것"이라고 하니 말이다.

기원전 480년 9월

살라미스 해전의
승패를 가른 해풍

신격화된 군주, 페르시아의 왕 크세르크세스 1세(재위 기원전 486
~465)는 역사상 그 어떤 인물보다 강력하게 군대를 지휘했다. 아버
지인 다리우스 1세가 마라톤 전투에서 패한 뒤 크세르크세스 1세
는 운명을 더 이상 우연에 맡기지 않겠노라고 결심했다. 헬레스폰
토스 해협에 설치된 두 개의 다리 위를 진군하는 크세르크세스 군
단은 실로 장관을 이루는 엄청난 규모였다. 지금도 사상 최고의 연
대기 작가로 손꼽히는 헤로도토스는 그 장면을 글로 남겼다. 물론
헤로도토스 같은 역사가나 고대의 수많은 작가들은 과장하는 경향
이 많기 때문에 그들의 말이나 글을 곧이곧대로 믿기는 어렵다.

　어쨌든 헤로도토스는 전쟁 발발로부터 약 한 세대가 지난 후
해당 전쟁을 기록한 책을 공개했는데, 거기에는 당시 크세르크세
스 1세의 군대가 보조 인력을 포함해 약 100만 명에 달했다는 기록

이 있다. 오늘날 역사가들은 그 당시 병력 규모가 대략 5만 명, 최대 20만 명 정도였을 것으로 추정하고 있다. 헤로도토스의 기록보다는 훨씬 적은 수지만 5만이나 20만만 해도 이미 엄청난 규모다. 대군은 각종 무기와 보급 물자들과 함께 마케도니아와 테살리아를 거쳐 그리스와 헬라스로 진군했다. 끈질기게 저항하는 그리스를 복속시키고 한때 선왕들이 정복했던 헬라스를 재통합하기 위해서였다.

당시 페르시아제국의 영토는 유라시아 지역에서 사상 최대 규모를 자랑할 만큼 드넓었다. 동쪽으로는 현재의 파키스탄과 아프가니스탄부터 제국의 중심부였던 오늘날의 이란까지 모두 페르시아제국의 땅이었고, 그 땅은 티그리스-유프라테스 강과 터키를 거쳐 불가리아까지 이어졌다. 이집트 역시 신왕 크세르크세스 1세에게 신하의 예의를 갖추었던 것으로 보인다.

그리스의 수많은 도시국가들은 페르시아제국에 항복했지만, 그 뒤에도 저항은 멈추지 않았다. 그렇게 테르모필레 지역에서 레오니다스 왕이 이끄는 300명의 스파르타 병사와 페르시아 군대 사이에 전설적인 전투가 벌어진다. 이 전투에서 레오니다스 왕은 장렬한 최후를 맞이했고, 스파르타군을 제압한 페르시아 군대는 거침없이 남하했다. 목적지는 아직 정복하지 못한 그리스의 도시국가들 중 수장격이라 할 수 있는 곳, 아테네였다. 당시 아테네에는 크세르크세스의 독재와 극단적 대비를 이루는 정부가 들어서 있었다. 그리고 기원전 480년 늦여름, 인류 역사상 최초로 폭정에 맞서 생존을 위한 사투를 벌이게 된다. 그 싸움은 말하자면 두 개의 서로 다른 체제 간의 충돌이었다.

고대 아테네의 민주주의는 오늘날에 비하면 분명 제한적이었다. 여성, 외국인, 노예에게는 참정권이나 투표권(예컨대 500인으로 구성된 평의회 의원을 선출할 권리)이 주어지지 않았던 점에서 그렇다. 그럼에도 불구하고 아테네의 민주정치는 분명 현대 민주주의의 시초이자 뿌리다.

한편, 크세르크세스 1세의 해군력은 보병이나 기병보다 더 무시무시했다. 하지만 아테네에게도 역시 강력한 해군이 있었고, 아테네의 무릎을 꿇리려면 무엇보다 바다에서 싸워 이겨야 했다. 페르시아의 함대와 그 연합군, 그리고 속국의 병사들은 오늘날 추정에 따르면 노가 3단으로 된 전함 트라이림trireme을 1,237척 배치했다고 한다. 반면 아테네와 그 연합군의 트라이림은 330척밖에 되지 않았고, 그중 약 200척이 아테네의 군선이었다. 아테네 군대 전투력의 핵심은 적의 함선에 구멍을 뚫기 위해 아군 선박의 뱃머리에 설치한 충각衝角과 궁병弓兵을 위시한 다른 병사들의 강력한 투지였다.

아테네군의 지휘관이자 전략가였던 테미스토클레스는 도시국가인 아테네를 지키기 위해 미리 강력한 함대를 구축해 두었다. 아테네가 살아남을 수 있는 유일한 길이 목조 방어벽 뒤로 몸을 숨기는 것이라는 사실을 잘 알고 있었던 것이다. 델포이의 신전에 새겨진 문구 "너 자신을 알라"는 테미스토클레스의 군비 증강 의지를 더더욱 군건하게 다져 주었다. 전쟁을 반드시 승리로 이끌어야 할 동기는 페르시아군보다는 아테네와 그리스 연합군 측이 분명 더 컸다. 미국의 어느 현대 역사가는 "오직 민주주의만이 200척의 트라이림(4만 명의 병사)을 구축하고 그 전함들을 잘 관리하고자 하는 의지를 병사들에게 심어 줄 수 있다"라고 말한 바 있다.

아테네군의 노잡이들 중 대부분이 노예들이었다는 사실을 감안하면, 그의 말이 전적으로 옳은 것은 아니다. 하지만 독립과 자유를 향한 갈망은 분명 수많은 아테네 병사들에게 강력한 원동력으로 작용했을 게 틀림없다. 그때까지의 아테네 역사를 분석하고 고찰한 헤로도토스 역시 이와 비슷한 관점을 지니고 있었다. 헤로도토스는 "폭정 아래 있던 아테네인들은 전쟁을 치를 때 이웃나라보다 뛰어나지 않았다. 하지만 폭정에서 벗어난 뒤부터는 그 어느 나라보다 더 뛰어난 최고의 실력을 보여 주었고, (중략) 해방된 이후부터는 모두가 자기 자신을 위한 투쟁에 나섰다"라고 서술했다.[1]

그러나 제아무리 자유를 향한 갈망이 강렬하다 하더라도 군선 수에서 밀리는 것은 명백한 사실이었다. 아테네의 군선은 페르시아군의 4분의 1밖에 되지 않았다. 하지만 테미스토클레스와 그 휘하의 병사들에게는 '날씨의 신'이라는 강력한 지원군이 있었다. 날씨의 신들 중 가장 중요한 신은 아마도 비와 천둥, 번개를 주관하는 제우스였을 것이다. 혹은 북풍의 신 보레아스의 입김이 작용했을 수도 있다.

어찌 됐든 페르시아의 함대가 해안가를 따라 남쪽으로 이동하다가 세피아스 곶에 정박하자 (헤로도토스의 표현에 따르면) 갑자기 '괴폭풍'이 몰아쳤고, 견고함을 자랑하던 페르시아의 군선 수백 척을 타격했다. 그 충격으로 400척 가량이 완파되거나 전투에 쓸 수 없을 정도로 큰 손상을 입었다고 한다. 그로부터 얼마 지나지 않아 페르시아 함대는 아르테미시움 인근에서 아테네군과 최초의 전투를 치르게 되는데, 그때 다시금 극심한 폭풍이 몰아쳤고, 페르시아의 군선들은 또 한 차례 커다란 타격을 입었다. 그럼에도 크세르크세스의 함대는 650척이나 살아남았지만, 아테네 입장에서 보면 힘의 불균형이 자신들에게 훨씬 더 유리한 쪽으로 기울어졌다고 볼 수 있었다.

그 사이 페르시아군은 훼방꾼이 없는 육지에서 아테네 땅을 마음껏 유린하며 아크로폴리스까지 불태워 버렸다. 연기와 그을음이 저 멀리 떨어진 아티카 평원까지 날아가, 바다 위에서 결전을 치르고 있던 병사들도 연기를 볼 수 있을 정도였다. 아테네 시내의 우뚝 솟은 산 위에 위치한 파르테논 신전이나 아크로폴리스로 통하는 관문인 프로필라이아, 니케 신전 등은 이 제2차 페르시아 전쟁이 끝난 뒤에 축조됐다. 하지만 1687년에 일어난 포격에 의한 폭발 때문에 아쉽게도 지금은 유적만이 남아 있다.

페르시아에 강력하게 저항했지만 결국에는 정복당하고 말 것이라는 것을 두려워한 아테네인들은 미리 인근의 안전한 살라미스 섬으로 이동했다. 그도 그럴 것이 페르시아 병사는 아테네의 남자를 무차별적으로 처형했고, 여인은 강간했으며, 아이는 노예로 전락시켰다. 살라미스 섬으로 이동한 아테네인들 중 일부는 살라미스만에 정박 중이던 트라이림에서 일을 하기도 했다.

한편, 페르시아의 함대는 항구도시 팔레론으로 집결했다. 기원전 480년 9월 24일(확실하지는 않지만 어느 정도 정확한 날짜인 것으로 추정된다), 크세르크세스는 공격이냐 후퇴냐를 결정하기 위해 최후의 전시 의회를 소집했다. 회의라고는 하지만, 결론은 이미 정해져 있었다. 그러나 크세르크세스의 군대는 최후의 결전에서 누구도 예상할 수 없을 정도로 빨리 무너지고 말았다. 테미스토클레스의 지략 덕분이었다.

어느 날 저녁, 아테네는 왕실 소속 노예 한 명을 투항자로 위장하여 적진으로 보냈다. 가짜 투항병은 크세르크세스 군대의 명령권자에게 그리스 함대가 도주를 계획하고 있다고 귀띔했다. 그러자 페르시아 함대는 자정을 즈음하여 그리스 연합군의 도주로를 차단하기 위해 살라미스 만으로 이동했다. 문제는 페르시아 병사들이 제대로 쉬지 못한 상태인데다 철저하게 준비를 갖추지 못했다는 것이었다. 게다가 트라이림은 이동하지 않을 때도 가만히 정지해 있거나 닻을 내릴 수 없어, 전투 대형을 유지하려면 쉴 새 없이 배를 움직여야 했다. 그 말은 곧 페르시아의 노잡이들이 6~8시간 동안 쉴 틈 없이 강도 높은 노동을 해야 한다는 뜻이었다.

그에 반해 아테네군과 연합군은 충분한 수면으로 체력을 보강한 뒤 9월 25일 아침에야 출항에 나서서 페르시아군과 맞닥뜨렸다. 사실 아테네 연합군의 배를 통솔하는 지휘관들은 여전히 수적으로 자신들보다 우세한 페르시아군과의 직접 충돌을 원치 않았다. 그보다는 차라리 퇴각, 즉 도주를 원했다. 하지만 페르시아 군대가 살라미스 만을 떡하니 가로막고 있어서 퇴각은 불가능했다. 결국 그리스 군선들 모두가 페르시아군과의 물리적 충돌을 피할 수 없었다.

그러나 많은 아테네인들이 그러했듯 테미스토클레스와 그의 지휘관들 역시 항해술과 해상 지리에 능통했고, 자신들의 영해에

날씨가 바꾼 세계의 역사

살라미스 만에는 '선박을 파괴하는 바닷바람'이 불었고,
페르시아군은 속수무책으로 당하고 말았다.

빌헬름 폰 카울바하, 〈살라미스 해전〉, 1868년

통상적으로 펼쳐지는 기상학적 현상에 대해서도 훤히 꿰뚫고 있었다. 즉, 아침이면 바닷바람이 불어 닥친다는 사실을 이미 알고 있었던 것이다. 해풍은 주로 오전 8~10시 사이 남쪽 바다에서 육지를 향해 불었는데, 본래 그리 강하지 않았던 바람은 살라미스의 좁은 해협을 통과하면서 엄청난 강도로 불어 닥쳤다. 게다가 페르시아 배들은 대개 선고船高가 높은 편이어서 풍랑에 더 많이 흔들렸고 적군의 선박과 충돌하면 쉽게 뒤집힌다는 단점이 있었다.

테미스토클레스의 군대는 최소한 전투 초기에 자신들의 등 뒤에서 바람이 불어올 것을 알고 있었다. 반면 페르시아군은 역풍에 맞서야 했고, 더 큰 희생을 치러야 했다. 그로부터 500년이 더 지난 뒤 역사가인 플루타르코스는 그날 아침의 전투를 이렇게 묘사했다.

"테미스토클레스는 전투에 유리한 장소뿐 아니라 유리한 시각까지 매우 탁월하게 선정했다. 아침이 되어 해풍이 불어 닥치고 좁은 해협에서 풍랑이 높이 일기 전까지는 결코 자국의 배를 야만인들의 군선과 맞서게 하지 않기로 결심한 것이다. 바닷바람은 그리스 군선에게는 아무런 피해도 주지 않았다. 그리스의 군선은 대부분 소형 선박이어서 바다 위에 납작하게 떠 있었기 때문이다. 반면 야만인들의 군선은 선미船尾 부분이 높이 설계되어 있었고, 갑판도 높았으며, 방향 조절마저 매우 힘들어서 해풍과 풍랑 앞에서 속수무책으로 요동치다가 급기야는 헬레네인들에게 정면이 아닌 옆구리를 드러내고 말았다. 그 모습을 본 그리스 병사들은 맹공격을 퍼부었는데, 공격하는 내내 테미스토클레스의 눈빛을 예의주시했다. 테미스토클레스야말로 현재 상황에서

해야 할 일이 무엇인지를 가장 잘 알고 있으리라는 확신이 있었기 때문이다."[2]

크세르크세스는 에갈레오 산꼭대기에 위치한 자신의 왕좌에 앉아 그 모든 상황을 한눈에 지켜볼 수 있었다. 자신의 군선이 한 척 한 척 그리스 군선과 충돌해 침몰하거나 적군에게 장악당하는 모습을 직접 목격해야 했던 것이다. 고대 그리스의 시인 티모테오스는 언젠가 "선박을 파괴하는 바닷바람"이라는 구절을 쓴 적이 있는데, 그 예언이 맞아떨어진 것이었다. 아테네와 그리스 연합군은 해풍 덕분에 그다지 많은 전투력을 소모할 필요가 없었다. 거기에 보다 탁월한 전술, 뛰어난 항해사들의 투입, 그리고 무엇보다 자유를 향한 갈망이 더해지면서 그리스 연합군은 고대 역사상 최대의 해전에서 큰 승리를 거두었다. 서구 문명 발달사에서 그날의 전투가 지니는 가치는 수치로 가늠하기 힘들 정도다.

한편, 신왕 크세르크세스 1세는 이전의 수많은 폭군들과 같은 운명을 겪어야 했다. 검을 앞세웠던 그는 기원전 465년, 결국 자신의 호위대 대장이 휘두른 검에 최후를 맞이하고 말았다.

화산재를 뒤집어쓴 지구,
인류 멸종의 위기

그 재앙을 감지하지 못한 이는 아무도 없었다. 굉음이 100킬로미터 밖에서도 들을 수 있을 만큼 크게 울렸기 때문이다. 위협적인 화재구름이 대기권의 점점 더 높은 곳으로 피어 올라가는 장면 역시, 사람이 하루 동안 걸을 수 있는 거리 내에서 누구나 목격할 수 있었다. 이후 며칠 동안 캄캄한 나날이 이어졌다. 검은 먼지가 서서히 땅으로 가라앉았고, 코를 찌르는 악취 때문에 숨 쉬는 것조차 힘들었다.

그런데 사건 현장에 대해서는 아무런 기록도, 그림도 남아 있지 않다. 열대 지방 어딘가에서 큰일이 벌어진 것이 아닐까 하는 추정도 해 보았지만, 그 광경을 직접 보고 우리에게 자세하게 전해 줄 현장 목격자가 없었다. 그런데 유럽에서 멀리 떨어진 땅에 살고 있던 이들 역시 이 기이하고도 무서운 광경을 목격했고, 그 내용을 기록으로 남겼다. 당시 중국의 수도였던 난징에 거주하던 어느 역사가는 "누런 먼지가 하늘에서 눈처럼 뚝뚝 떨어졌다"라고 썼다.

그 글은 535년 11월이나 12월에 쓰인 것으로 짐작된다. 그로부터 몇 주 전, 혹은 몇 달 전, 대규모 화산 폭발이 일어난 것만큼은 분명하다. 하지만 정확히 어느 지역, 어느 화산이 폭발했는지는 오늘날까지도 밝혀지지 않았다. 북극의 그린란드와 남극 지방에서 시추한 빙핵ice core을 분석한 결과, 그 시기의 것으로 추정되는 침전물에서 화산 폭발 시 전형적으로 분출되는 황 화합물이 두 개의 기둥에서 모두 검출됐다. 즉, 당시 화산 폭발이 북극과 남극의 중간 지역인 적도쯤에서 일어났을 개연성이 높다는 뜻이다. 그런데 적도 부근에는 화산이 너무 많다. 지난 1만 년 동안 1회 이상 폭발한 화산이 인도네시아에만 27개, 파푸아뉴기니에는 31개, 사모아 제도에는 5개가 있다.

적도equator라는 뜻의 이름을 지닌 에콰도르에도 이따금씩 폭발하는 활화산이 14개나 있다. 고고학 분야의 전문 기자이자 작가인 데이비드 키스는 535년 화산 폭발의 유력한 주인공이 인도네시아의 크라카타우Krakatau 화산이었다고 말한다. 크라카타우 화산은 1883년 8월 27일에도 폭발하여 당시 사람들을 공포에 떨게 만든 적이 있는데, 그것이 역사상 두 번째 대폭발이 아니었을까 의심된다는 것이다.

1883년의 크라카타우 화산 폭발은 당시 기온 냉각을 초래한 일련의 천재지변들 중 하나였다. 1883년 북반구의 평균 온도가 0.5~0.8도쯤 낮아졌다는 기록도 남아 있다. 폭발을 일으킨 화산이

날씨가 바꾼 세계의 역사

크라카타우 화산은 535년과 1883년에 두 번 폭발한 것으로 추정된다.
1883년에는 폭발로 인해 북반구의 기온이 떨어지기도 했다.

크라카타우였든 파푸아뉴기니의 타부르부르^{Tavurvur} 산이었든, 그 외의 또 다른 산이 됐든, 혹은 몇몇 학자들의 주장처럼 535~536년의 기상이변이 소행성이나 혜성과의 충돌 때문에 일어났든, 그 피해는 전 세계인이 느낄 수 있을 정도로 엄청났다.

화산 폭발이 기후에 심각한 영향을 미친 사례는 적지 않다. 특히 화산재와 황 화합물은 성층권까지 침투하기 때문에 더더욱 위험하다. 심지어 그보다 더 높이 상승하는 경우도 있다. 이후, 성층권에서 생성된 에어로졸은 지구 전체에 떠다니며 햇빛을 흡수하여 기후에 영향을 미친다. 여기에서 말하는 '영향'은 대체로 기온 강하를 의미한다.

이와 관련된 사례 중 가장 위력이 컸던 것이 아마도 7만 4천 년 전에 일어난 토바^{Toba} 화산의 폭발이었을 것이다. 토바 화산은 이른바 거대 화산$^{super\ volcano}$으로 불리는 화산들 중 하나로, 이 역시 인도네시아에 있다. 그 정도로 대규모의 화산이 폭발할 경우, 화산성 겨울 현상$^{volcanic\ winter}$이 일어날 수 있다. 토바 화산 폭발은 화산재가 80킬로미터 상공까지 치솟을 정도로 강력했고, 그 결과 기온이 최저 5켈빈^{Kelvin}까지 떨어지는 최악의 화산성 겨울 현상이 발생했다. 켈빈은 학술 분야에서 흔히 사용하는 절대 온도의 단위로, 5켈빈은 섭씨로 약 영하 270도에 해당한다.

모두가 지구온난화 현상을 두려워하고 있는 요즘, 최근 100년간 온도 상승폭이 0.85도, 10년 동안에는 0.17도였다는 점을 감안하면 토바 화산 폭발이 기후에 미친 영향이 얼마나 컸는지 대략 가늠할 수 있을 것이다. 당시의 극심한 추위는 하마터면 호모사피엔스를 멸종으로 몰고 갈 뻔했는데, 생존한 이들이 몇 만 명밖에 되지 않을 정도였다. 하지만 모두 알다시피 인류는 그 이후에도 꾸준히 번식해 오늘날까지 살아남았다.

사실 535년에 일어난 화산 폭발로 인한 피해는 선사 시대에 일어난 토바 화산 폭발에 비하면 그다지 크지 않았다. 하지만 그로 인한 기후변화를 모두가 자각할 수 있는 정도로 컸다. 주교이자 교회 역사가인 에페소스의 요하네스Johannes of Ephesos는 그 당시 상황을 이렇게 표현했다.

"태양은 어두웠고, 그 어둠이 18개월 동안이나 지속됐다. 햇빛은 하루 4시간밖에 비치지 않았다. 그 빛조차 매우 희미했다. 모두가 태양이 다시는 원래의 광력을 회복하지 못할 것이라 말했다."

미틸레네의 즈카리아스Zacharias of Mytilene 역시 비슷한 의견으로, "대낮의 태양도 밤중의 달빛도 어두컴컴했다"라고 기술했다. 학식이 매우 높다 해서 '수사학자scholasticus'라는 별명을 얻기도 한 즈카리아스가 체험했던 그 시기는 일찍이 동방에서 볼 수 없었던, 그야말로 기이한 시기였다. 즈카리아스는 동장군이 맹위를 떨쳤던 그 시절 겨울에 대해 "지금껏 듣도 보도 못한 만큼의 많은 눈이 내렸다. 심지어 새들이 멸종될 정도로 상황이 나빴다"라고 기록했다. 추위는 무엇보다 농작물에 큰 피해를 입혔다. 에페소스의 요하네스는 "과실이 익지 못했고 포도주에서는 시큼한 맛이 났다"[1]라고 썼다.

이 목격자들의 진술들은 각종 대용 자료proxy data 분석에서도 확인됐다. 나무의 나이테를 분석한 결과, 생장 속도가 확연히 느려진 것을 알 수 있었고, 그 현상은 스코틀랜드와 스웨덴, 칠레, 캘리포니아, 심지어 호주의 태즈메이니아 섬 등 세계 도처에서 동일하게 관찰됐다. 핀란드의 어느 대학이 실시한 연륜연대학적dendro-chronological 연구 결과, 536년에 기온이 갑자기 급강하했다는 사실도 확인됐다. 이후 평균 기온은 두 차례에 걸쳐 다시금 뚝 떨어졌고, 542년에는 급기야 1,500년 만에 최저 온도를 기록했다.[2]

일조량 감소, 지속적으로 내리는 눈과 비, 혹은 그 정반대의 경우인 지속적 가뭄, 가뭄과 가뭄 사이에 내리는 우박을 동반한 폭우 등 극심한 기상이변은 고대 말기 농업 중심의 사회들에게는 크나큰 위협이었다. 그것이 곧 생존을 위협하는 흉년과 대기근으로 직결되기 때문이었다. 6세기 무렵, 그 이전에도 늘 그랬고 그 이후 몇 백 년 동안에도 그랬듯, 수많은 이들이 일용할 양식을 확보하기 위해 힘든 노동을 감내해야 했다. 심지어 배불리 먹은 경우에도 영양 상태는 불균형했다. 이상기후로 인한 흉년이 한 차례 지나고 나면 국민들의 건강 상태는 극도로 악화됐고 면역력도 떨어졌다.

그 시절 나무 표본들을 연륜연대학적으로 분석한 결과, 간격이 좁은 나이테들이 한 개가 아니라 여러 개였던 점을 감안하면, 아마도 흉년은 한차례가 아니라 여러 해에 걸쳐 수차례 발생했을 가능성이 높다. 어쩌면 지중해 동편에 살고 있던 이들, 즉 동로마제국의 국민들은 비록 풍족하지는 않지만 올리브와 채소를 더 많이 먹을 수 있었던 덕분에 다른 지역에 비해 영양 상태가 그나마 나았을 수도 있다. 하지만 날씨가 추워지고 일조량이 줄어들면서 올리브 나

날씨가 바꾼 세계의 역사

무에서 수확할 수 있는 열매의 양도 줄어들었고, 과육의 품질도 저하됐다. 화산 폭발이 초래한 기상 대이변이 지중해 지역에 거주하는 이들의 식단에도 재앙에 가까운 피해를 입힌 것이다. '유스티니아누스 역병'이라 불리는 흑사병 역시 기상 대이변 직후에 발생했다.

기후재앙과 역병의 발생

• • •

1347~1350년에 창궐했던 페스트가 몽골의 초원 지역에서 시작된 것에 반해 6세기 기상이변에 이어 발발한 흑사병의 발원지는 동아프리카 열대 지역이었을 가능성이 매우 높다. 당시 상인들은 지금은 몰락하고 없는 항구도시들인 오포네와 토니키(이 둘은 오늘날의 소말리아) 혹은 랍타(현재의 탄자니아)로부터 왕실과 귀족들에게 바칠 동서방의 진귀한 물건들을 실어 날랐다.

그중에서도 가장 진귀한 물건은 코끼리 상아였다. 그런데 큰돈을 벌 수 있는 매우 짭짤한 사업인 상아 판매업이 어느 순간 갑자기 한풀 꺾여 버렸다. 참고로, 400~540년 상아로 만든 유명 예술품이 약 120점이었던 것에 비해, 540~700년에는 6점밖에 되지 않았다. 그러나 '하얀 황금'을 실은 선박들은 상아와 함께 흑사병의 '3대 천왕'도 북방으로 실어 보냈다. 사람이 살거나 이동하는 곳 어디에나 존재하는 설치류 동물인 곰쥐와 열대쥐벼룩, 페스트균까지 그 배에 올라탔던 것이다.

연대기 작가들의 기록에 따르면 흑사병이 최초로 발생한 곳은 나일 강 인근의 도시 펠루시움이었다고 한다. 펠루시움은 수에즈 운하가 개통되기 전까지 물물 거래의 매우 중대한 환적항換積港이었는데, 그만 병균을 아프리카에서 지중해로 환승시키는 항구가 되고만 것이다. 쥐와 벼룩, 그리고 페스트균으로 구성된 '3종 세트'는 화물을 가득 실은 배를 타고 단 며칠 만에 로마와 마르세유, 스페인 해안, 나아가 유럽 문명의 중심지라 불리는 콘스탄티노플까지 장악했다. 이후 육상에서 다시금 퍼져 나갔는데, 해상에서보다는 느린 속도였다. 느렸다고는 해도 542년이 다 가기도 전에 이미 예루살렘과 초기 기독교의 성지였던 안티오키아(현재 터키의 안타키아)까지 도달했다.

그 지역에 살고 있던 역사가 프로코피우스Procopius는 흑사병이 창궐하던 시대에 대해서 다음과 같은 기록을 남겼다. "그 시절, 흑사병으로 인해 인류 대부분이 멸절할 뻔했다. 학식이 높은 이들이라면 하늘이 내리는 그 어떤 재앙에 대해서든 적절한 설명을 찾을 수 있을 것이다. 그러나 이 재난에 대해서만큼은 신이 직접 주관했다는 말 외에 그 어떤 말이나 생각으로도 설명을 찾을 수 없다. 대부분 사람들은 자신에게 닥쳐올 일을 환상 속에서도, 꿈속에서도 암시받지 못한 채 그 병에 걸려야 했다."

흑사병에 걸린 이들은 처음에는 급성 발열에 시달렸다. "그 경우 대개 피부색에 변화가 있어야 하지만, 그들의 피부색은 예전과 비교해서 전혀 달라지지 않았는데도 열이 났다. 열의 강도도 너무 약해서 환자도 의사도 위험한 상태라고 의심조차 하지 않았다. 환자들 중 자신이 그 질병 때문에 죽을지도 모른다고 의심한 이도 당

재위(서기 527~565) 시절, 페스트에 걸렸다가 극적으로 살아남은
유스티니아누스 1세. 당시 비잔틴 제국을 휩쓴 페스트는
'유스티니아누스 역병'이라는 이름으로 역사에 기록되었다.

연히 없었다. 하지만 열이 난 이후 빠르면 바로 그날 당장, 혹은 다
음날, 늦어도 단 며칠 만에 신체 일부가 혹처럼 부어올랐다. 하체뿐
아니라 겨드랑이에서도 그런 현상이 발견됐고, 때로는 귀 뒤에 멍
울이 생기거나 허벅지 곳곳에 가래톳이 서기도 했다. 그러다가 갑
자기 사망하거나 며칠 뒤에 목숨을 잃기도 했다. 몸에 렌즈콩만 한
검은 고름이 고이는 환자도 있었는데, 그런 경우 하루도 채 버티지
못하고 사망했다. 뚜렷한 이유 없이 피를 토하는 이들 역시 얼마 지
나지 않아 죽음을 맞이해야 했다."[3]

인류의 멸종을 우려할 정도였다는 프로코피우스의 말은 그다지 심한 과장은 아니었던 것이다. 유스티니아누스 역병은 유사 이래 최악의 전염병 중 하나였고, 사망자는 2,500만 명에 달했다. 흑사병은 그 후에도 유럽에서 완전히 근절되지 않았다. 이후 2세기 동안 잊을 만하면 다시금 전염병이 발생했다. 664~666년 사이에는 영국제도도 역병으로 몸살을 앓아야 했다. 중세 말기와 근세 초기에도 다시금 흑사병이 발발했다.

중세 후기나 근세 초기의 흑사병이 그랬듯 6세기의 페스트 역시 무엇보다 인구밀도가 높은 지역, 즉 도시 지역에서 가장 많은 희생자를 낳았다. 그중에서도 가장 큰 피해를 입은 곳은 콘스탄티노플이었다. 요즘 학자들의 추산에 따르면 당시 전체 인구가 50만 명인 콘스탄티노플에서 24만 4천 명이 목숨을 잃었다고 하니, 인구의 절반 가까이 희생된 것이었다.

유스티니아누스 1세도 흑사병에 걸려 목숨을 잃을 뻔했는데, 남편이 병상에 누워 있는 동안 아내 테오도라가 대신 제국의 통치를 맡아 수많은 업적을 남기기도 했다. 이후 유스티니아누스 1세는 다행히 자리를 털고 일어나 무려 23년 동안 황제의 지위를 누렸지만, 역사상 가장 유능했던 통치자 중 한 명인 그의 이름 뒤에는 불명예스럽게도 늘 흑사병이라는 끔찍한 역병이 꼬리표처럼 따라다니게 되었다.

마야 문명의 붕괴가 주는
'섬뜩한' 경고

1840년 중앙아메리카의 원시림을 탐사하던 미국의 외교관이자 작가 존 로이드 스티븐스는 자신의 눈앞에 펼쳐진 광경에 압도됐다. 스티븐스는 "이집트 거대 사원의 메마른 잔해들은 사막 한 가운데에 벌거벗은 모습을 고스란히 드러내고 있는 반면, 이곳 유적은 이를 둘러싼 광활한 삼림 안에 몸을 숨기고 있어 커다란 흥미를 자아낸다"고 기록했다. 그런데, 그곳에 거주하던 원주민들과 유카탄 반도의 정글 안에 거대한 피라미드들을 세운 이들은 모두 어디로 간 것일까? 그들 모두가 "창검과 기근 혹은 흑사병으로 인해 목숨을 잃은 것일까?"[1]

스티븐스보다 300년 앞서 황금을 찾아 먼 길을 떠난 에스파냐의 정복자들은 원주민들의 뛰어난 토착 문명에 대해 관심도, 호기심도 없었다. 하지만 뛰어난 마야 문명의 흔적을 최초로 발견한 이들 중 하나인 스티븐스는 눈앞에 펼쳐진 광경에 감탄했고, 그토록 뛰어난 마야 문명의 멸망 원인이 전쟁이나 흉년 혹은 역병이었을 것이라 믿었다. 스티븐스의 추측이 아예 빗나갔다고 말할 수는 없다. 사회적 불안이나 타 부족과의 잦은 전쟁, 역병 등은 분명 멸망에 커다란 영향을 미쳤을 것이다. 하지만 현대적 분석 기법들을 동원한 결과, 마야 문명의 쇠퇴는 기상 악화와 관련이 높다는 사실이 확인됐다. 그와 더불어 인구의 과다 밀집 현상이나 무분별한 자연 개발 역시 마야인들의 삶의 터전을 앗아가는 중대한 원인이었을 것이다.

오늘날 과테말라와 멕시코에 해당되는 지역을 중심으로 마야 문명은 천 년 이상 꽃을 피웠다. 마야인들은 탁월한 예술품과 정교한 문자, 매우 정확한 달력 등을 남겼으며, 천문학에도 매우 뛰어났다. 전성기에는 저지대에 도시국가를 건설하고 웅장한 피라미드들을 축조하기도 했다. 팔렝케, 티칼, 치첸이사 등 650년을 전후해 생겨난 고대 도시들은 인류가 남긴 위대한 문화유산에 그저 등재된 것이 아니다. 지금도 그곳을 찾는 많은 여행객들은 등골이 오싹할 정도의 감동과 전율을 느끼고 있다.

예컨대 저지대 밀림에 둘러싸여 있는 티칼 대광장을 보면 그곳이 유동 인구가 많았던, 번성한 지역이었다고는 도저히 상상이 되지 않는다. 하지만 관광객들이 느끼는 첫인상과는 달리 티칼의 사원 밀집 지구는 '북아크로폴리스'와 '남아크로폴리스'로 나뉘어 불릴 만큼 북적이는 곳이었고, 그 시절 유럽의 대도시들이나 문화 중심지들과도 어깨를 나란히 할 수 있을 만큼 발달된 곳이었다. 당시

수많은 관중의 환호 소리가 가득했을
욱스말의 경기장에는 정적만이 흐르고 있다.

욱스말Uxmal의 경기장에는 수많은 관중들의 환호 소리가 가득 했을 것이다. 하지만 지금은 그 모든 유적지들 위로 정적만이 흐를 뿐이다.

자신들이 이룩한 위대한 업적에 스스로 희생된 마야 문명의 사례는 오늘날을 사는 우리에게 커다란 시사점을 던진다. "성장, 성장, 오직 성장!"만을 외치는 사회에 일종의 경고를 보내는 것이다. 마야의 농민들은 늘 극심한 압박에 시달렸다. 당시 마야의 도시들 대부분은 새로운 인구 유입을 환영했고, 그러면서 인구수가 점점 늘어났다. 농민들은 그 많은 이들에게 식량을 공급하기 위해 열대성 폭우와 수개월간 지속되는 가뭄을 극복하고 점점 더 많은 농작물을 수확해야만 했다.

현대 학자들의 추정에 따르면 마야 문명이 한창 꽃을 피우던 무렵, 오늘날 미국의 콜로라도 주 정도의 면적에 대략 1천만 명이 살고 있었다고 한다. 마야의 농경 방식이 아직 근대화되지 못했다는 점을 감안할 때 농업이 언젠가 한계에 부딪치게 될 것은 불을 보듯 뻔했다. 마야인들은 농사지을 땅을 확보하기 위해 점점 더 많은 양의 나무를 벌채했고, 이는 토양 침식이 증가하는 원인이 됐다. 마야인들로서는 그렇게 해서라도 늘어나는 인구를 먹여 살려야 했다. 그렇게 농부들이 수확량 증대를 위해 갖은 노력을 기울이는 동안 사제들은 비를 기원하는 기우제를 지냈다.

가뭄은 저지대에 사람이 거주하기 시작할 때부터 골칫거리였고, 도시의 몸집이 불어나면서 가뭄의 피해는 더욱 심각해졌다. 마야인들은 미리 충분한 양의 곡식을 곳간에 쌓아두고 수로 시설

날씨가 바꾼 세계의 역사

을 설치하는 것으로 가뭄의 피해에 대처하고자 했다. 가뭄의 수준이 '일반적인' 경우에는 그 방법이 통했지만 9세기에 일어난 기상이변은 마야인들의 창의력만으로는 도저히 감당할 수가 없었다. 당시 천재지변으로 인한 피해가 얼마나 컸는지는 대용 자료들을 통해 알 수 있다. 플로리다 대학교의 데이비드 호델 교수팀은 멕시코의 염호鹽湖인 치찬카나브Chichancanab 호수에서 침전물 샘플을 채취했다. 그 결과, 시추한 코어에서 달팽이집과 가재가 발견됐는데, 그 안에는 산소동위원소 ^{16}O에 비해 비중이 더 무거운 ^{18}O가 검출됐다.

호델 교수팀은 그것을 근거로 건기의 지속 기간을 추정했고, 결과는 놀라웠다. 800~1000년 사이의 200년이 과거 8천 년 동안 가장 건조한 기간이었다는 결과가 나온 것이다.[2] 북미 대륙 남부에 있는 벨리즈의 종유석 동굴에서 채취한 석순 분석에서도 기상이변과 관련해 중대한 결과가 도출됐다.[3] 또한 연안 해저에서 채취한 코어 샘플 속 티타늄 함유량을 분석해 강에서 바다로 흘러들어간 침전물들에 대한 정보를 얻었고, 이로써 침전물을 채취한 지역의 강수량이 얼마 정도였는지를 추정할 수 있었다.[4]

오늘날 학자들은 마야인들의 무분별한 벌목이 10세기 중앙아메리카의 기후에 매우 결정적인 영향을 미쳤다고 주장한다. 나무와 숲으로 울창하던 밀림에서 초록이 자취를 감추고, 벌거숭이가 된 대지가 햇빛을 지나치게 많이 반사한 탓에 지면 온도는 내려갔다. 지면 온도가 내려가면서 물의 증발량이 줄어들었고, 그 여파로 강수량마저 줄어들었다. 이러한 기후변화는 가뭄과 기근을 불러왔고,

그 이전부터 마야 사회에 이미 존재해 온 사회 왜곡 현상을 더더욱 가속화했다. 가장 위대한 고대 문명 중 하나인 마야 문명을 붕괴시킨 요인은 다양하겠지만, 그중에서도 기상이변이 미친 영향력은 그 어떤 것보다 컸다.

게다가 전쟁과 기근으로 수많은 이들이 죽거나 그 지역을 버리고 다른 곳으로 이주하면서 인구는 급격히 줄어들었다. 1520년경 멕시코의 코르테스에 의해 정복당할 무렵, 마야 지역의 총 인구수는 3만 명밖에 되지 않았다. 사람을 제물로 바치는 풍습을 따르기는 했으나 그럼에도 불구하고 오늘날 마야 문명의 위대함을 부인하는 이는 거의 없다. 하지만 인구수가 줄어들고 기상이변이 닥치면서 위대한 마야 문명은 바닥을 향해 곤두박질치고 말았다.

강바닥이나 해저 침전물 분석을 통해 마야 시대의 기후변화 입증에 큰 공을 세운 취리히 연방공과대학의 고기후학자 게랄트 하우크는 멸망을 경고하는 징후는 예전부터 있어 왔고, 그 징후는 비단 9~10세기의 중앙아메리카에만 해당되는 것이 아니라고 경고한다. 즉 "(마야의) 기후 관련 지표들을 살펴본 결과, 환경을 무차별적으로 파괴할 경우 고도로 발달된 문명이라 하더라도 얼마나 쉽게 무너질 수 있는지 확인됐다"는 것이다.[5]

중세에도
지구온난화가 있었다?

독일 어느 대도시의 특별한 다리 위를 거닐다 보면 과거로 시간 여행을 떠날 수 있다. 다리 위로 가려면 교탑橋塔의 아치를 통과해야 하는데, 워낙 유명한 다리라 관광객들의 발길이 끊이질 않는다. 하지만 더운 여름의 일요일 오전 7시쯤 그곳에 가면 800년 전으로 돌아간 듯 그 당시의 정취를 만끽할 수 있다. 다리는 낮은 언덕 형태이고, 바닥은 굵은 자갈을 깐 뒤 포장해 놓았는데, 다행히도 지금은 차량의 통행이 완전히 금지됐다.

다리 맨 꼭대기에는 부조로 만든 〈다리를 지키는 남자〉 동상이 있다. 이 동상은 다리가 축조된 때로부터 300년 뒤에 추가로 설치된 것이다. 다리 아래의 아치 사이로는 강물이 잔잔히 흐른다. 양섬 양편으로 돌아 흐르는 도나우 강의 수위가 낮아질 때면 800년 전과 유사한 풍경이 연출된다. 물론 완전히 똑같은 것은 아니다. 다리 축조에 착수한 해인 1135년과 같은 극심한 가뭄은 그 이후에 다시 닥치지 않았기 때문이다.

슈타이네르 다리Steinerne Brücke는 레겐스부르크 시의 대표적 상징물이다. 기나긴 역사를 품은 도시 레겐스부르크에는 구시가지 중심부에만 보호 대상인 유적이 900점이나 된다. 입이 딱 벌어질 정도로 많은 수치다. 슈타이네르 다리는 그중에서도 특별한 위상을 지니고 있다. 중세에 고도로 발달된 웅장한 건축 예술을 입증하는 증거일 뿐 아니라 독일 내 현존하는 다리들 중 가장 오래된 것이기 때문이다.

산업화가 이루어지기 전 도나우 강의 모습을 품고 있기도 하다. 슈타이네르 다리의 아치들은 그다지 높지 않아서 내륙 수로를 오가는 유조선이나 레겐스부르크의 '유럽 운하'를 통과하는 화물선들이 통과할 수 없다. 덕분에 관광객들은 교회 탑을 비롯해 각종 박공들로 장식된 거상들의 가옥이 연출하는 파노라마를 언제든지, 시야를 가로막는 훼방꾼 없이 자유롭게 감상할 수 있다.

슈타이네르 다리는 어느 상인의 위탁으로 대목장들의 철저한 설계와 감독 하에 건축됐다. 공사 기간은 10년으로, 당시로서는 매우 긴 기간이었다. 위탁한 상인의 이름은 아쉽게도 세월이 흐르는 사이에 사람들의 기억 밖으로 사라지고 말았다(다리 축조를 위탁한 상인이 한 명이 아니라 여러 명이었을 수도 있다). 다행히 축조가 시작된 시기나 그 당시의 주변 환경에 대해서는 알려진 사실이 꽤 많다. 1135년 기초 공사에 착수하던 당시, 대목장과 그 이하 일꾼들은 엎어지면 코 닿을 거리에 있는 성당이 대공사에 도전하는 자신들의

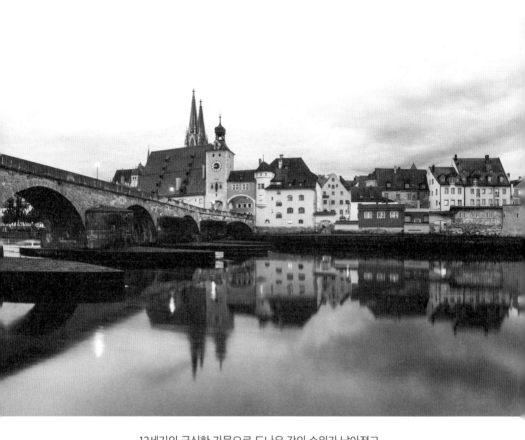

12세기의 극심한 가뭄으로 도나우 강의 수위가 낮아졌고,
슈타이네르 다리의 시공은 수월하게 진행되었다.

머리 위로 축복을 내린다고 믿었다.

당시 도나우 강의 깊이는 걸어서 건널 수 있을 정도로 얕아서 시공을 위한 초기 작업을 수월하게 진행할 수 있었다. 그 사실을 확인한 바이에른의 거만공The Proud 하인리히 10세는 이 교각의 건축을 승인했다. 당시 도나우 강의 수위가 낮다는 사실은 인근 주민들도 모두 알고 있었다. 슈타이네르 다리 공사를 시작하기 5년 전에도 라인란트 주민들은 걸어서 며칠 만에 바이에른 공국으로 가곤했다. 수영을 못하는 이들도 걸어서 강을 건널 수 있을 만큼 수위가 낮았던 것이다.

1146년, 다리가 완공된 뒤에는 강물 바로 앞에서 예배를 드리고 축제를 개최했다. 참고로 그 시절에는 경건함과 유흥이 서로 배치되지 않았다. 맥주를 좋아했던 레겐스부르크 시민들은 연이어 잔을 들이키며 인생을 즐겼고, 상인들의 식탁에 놓인 고급 잔이나 주교의 성배에도 와인이 가득 채워졌다. 소믈리에 역시 자신들의 직업을 좋아하고 만끽했다. 당시 레겐스부르크는 프랑스와 이탈리아뿐 아니라 메클렌부르크, 잉글랜드, 심지어 노르웨이 남부 등 일조량이 많아서 포도가 와인 제조에 딱 맞게 영그는 지역들로부터 다량의 와인을 수입했다.

물론 그 시절 사람들이 다리만 지은 것은 아니다. 수많은 성당과 교회도 건축했는데, 종교와 관련된 건축물들은 그야말로 하늘을 찌를 듯 높았다. 중세는 '암흑기'라 불릴 만큼 모든 것이 어두컴컴했다. 교회나 성당의 내부도 예외가 아니었다. 하지만 새로 축조된 기독교 사원의 내부에 설치된 웅장한 아치형 천장은 암흑기라는 불

날씨가 바꾼 세계의 역사

명예스러운 이름을 사람들의 기억 속에서 말끔히 지워 냈다. 볼프 강 베링거의 《기후의 문화사》에도 이와 관련된 내용이 나온다.

"그 시기 건축된 거대한 대성당들에는 커다란 창들이 설치됐고, 그 창들 덕분에 중세 온난기의 풍부한 햇살이 대성당 안으로 흘러들 수 있었다."[1]

늘 그렇듯 날씨는 사회 여러 분야에 커다란 변화를 일으킨다. 이 경우에는 날씨가 긍정적 영향을 미쳤다. 건설 분야에서는 기존의 도구를 개량하는 동시에 유압식 톱이나 도르래, 기중기, 목재 크레인 등과 같은 새로운 도구들이 개발됐다. 이후 프라이부르크와 쾰른, 프랑스의 생드니와 보베 등 수많은 건축 현장에서 기중기를 활용하는 모습을 쉽게 볼 수 있었다.

하늘을 찌를 듯 높디높은 성당이 신에게 더 가까이 다가감을 상징한다는 생각을 한 이들이 있었다. 생드니 수도원의 원장인 쉬제도 그중 하나였다. 그는 중앙 신도석은 최대한 넓게 배치하고, 교회 첨탑은 멀리 떨어진 곳에서도 알아 볼 수 있을 만큼 높아야 한다고 생각했다. 고딕 양식의 대성당에 설치된 돔 형태의 지붕은 건물 전체를 더 안정적으로 지탱하고 중앙부 신도석의 하중을 경감시키는 역할을 했다.

나아가 양옆 벽에 전례 없는 규모의 대형 창들을 배치할 수도 있었다. 형형색색의 성화聖畵로 장식된 대형 스테인드글라스를 통해 들어온 햇빛은 성당 내부에서 아름다운 빛의 향연을 펼쳤고, 신도들은 그 모습을 보며 신에 대한 감탄과 경외심을 느꼈다. 겨울이면 낮에도 햇빛이 잘 들지 않는 나지막한 오두막에 살던 평범한 시민들은 새로 지은 대성당에서 예배를 드릴 때마다 빛이 연출해 낸 화려하고도 경건한 장관을 감상하며 신과 그가 내리는 자비에 대한 무한한 감사의 마음을 온몸으로 체험했다.

영국 이스트앵글리아 대학교의 환경공학과 교수 휴버트 H. 램은 지금으로부터 약 50년 전쯤 '중세 온난기Medieval Warm Period'라는 개념을 처음으로 도입한 학자이다. 그러나 램 교수가 중세 온난기라는 개념을 사용할 당시에는 오늘날과 같은 현대적 기상 분석법이 존재하지 않아, 중세 온난기와 관련된 구체적인 지표들은 파악하지 못했다. 하지만 그간 무수한 학자들이 중세 온난기의 평균 기온이 그 이전과 비교할 때 얼마나 큰 차이를 보였는지를 파악해 냈고, 더불어 그 후 기온이 다시 점차 낮아졌다는 사실도 알아냈다. 알다시피 기온이 평소보다 급격히 높아지는 현상 역시 급격한 기온 저하와 마찬가지로 일종의 기상이변에 속한다.

전 지구적 온난화는 아니었다

• • •

오늘날 학자들은 중세 온난기를 대략 1000~1300년 사이로 보고 있다. 물론 중세 온난기가 어느 날 갑자기 시작된 것은 아니다. 정확히 언제 끝났는지도 당연히 알 수 없다. 북유럽의 온난기는 이보다 조금 이른 950년경에 시작됐다. 그런데 중세 온난기의 정확한 시작 시점과 종료 시점을 알 수 없다 해서 당시 사람들이 계절 변화를 전혀 느끼지 못했다는 뜻은 아니다.

또 온난기라 해서 기온이 급강하하는 현상이 전무했다는 뜻도 아니다. 오토 가문이나 호엔슈타우펜 가문 출신의 황제들이 계절을 불문하고 지중해의 따스한 햇살 아래에서 해수욕을 즐긴 것도 아니고, 농부나 각종 기술자들이 봄이나 여름이면 매일 같이 하루 일과를 마친 뒤 따스한 햇빛과 신선한 바람을 즐기며 인생을 즐긴 것도 아니다. 겨울이면 미리 준비해 둔 장작만으로는 충분한 난방이 되지 않을 때도 많았다. 중세 온난기에도 여름 장마에 시달리는 경우가 아예 없지는 않았고, 겨울이면 집도 돈도 없는 가난한 이들이 하늘을 찌를 듯 높이 치솟은 대성당 담벼락 앞에서 쪼그리고 자다가 얼어 죽는 일도 많았다.

하지만 램 교수가 기후와 관련한 수많은 보조 자료들을 활용해서 얻은 결론은, 그럼에도 불구하고 당시 중유럽과 북유럽 그리고 서유럽의 평균 기온이 다른 시기보다 더 높았다는 것이다. 그렇다고 평균 기온의 상승폭이 눈에 띄게 컸던 것은 아니다. 사실 평균 기온이 0.5~1도만 상승해도 이미 엄청난 변화이고, 이런 기온 변화는 개개인의 삶과 사회, 경제 시스템, 국가 체제에 커다란 변화를 일으킨다. 참고로 중세 온난기 시절, 꽤 많은 국가들이 자신들의 입지를 다지고 굳히는 데에 성공하기도 했다.

현재 지구온난화 현상에 대해 논란이 분분하고, 이 논의는 앞으로도 꽤 오랫동안 지속될 것으로 보인다. 그런데 지금 우리가 논하고 있는 온난화의 규모는 단위시간당(예컨대 10년당) 1~2도가량의 평균 기온 상승을 의미한다. 얼핏 듣기에는 그다지 심각하지 않은 것 같지만, 다수의 기상학자들은 그 정도의 온도 상승만으로도 재앙에 가까운 피해가 발생할 수 있다며 우려한다.

그런데 중세 온난기와 지금의 온난화 사이에는 커다란 차이가 있다. 당시의 온난화는 전 지구적 현상이 아니었다. 유럽의 발달에 매우 유리한 조건을 마련해 준 온난화 현상이 동아시아 같은 곳에서는 일어나지 않았다. 그런가 하면 눈부신 햇빛이 유럽에서 중세 전성기를 빚어내는 동안 고대 토착 문명의 발상지 중 하나인 중앙 아메리카는 기상이변으로 고통 받았고, 결국에는 마야 문명의 몰락으로 이어지고 말았다.

중세 온난기가 남긴 발자국은 유럽 도처에서 발견된다. 예컨대 노르웨이 오슬로의 어느 피오르 비탈에서는 리슬링 와인을 재배한 흔적이 발견됐는데, 오늘날의 기후였다면 상상도 하지 못할 일이다. 무화과나 올리브 등 햇빛을 많이 받아야만 살아남을 수 있는 전형적인 열대과일들이 독일 남부 같은 엉뚱한 곳에서 자란 사례도 있었다. 중세 전성기에는 알프스의 빙하가 20세기와 비슷한 규모까지 녹아내리기도 했고, 예전에 얼음으로 뒤덮여 있던 고지대에서는 나무가 자란 흔적도 발견됐다. 하지만 그렇게 고지대까지 진출한 식물군은 중세 온난기가 저물자 다시금 자취를 감추었다. 스위스의 발리스 주에서는 목재 수도관의 흔적이 발견됐는데, 산비탈에서 농사를 짓던 농부들이 밭에 물을 대기 위해 설치한 것으로 추정된다.

그러다가 1385년경부터는 건축 공사가 쇠퇴기를 맞는다. 빙하 면적이 다시 늘어나면서 무언가를 새로 짓는 게 의미가 없어졌기

날씨가 바꾼 세계의 역사

때문이다. 한편, 빙하연구가들은 중세 온난기에도 평균 이상의 높은 기온이 중단 없이 지속된 것은 아니라고 말한다. 지역적으로, 혹은 한시적으로 추위가 불어 닥친 경우도 적지 않았다. 이를테면 알프스의 알레치 빙하는 900~1000년 사이에 눈에 띄게 규모가 줄어들었다가 1050~1150년 사이 길이가 2킬로미터에 달할 정도로 늘어났다.[2]

그래도 중세 온난기 동안 유럽의 꽤 많은 지역이 겨울에도 혹독한 추위에 시달리지 않았다. 경제적 피해뿐 아니라 정치적 위기까지 초래할 소빙하기는 아직 다가오지 않은 미래의 일이었다. 재앙에 가까운 맹추위가 사라지고 첫 서리가 시작되는 시기가 늦어진다는 사실은 사람들에게는 커다란 축복이었다. 당시 유럽인들의 90퍼센트는 농사로 생계를 유지하고 있었다. 하루하루 살아남기 위해서는 그야말로 땅을 쥐어짜서라도 수확량을 늘려야 했다. 아이나 노인, 환자 등 사회 취약 계층들에게 있어 흉년은 사형 선고나 다름없었다. 참고로 당시에는 평균 수명 자체가 그다지 길지 않아서 마흔의 농부를 보고 '늙었다'고 말할 정도였다. 흉년이 지속되면 마을 전체 주민들은 생명의 위협을 느껴야 했다.

약 300년 동안 지속된 중세 온난기는 그 이전의 인류에게는 주어지지 않은 절호의 기회, 즉 생존의 기회를 안겨 주었을 뿐 아니라 사상 최고의 인구 증가를 촉발하기도 했다. 적절한 기온에 농기구의 발달이 더해지면서 사람들 대부분이 충분한 식량을 확보할 수 있었고, 기근은 낯선 말이 됐다. 중세 중반기의 유럽인들은 역병에도 시달리지 않았다. 적어도 6세기나 14세기에 발발한 흑사병처럼 심각한 사태는 벌어지지 않았고, 15세기 후반부터 유행한 매독도 아직은 발생하지 않았다. 참고로 매독의 기원에 대해서는 논란이 분분한데, 많은 의료역사학자들은 1500년경 신대륙을 발견한 이들로부터 옮겨진 것이라 말한다.

중세 전성기에도 물론 이런저런 전염병이 존재했다. 하지만 인구 성장 추세를 거꾸로 되돌릴 만큼은 아니었다. 사실 기온이 높으면 병균이 더 쉽게 전달되고 더 빨리 확산된다. 유럽 중부의 습지대에서는 말라리아 원충의 주요 매개체인 학질모기가 극성을 부리기도 했다. 당시 유럽인들에게 있어 간헐적 발열 증상은 늘 겪는 일상이었다(그때까지는 발열 증상이 있는 다른 질병과 말라리아를 구분할 정도로 의학이 발달하지는 않았다). 독일은 말라리아가 이미 오래전에 완전히 퇴출된 나라다. 하지만 지금도 습지대나 고인 물 주변에서 일하는 이들은 간헐적 발열을 동반한 질병에 걸리곤 한다. 발병 당시에는 그다지 증상이 심각하지 않지만 간헐적 발열 현상이 수년간 지속되는 것이다.

말라리아는 19세기의 페스트나 콜레라처럼 수많은 이들의 목숨을 앗아가지는 않았지만, 독일과 네덜란드뿐 아니라 영국제도와 스칸디나비아 반도까지 말라리아로 인해 열병을 앓아야 했다. 고대부터 풍토병의 '인질'이었다 해도 과언이 아닌 나라, 이탈리아에서는 말라리아 역시 일종의 풍토병으로 고착되면서 독일 혹은 습지대가 많은 네덜란드보다도 더 많은 희생자가 나왔다. 이제 막 이탈리아로 이주해 온 이들이 말라리아의 주요 공격 대상이었지만, 말라리아는 그 외에도 성별이나 신분을 가리지 않고 무차별적으로 희생자를 골랐다. 종교계 최고 지도자라 해서 예외는 아니었다. 1046년 부터 1057년 사이 독일 출신의 교황 네 명은 이장열弛張熱, 즉 말라리아로 목숨을 잃었다.

그러나 말라리아도 950~1000년부터 1315년 사이의 인구 증가 추세를 막기에는 역부족이었다. 다수의 부모들이 자녀를 잃는 슬픔을 겪었던 것은 부인할 수 없는 사실이었다. 19세기 중반까지, 다시 말해 의학이 눈부시게 발달하고 위생 관념이 철저해지기 전까지 빈부의 차이 없이 매우 높은 유아 사망률에 고통 받아야 했다. 그러나 질병으로 인해 목숨을 잃은 아이보다는 살아남은 아이가 더 많았고, 그 아이들이 자라서 다시 가정을 꾸렸으며, 새로운 농지를 개간하여 가족들을 부양했다. 그러면서 토지의 구성에도 큰 변화가 일어났다. 늘어난 인구 때문에 어쩔 수 없이 새로운 땅을 개간하는 과정에서 수많은 삼림이 사라진 것이다. 현재 독일의 인구는 8천만 명에 달하지만, 그럼에도 불구하고 전체 국토 면적 대비 삼림 면적이 1300년경보다 높다. 당시 삼림 훼손이 그만큼 심각했다는 뜻이다.

늘어난 인구의 생존을 보장하는 또 다른 방법은 바로 인구 이동, 아직 개척되지 않은 땅으로 이주하는 것이었다. 그 당시 독일인들은 동쪽으로, 스칸디나비아인들은 아이슬란드와 그린란드로 이주했다. 혹은 성벽을 쌓고 그 안쪽에 집단 거주지를 조성하기도 했다. '도시'가 탄생한 것이다. 당시 독일에서는 "도시의 공기가 자유를 준다Stadtluft macht frei"는 슬로건에 따라 점점 더 많은 이들이 도시로 이주했다. 중세 온난기는 농부나 양곡 판매업자 등 수많은 이들이 겨울을 날 수 있을 만큼 충분한 양의 곡식을 확보할 수 있는 기회를 주었을 뿐 아니라 인류에게 도시라는 새로운 거주 형태도 선물해 주었다.

21세기를 살고 있는 수많은 이들에게 도시는 삶의 터전이요 표준적인 생활 형태가 됐고, 전체 토지에서 도시가 차지하는 비중도 점점 늘어나고 있다. 하지만 950년경만 하더라도 도시는 유럽 중부와 북부에 드문드문 흩어져 있는 정도였다. 중세 전반기 이전에는 수도원이나 몇몇 종교 시설만이 수공업자를 비롯한 '서비스직'에 종사하는 이들을 주변에 끌어 모았다. 그렇게 여러 개의 수도원들을 중심으로 마울브론Maulbronn이라는 도시가 조성됐고, 마크데부르크를 비롯한 소도시들도 몇몇 지역에서 탄생했다.

한편, 역사적·종교적 배경과 상관없는 독립된 도시들도 대두됐다. 종교와 무관한 세속 군주들의 성채를 중심으로 그 주변에 도시가 형성되는 경우도 많았던 것이다. 독일의 수많은 도시 이름이 '부르크Burg', 즉 '성채'라는 단어로 끝나는 이유가 바로 여기에 있다. 현존하는 독일 도시 대부분은 11~13세기에 형성됐다. 교통량이 많은 지역, 하천 하구에 조성된 작은 마을이나 집단 거주지, 상점들이 몰려 있는 곳을 중심으로 그보다 이전에 발아한 도시도 있기는 했지만, 오늘날 우리가 말하는 도시라는 형태를 갖추게 된 것은 대개 11~13세기 사이였다. 독일의 현대 도시들 중에는 중세 온난기 덕분에 탄생한 도시들이 꽤 많다. 뒤셀도르프, 하노버, 드레스덴, 그리고 베를린이 그 사례들이다.

그 사이 유럽 내 다른 국가에도 새로운 도시가 생겨났다. 중세부터 현대에 이르기까지 메트로폴리스의 지위를 꾸준히 유지하고 있는 런던의 인구는 1170년, 처음으로 3만 명을 넘어섰다. 유럽 전체로 보면 중세 온난기 동안 인구가 약 세 배 늘어났다고 한다. 그 정도로 큰 폭의 인구 성장은 산업화가 진행 중이던 19세기가 되서야 비로소 다시 나타난다. 독일 제국과 스칸디나비아에서는 11세기경 400만 명이던 인구가 14세기 중엽에는 1,160만 명까지 늘어난 것이다. 하지만 그 후 흑사병이 유럽 대륙을 강타하면서 인구수는 다시 줄어들었다.

얼마나 따뜻했는지는 정확히 알 수 없어

• • •

기후연구가들은 중세 전성기 때 유럽의 평균 기온이 20세기 이전 그 어느 시기보다도 높았다고 말한다. 몇몇 지역의 평균 기온은 오늘날의 평균 기온에 가깝거나 심지어 더 따뜻했다. 기후역사가들은 과거나 현재의 기후를 평가하기 위해 다양한 측면을 연구하고, 그렇기 때문에 학자들 사이에 의견 충돌이 일어날 때도 적지 않다. 하지만 중세 온난기에 대해서만큼은 대부분 학자들의 의견이 일치한다. 기후와 관련된 주제 중 이 정도로 의견 일치가 잘 되는 분야가 없다 해도 과언이 아니다. 그런 가운데 학자들은 중세 온난기가, 그중에서도 특히 950년에서 1100년 사이의 기간이 20세기 이전 유럽에서 가장 따뜻했던 시기였을 것으로 추측하고 있다. 당시 유럽 대부분 지역의 평균 기온은 1961~1990년의 평균 기온보다 겨우 0.1~0.2도 정도 낮았다.

하지만 광범위한 대륙에서는 날씨에 대한 전반적인 평가에 예외가 있을 수밖에 없다. 1022년의 혹서酷暑 현상도 예외 중 하나였다. 당시 뉘른베르크의 어느 시민은 이렇게 기록했다. "뉘른베르크와 그 주변 지역의 수많은 거리에는 더위를 먹고 진이 빠진 이들, 더위에 목숨을 잃은 이들을 흔히 볼 수 있었다. 들판이나 농장, 초원, 논밭의 작물들 역시 가뭄에 말라죽거나 쭈글쭈글 쪼그라들었고, 분수와 강, 호수, 개울은 말라서 바닥을 드러냈다. 뉘른베르크 주변 다섯 군데를 제외한 모든 개울과 호수가 바싹 말라 버릴 정도였다. 폭염으로 인해 분수 두 개의 물도 말라 버렸으며, 이로 인해 심각한 물 부족 현상이 일어났다."[3]

기후를 둘러싼 논의에서 중세 온난기는 다시금 논란의 중심에 서게 됐다. 흥미롭기는 하지만 오래전의 얘기라 큰 관심을 두지 않던 테마가 다시금 수면 위로 떠오른 것이다. 사람이 기후변화에 최소 어느 정도 영향을 미쳤을 것이라는 이론에 반대하는 학자들은 자연발생적 기후변화가 늘 있어 왔다는 증거로 흔히 중세 온난기를 꼽곤 한다. 그러면서 지금의 기후변화도 호들갑을 떨어야 할 만큼 심각한 일이 아니라고, 중세 중엽에도 이 정도 폭의 기후변화는 있었다고 말한다. 그들의 주장에서 반박할 수 없는 부분이 하나 있다. 인류와 문명의 발전이 한랭기보다는 온난기에 집중되어 있다는 사실이다.

그럼에도 불구하고 중세 온난기를 거론하며 오늘날의 지구온난화도 인류의 발전에 긍정적 영향을 미칠 것이라는 주장에는 도저히 동의할 수 없다. 현재 진행 중인 지구온난화가 극심한 기상이변

날씨가 바꾼 세계의 역사

을 불러일으키고 있기 때문이다. 해수면이 상승하면서 몇몇 섬나라들과 해안 지역의 생존이 위협받고 있다. 최소한 기후학자 중 과반수는 이러한 우려를 표명하고 있다.

스웨덴 왕립공과대학은 최근 1천 년도 더 지난 중세 전성기를 자신들의 주장에 맞게 재단하는 행위가 얼마나 그릇된 것인지를 입증하는 분석 자료를 내놓았다. 거기에는 이렇게 나와 있다. "대용 자료들을 이용해 온도를 추정하는 방식은 정확성이 떨어지기 때문에 20세기 후반의 기후 상승폭이 중세 온난기의 최고 상승폭보다 더 컸다고 주장하기에는 무리가 많다. 하지만 그 반대의 주장을 뒷받침하는 근거는 더더욱 빈약하다. 최근 20년보다 중세 온난기가 더 더웠다고 확정적으로 말할 수는 없는 것이다."[4]

유럽 외곽에 위치한 아이슬란드와 그린란드가 중세 온난기를 지나면서 생태학적으로나 인구통계학적으로나 커다란 변화를 겪었다는 것에 대해서는 상대적으로 논란이 거세지 않은 편이다. 두 나라는 중세 온난기 이전과 이후의 모습이 판이하게 달랐고, 그 당시 일어난 변화는 지금까지도 그 두 지역에 지속적인 영향을 미치고 있다.

아이슬란드와 그린란드의 사례는 기후변화가 불러올 수 있는 무시무시한 결과에 경종을 울리고 있다. 중세 온난기가 끝나면서 두 지역의 생활환경은 극도로 악화됐다. 아이슬란드는 그나마 국가의 형태를 갖추고 있어서 어떻게든 생활을 유지했지만, 그린란드 주민들은 평균 기온과 농작물 수확량이 함께 감소하면서 극도로 힘든 시기를 겪어야 했다. 이후 유럽 전체에는 지금까지와는 완전히 다른 기후, 소빙하기가 도래했다. 결국 그린란드에 끝까지 남아 있던 주민들까지도 그곳을 버리고 다른 곳으로 이주하고 말았다.

일본의 운명을 가른
'가미카제' 신화

일본은 쿠빌라이 칸이 최초로 파견한 사절단을 극진히 대접했다. 사절단의 간청, 아니, 요구를 받았을 때도 일본식 전통에 따라 최대한 침착함을 유지했다. 칭기즈 칸의 손자인 쿠빌라이 칸의 유일한 요구는 일본이 무릎을 꿇고 자신들의 아래로 들어오는 것이었다. 당시 몽골 제국의 영토는 전 지구의 5분의 1을 차지할 정도로 광활해, 유라시아 대부분이 몽골 제국에 속했다.

　일본으로 최초의 사절단을 파견한 지 얼마 지나지 않아 쿠빌라이 칸은 중국의 황제가 됐고, 나라 이름도 '원元'으로 바꾸었다. 이제 겨우 열일곱 살이 된 호조 도키무네의 지배 아래에 있던 일본은 쿠빌라이 칸의 사절단에게 아무런 답변도 주지 않았다. 이후 쿠빌라이 칸은 가마쿠라 막부와 교토의 황궁에도 네 차례에 걸쳐 특사를 보냈으나 일본은 묵묵부답으로 일관했다. 쿠빌라이 칸은 이미 일본이 자신의 요구를 들어주지 않을 경우 전쟁도 불사하겠다고 선포한 터였다. 일본은 대답 대신 전쟁을 준비했다.

호조 도키무네는 다가올 몽골의 침공에 대비해 사무라이들을 훈련시켰다. 이후 실제로 몽골은 일본을 침공했는데, 몽골 제국의 군사력이 얼마나 강한지를 여실히 보여 주는 전투였다. 본디 몽골은 해군력이 강한 국가는 아니었다. 하지만 그들이 점령한 송나라와 고려에 대량의 선박과 전함의 건조建造를 지시했고, 이미 있던 배들도 모두 징발했다. 거센 풍랑을 견디지 못하는 작은 배조차 모두 징발 대상이었다. 몽골은 그렇게 모인 배를 이끌고 일본을 향해 출정했다. 하지만 그중에는 선체가 낮고 전복 사태를 막아 줄 용골龍骨조차 없는, 바다가 아닌 강에서 쓰는 것들이 많았다. 1274년 가을, 900척 규모에 달하는 몽골 함대가 원정길에 올랐고 그 배에 타고 있던 인원은 무려 4만 명에 달했다. 승선 정원을 훨씬 더 초과하는 수치였다.

몽골의 첫 번째 목적지는 일본의 4대 섬 중 하나인 규슈와 대륙 사이에 위치한 쓰시마 섬이었다. 열세에 놓여 있던 일본 해군은 몽골 부대에 금세 정복당하고 말았다. 당시 몽골군이 쓰시마 섬에서 저지른 잔악무도한 행위들은 지금까지도 악명이 자자하다. 몽골군은 수많은 민간인들을 살해했고, 온갖 가학적 만행을 자행했다. 이후 몽골군은 인근의 작은 섬 이키시마까지 초토화시켜 버렸다.

1274년 11월 18일, 몽골의 함대는 하카타 만에 정박했다. 이제 본섬들을 공략할 차례라는 뜻이었다. 내륙 공략 이틀 만에 몽골군은 사무라이와 맞닥뜨렸다. 그러나 일본은 오랫동안 전쟁을 치르지

날씨가 바꾼 세계의 역사

않은 상태로, 지휘관이나 일반 사병들이나 계급을 불문하고 경험이 부족했다. 게다가 사무라이들의 전형적인 싸움 방식은 일대일 결투였다. 대열을 정비하고 싸움에 임하는 몽골군의 방식이 일본의 사무라이 부대에게는 생소하기 짝이 없었을 것이다. 또한 몽골 부대는 일본군이 듣도 보도 못한 최신 무기까지 보유하고 있었다. 대포를 이용해 화약 포탄을 쏘아 댔던 것이다. 이후 11월 20일에 일어난 분에이文永 전투에서도 몽골군은 자신들이 개발한 혁신적인 신무기를 거침없이 활용했다. 하지만 역사학자들은 당시 몽골군이 활용한 화약 대포의 위력이 그다지 강하지 않았다고 말한다. "폭탄이라기보다는 폭죽에 더 가까운 정도였다. 그럼에도 불구하고 대포에서 나는 소음과 불꽃은 일본군을 기겁시키기에 충분했고, 실제로 수많은 일본군들이 희생됐다."[1]

몽골군 역시 희생을 치러야 했다. 수많은 병사와 보급품을 잃었고, 다자이후太宰府 방벽 뒤에 몸을 숨긴 일본군을 끝까지 추적하기에는 역부족이었다. 이에 몽골 부대는 우선 하카타 만에 정박해둔 배에서 대기하며 사태를 예의주시하기로 하는데, 이는 누구도 결과를 예측할 수 없는 치명적인 결정이었다. 어느 날 밤, 갑자기 거대한 폭풍이 몰아치더니 그 정도 규모의 풍랑을 감당할 수 없었던 몽골 배 300척을 바다로 가라앉혀 버린 것이다. 침략군의 3분의 1가량이 익사했고, 살아남은 병사들은 더 이상의 공격을 감행할 용기를 잃은 채 고려를 향해 퇴각했다.

호조 도키무네는 몽골군이 또 한 번 하카타 만으로 공격을 해올 것이라 예상하고, 해안을 따라 방벽을 구축했다. 몽골 선박의 진입을 어렵게 만들려는 의도였다. 이후 쿠빌라이 칸은 다시금 특사를 보냈다. 요구 사항은 예나 지금이나 다름없이 얼른 투항하라는 것이었다. 일본은 더 이상 그 어떤 격식도 예의도 차리지 않았고, 오히려 몽골 사절단들의 목을 잘라 버렸다. 일본의 행위 뒤에 숨은 뜻을 충분히 이해한 쿠빌라이 칸은 두 개의 침략 부대를 조직했다. 그중 동군東軍은 2만 5천 명 규모로, 900척의 배에 나뉘어서 이동할 예정이었다. 양쯔 강 남쪽에서 조직된 남군南軍의 규모는 그보다 훨씬 더 컸다. 병사 수가 10만 명에 달했고, 병사들을 실어 나를 배만 해도 3,500척에 달했다. 단, 중세 유럽의 역사학자와 마찬가지로 같은 시기 중국의 역사기록가들 또한 과장이 심했다는 점은 감안해야 한다.

동군은 1281년 5월 22일, 바다에 배를 띄우고 쓰시마와 이키 시마에 도착한 뒤 지난번과 비슷한 만행을 저지르고 6월 21일 하카타 항에 정박했다. 다음번 공격을 대비해 일본군이 쌓아 놓은 방벽을 피해 하카타 진입에 성공한 것이었다. 하지만 그 사이 더 강도 높은 훈련으로 무장한 일본군은 좀 더 뛰어난 전술을 활용했고, 자신들의 교두보 바로 앞까지 진출한 몽골군들을 좁은 지역에 가두는 데에 성공했다. 때마침 여름 무더위가 기승을 부려 전염병까지 성행하면서 수많은 몽골군과 중국군 병사들이 목숨을 잃었다. 한편, 남군을 실은 최초의 배가 7월 중순경 일본에 도착했고, 8월 초에는 동군과 남군이 합류했다.

"압도적으로 많은 침략군을 보며 일본 국민은 절체절명의 위기에 처했을 때 자신들이 하던 행위에 몰두했다. 신께 기도하고 기적을 바랐던 것이다."² 행운의 여신은 원래 약자들에게 자비를 베푼다고 하는데, 그 당시 일본을 향해 미소를 지어 준 여신은 바로 날씨였다. 고안弘安 전투라 불리는 대전에서 몽골군에게 참패를 당한 뒤 비로소 찾아온 행운이었다. 일본 측 사료에 따르면 그해 8월 15일, 쓰시마의 길거리 위로 작은 구름덩어리 하나가 나타나더니 구름이 점점 더 커져서 결국에는 하늘을 컴컴하게 뒤덮었다고 한다. 이후 이틀 밤낮에 걸쳐 거대한 태풍이 몰아쳤다.

침략군의 수많은 배들 중 그 태풍을 견뎌낸 배는 겨우 200척밖에 되지 않았다. 몽골인보다 해상 전투에 능숙한 고려의 장군이 지휘하는 배들이 주로 살아남았고, 나머지 배들은 침몰하거나 완파됐다. 쿠빌라이 칸의 병사와 항해사의 8할 정도가 목숨을 잃었다. 해전보다는 내륙전에 익숙했던 터라 몽골군 중 수영을 할 수 있던 이는 그다지 많지 않았고, 수많은 병사들이 물에 빠져 최후를 맞이했다. 헤엄을 쳐서 살아남았다 하더라도 이미 기력이 쇠진한 상태여서 제대로 저항조차 못한 채 일본군에게 희생됐다.

일본 정복에 대한 쿠빌라이 칸의 야망은 그 이후에도 멈추지 않았다. 그러나 결과적으로 성공을 거두지는 못했다. 몽골군을 물리친 일본인들은 전국 곳곳의 사원에서 감사 기도를 드렸다. 용감하게 몽골군과 맞서 싸운 사무라이도 감사의 대상이었지만, 일본인들은 '가미카제', 즉 '신풍神風' 역시 기도 목록에서 빠뜨리지 않았다. 그야말로 신의 가호가 일본을 지켜 주었다고 믿은 것이다. 절체절명의 위기에서 일본을 구하기 위해 신들이 바람을 보냈다는 이야기는 신화가 됐다.

그 후 몇 세기 동안 일본은 타국과의 교류를 극도로 제한한 채 홀로 발전해 나갔다. 16세기 들어 유럽 상인들이나 기독교 선교사들이 일본 거리에 간간이 모습을 드러냈는데, 일본 사회는 극도의 외국인혐오증으로 이들에게 대응했다. '쇄국'이라는 말만 보아도 당시 일본 사회가 외국인에게 얼마나 부정적인 태도를 보였는지 알 수 있다. 산업화된 서구 사회에 대한 문호 개방은 1853년 여름 미국의 매튜 페리 제독이 이끄는 군함이 나타난 뒤, 나아가 그 이듬해 더 많은 군함을 이끌고 일본을 '방문'한 뒤에야 비로소 이루어졌다. 대포를 장착한 군함을 앞세운 강제적 외교 압박은 일본으로 하여금 강대국들과 외교 관계를 맺게 만들었고, 결과적으로 산업화와 근대화를 추진하는 계기가 됐다.

훗날 2차 대전 패전을 앞두고 있던 일본군 지휘부는 가미카제라는 신화에 다시금 불을 지폈다. 1274~1281년의 가미카제는 침략군에 맞서 싸우는 한 국가에 내린 신의 가호였으나, 1930~1940년대의 가미카제는 힘없는 저항자가 아니라 침략군이었다. 1941년 12월 7일, 일본은 진주만을 기습적으로 공격하며 경제적·군사적으로 훨씬 더 우위에 있는 미국의 참전을 촉발시켰다. 무모한 도발의 결과는 뻔했다. 하지만 1944년 가을부터 일본은 자살특공대를 동원하기 시작했다. 개중에는 사무라이 정신을 계승하여 조국을 위해 명예롭게 목숨을 바치겠다는 자원병도 있었지만 가미카제라는 신화적·역사적 이름 아래 희생을 강요당한 이들도 적지 않았다.

가미카제 부대가 최초로, 집중적으로 투입된 것은 1944년 10월

몽골과의 전쟁에서 일본을 승리로 이끈 가미카제는
2차 세계대전에서 정반대의 결과를 낳았다.
우타가와 요시토라, 〈몽골 침략 함대의 패배〉, 1904년

필리핀의 레이테 만 인근에서 며칠 동안 이어진 공중전과 해전이었다. 자살폭격대원 중 한 명은 미국의 항공모함 세인트 로 호를 침몰시키는 데 성공하기도 했다. 가미카제 부대가 미국인들을 두려움에 떨게 만든 것은 사실이지만, 실제 공격력에 있어서는 그다지 큰 효과를 발휘하지 못했다. 자살폭격기는 대부분 미국의 추격기나 해군의 대공포對空砲에 의해 격추당했다. 미국의 배를 제대로 타격한 파일럿은 다섯 명 중 한 명꼴에 불과했다.

다만 폭격기를 이용한 일본군의 직접 타격에 전함이 가라앉지는 않았더라도 꽤 많은 미군 병사들이 목숨을 잃었다. 물론 일본 측의 손실은 더 컸다. 1945년 5월, 미국의 항공모함 벙커힐이 가미카제의 공격을 받았을 때 사망한 미군 병사의 수가 389명인데 반해, 이른바 '무사도' 정신에 따라 '명예로운' 최후를 맞이한 일본군 자살특공대원의 수는 3,900명에 달했다. 자살특공대조차도 일본의 패전을 막을 수 없었던 것이다.

태평양전쟁 동안 두 개의 거대한 태풍이 일본의 적국에 큰 피해를 입힌 적이 있기는 했다. 하지만 1274~1281년과는 달리 태풍이 전세를 뒤집어 놓지는 않았다. 1944년 12월, 그러니까 일본 해군이 필리핀 레이테 만 인근에서 세력을 잃은 지 두 달이 지난 후, '황소'라는 별명을 가진 미국의 윌리엄 홀시 제독이 이끄는 함대가 기상학자들의 경고에도 불구하고 태풍의 눈을 향해 진격했다. 참고로 훗날 역사가들은 '코브라'라는 이름의 그 태풍을 '홀시의 태풍'이라 부르기도 했다. 당시 미군 군함들은 시간에 쫓겨 대충 건조한 쿠빌라이 칸의 목선들보다 저항력이 몇 배나 강했다. 그럼에도 미국의 군함 3척이 파괴됐고, 790명의 해군과 선원들이 목숨을 잃었다. 태평양전쟁에서 치러진 몇몇 전투의 전사자보다 더 많은 숫자였다.

시속 230킬로미터의 강풍으로 인해 미군 최대의 병기인 항공모함이 극심하게 흔들리며 갑판 위에 있던 폭격기 146대가 유실되거나 파괴되기도 했다. 또 다른 항공모함인 몬터레이 호에서는 전투기들이 고정 장치에서 풀려나 배에 불이 붙었고, 화재는 힘겨운 사투 끝에 겨우 진압됐다.

한편, 홀시 제독이 지휘하던 함대는 1945년 6월 첫째 주, 또 다른 태풍 '코니'의 공격을 받는다. 하지만 태풍으로 인해 희생된 장병의 수는 여섯 명으로, 손실이 비교적 적은 편이었다. 이번에는 미군의 함대가 천재지변을 압도한 것이었다. 두 차례의 태풍은 태평양전쟁에서 미군의 승리를 가로막을 만큼 강력한 위력을 지닌 신풍은 아니었던 것이다.

인류의 생존을 위협한
기나긴 비

중세 전성기의 기사는 요즘 말로 하면 '아이돌', 즉 모두가 우러러 보는 선망의 대상이었다. 대부분 뼈대 있는 귀족 가문 출신인 기사들에게는 고귀함과 당당함의 아우라가 늘 따라다녔다. 기사들은 대개 기독교 신자였고, 어릴 때부터 이미 체력 단련과 무기 다루는 법, 나아가 예의바른 몸가짐과 매너를 교육받았다. 나중에 제후나 왕의 충직하고 믿음직한 신하가 되기 위한 준비를 한 것이다. 시나 음악 등 예술적 재능을 계발하는 것도 기사 후보자들의 교육 과정에 속했다. 모름지기 기사라고 하면 도덕심과 충성심, 용맹함과 신실함을 갖추고 있어야 했다. 상대방의 마음을 사로잡는 매력도 지녀야 한다.

한마디로 '기사도 정신'으로 똘똘 뭉쳐 있어야 했던 것이다. 중세 중반기의 문학 작품들 중에는 시대의 모범이자 이상이었던 기사들의 활약상과 그들의 삶을 생생하게 묘사한 것들이 매우 많다. 기사들 간의 우애나 의리를 다룬 작품도 많고, 존경심과 경외심에 가득 찬 눈빛으로 기사들을 우러러보는 평민들에 대한 이야기도 다수 전해 내려오고 있다.

기사들이 자신의 능력과 카리스마를 가장 잘 발휘할 수 있는 무대는 '토너먼트'라고 불리는 마상 무예 시합장과 전쟁터였다. 철옹성처럼 튼튼한 갑옷과 무기로 무장한 채 잘 조련된 말을 타고 적을 향해 기품 있고 당당하게 달리는 기사의 모습은, 보는 것만으로도 이가 덜덜 떨릴 정도로 무시무시했다. 그런데 기사가 되기 위해서는 엄청난 자금을 쏟아 부어야 했다. 말 가격만 해도 평범한 수공업자가 1년 동안 벌어들이는 수입의 몇 배에 달했고, 언제든지 전투에 임할 수 있게 각종 무기와 장비들을 구비하는 데에도 커다란 출혈이 뒤따랐다. 그렇기 때문에 시쳇말로 '좀 산다 하는 사람', 즉 귀족들만이 기사가 될 수 있었다고 해도 과언이 아니었다.

1314년 6월 24일, 스코틀랜드의 옛 수도인 스털링 외곽의 배넉Bannock 강가에는 반짝이는 갑옷과 무기를 갖춘 잉글랜드의 기사들이 집결해 있었다. 그들은 주군인 국왕 에드워드 2세의 깃발을 휘날리며, 자신들이 적군보다 훨씬 더 우위에 있고, 코앞으로 다가온 전쟁에서 반드시 승리할 것이라고 확신하고 있었다. 바로 전날 로버트 1세가 이끄는 스코틀랜드군과 소규모 접전을 몇 차례 치른 잉글랜드군은 그날을 '디데이'로 선포했다. 스코틀랜드를 완전히 항복시키겠다는 뜻이었다. 그들 중 어느 쪽도 그날의 전투가 어떤 양상으로 펼쳐질지 예측하지 못했다.

배넉번에서는 잉글랜드의 국왕뿐 아니라 기사들도 쓰라린 패배를 맛보아야 했다. 스코틀랜드의 기사들도 피해를 입기는 마찬가지였다. 잘 훈련받은 기사들을 싸움터에서 무용지물로 전락시켜 버린 것은 날씨였다. 잉글랜드군이 패배한 원인이 화약 포탄 때문이라는 설도 있지만, 실은 날씨가 잉글랜드의 패배를 그보다 훨씬 더 이전에 결정해 두고 있었다고 해도 과언이 아니다.

중세 온난기에는 대체로 온화한 기후 덕분에 풍년이 이어졌고, 그러면서 인구가 폭발적으로 증가했다. 11년경 3,600만이던 유럽의 인구가 14세기경에는 7,900만까지 늘어날 정도였다.[1] 이에 군 지휘관들은 교단, 소속 부대, 세속 군주, 소속 부대 할 것 없이 인구 증가를 틈 타 대대적인 모병에 나섰다. 전투가 가능한 나이의 사내들에게 보병 훈련을 받게 한 것이다. 보병 훈련과 무기 마련에 드는 비용은 기병 훈련에 비하면 확연히 낮았다. 도시나 시골에 이미 조직되어 있던 민병대나 의용군도 훈련을 받은 정규군에 합류시켰다.

말을 탄 기병 하나가 단검으로 무장한 보병 2~4명보다 전투력이 더 뛰어날 수는 있다. 하지만 기다란 창을 손에 들고 명령과 규율을 철저히 따르는 100명의 보병들과 맞섰을 때 기병의 승산은 그야말로 제로에 가깝다. 왕실의 예법도 모르고, 류트 반주에 맞춰 시를 읊는 재주도 없는 무지몽매한 보병들이 펼치는 인해전술 앞에서, 고귀한 기사들의 뛰어난 전투력은 아무런 힘을 발휘하지 못하는 것이다. 배넉번 전투가 바로 그런 케이스였다. 그날 밤, 200명이 넘는 잉글랜드 기사와 4천 명에 가까운 잉글랜드 보병들의 시체는 배넉 강가의 부드러운 풀밭 여기저기에 널브러졌다.

그날의 패배는 어느 연대기 작가에게 커다란 충격을 안겨 주었다. 작자 미상인 《에드워드 2세의 생애Vita Edwardi Secundi》라는 책에는 "그러한 부대가 그렇게 갑자기 보병들에게 전멸한 사례는 이 시대에 볼 수 없던 일이다. 단 한 가지 예외가 있다면 아마도 플랑드르의 쿠르트레Courtrai에서 '프랑스의 꽃' 부대가 완패했던 사례일 것이다"[2]라고 기록되어 있다. 《에드워드 2세의 생애》는 1326년에 발표됐는데, 그 익명의 저자가 얘기한 전투는 1302년 플랑드르의 쿠르트레라는 지역에서 치러진 것으로, 당시 700명에 달하는 기사들이 보병과의 전투에서 전사했다고 알려져 있다.

플랑드르의 농민 부대들은 먼저 프랑스군의 말부터 죽였다. 그런 다음 무거운 갑옷과 장비 때문에 바닥에 고꾸라진 채 제대로 움직이지도 못하는 '프랑스의 꽃들'을 제압했다. 기사도 정신과는 거리가 매우 멀지만, 보병의 적극적인 활용은 매우 효율적인 전투 방식이자 시대적 대세였다. 1315년 11월 15일, 스위스 연방의 시초라 할 수 있는 3개의 연방주인 우리Uri, 슈비츠, 운터발덴 주가 자치권 쟁취를 위해 합스부르크 왕가와 치른 모르가르텐 전투 역시 쿠르트레 전투와 상황이 유사했다. 스위스 연방군은 지형적인 특성을 이용해 오스트리아의 기병대를 좁은 협곡으로 몰아넣었고, 기사들이 탄 말들을 향해 돌을 던진 다음 '귀하신 몸들'을 향해 덤벼들었다.

배넉번과 모르가르텐 전투에서 기사들이 대거 목숨을 잃은 원인은 극심한 기후변화 때문으로, 이는 시대적 전환을 일으킨 상징적인 사건이었다. 그와 더불어 중세 유럽 사회는 위기와 역병을 비롯한 각종 재해도 겪어야 했다. 14세기에 각종 재난으로 목숨을 잃

날씨가 바꾼 세계의 역사

은 이들의 수가 그 이전 세기에 전쟁으로 목숨을 잃은 이들의 수와 맞먹을 정도였다.

재앙의 시작은 장마였다. 당시 사람들은 노아의 홍수가 떠오를 만큼 많은 양의 비가 내렸다고 기록했다. 배넉번과 모르가르텐 전투가 있기 몇 년 전부터 이미 유럽 곳곳에서 기상이변을 예고하는 조짐들이 관찰됐다. 1310년경부터는 매해 여름의 습도가 사상 유례가 없을 정도로 높았다. 그럼에도 대부분 지역에서 곡식만큼은 충분히 수확할 수 있었던 것이 그나마 불행 중 다행이었다. 살을 에일 듯한 맹추위가 이어진 것도 그때쯤부터였다. 1309~1312년 겨울에는 유빙의 양이 그린란드에서 아이슬란드까지 닿을 정도로 늘어났다.

하지만 뭐니 뭐니 해도 재앙의 본격적인 전주곡은 장마였다. 1411년부터 1420년까지 약 10년 동안 내린 비의 양이 1000~2000년 사이에서 최고치였다고 주장하는 학자들도 있다.[3] 위기에 대한 예감은 1314년에 이미 시작됐다. 앞서 에드워드 2세의 전기를 쓴 익명의 작가는 이에 대해 "농부들이 밀을 수확해 안전하게 곳간에 쌓아 둘 수 없을 정도로 비가 많이 내렸다"라고 썼다.[4] 그 이듬해에는 심지어 그때까지의 모든 기록을 뛰어넘는 사상 초유의 강우량이 기록됐다.

프랑스에서는 그해 4월 중순부터 장마가 시작됐고, 네덜란드에서는 그로부터 약 2주 뒤부터 폭우가 이어졌다. 얼마 뒤 영국에도 도저히 끝날 것 같지 않은 장마가 시작됐다. 그 당시 어느 연대기 작가의 기록에 따르면 155일 동안 하루도 빠짐없이 비가 내렸고, 프랑스 랑Laon 시 인근의 생뱅상 성당은 "경이로울 정도로 많은 비가 이토록 오랫동안 내리고 있다"[5]라며 곤란을 호소했다. 각종 사료들에 따르면 독일과 프랑스의 연간 강우량이 그 이전까지는 대략 50~60센티미터였는데, 1315년에는 중유럽의 강우량이 무려 200센티미터에 달했다고 한다.

그러자 당시 사람들은 수백 년 만에 처음 발생한 기록적 장마로 인한 식량난에 봉착했고, 장마가 신이 내리는 벌이라 굳게 믿었다. 맘스베리 수도원 소속의 어느 익명의 작가는 이와 관련해 "그러므로 주님의 분노가 당신 백성 위에 타올라 당신 손을 뻗치시어 그들을 치신 것"[6]이라 말하기도 했다. 영국제도, 독일어권 국가들, 폴란드, 러시아 등 지역을 불문하고 장마는 유럽 전체를 덮쳤다. 이베리아 반도와 남유럽 일부 지역만이 장마로 인한 극심한 피해를 면할 수 있었다.

그해 농사는 두말할 것 없이 대실패였다. 며칠 만에 빗물에 씨앗들이 다 쓸려 내려가 버리니 파종조차 아무런 의미가 없었고, 결국 대기근이 시작됐다. 유럽 내 몇몇 지역에서는 성서에나 나올 법한 '7년간의 흉년'이 일어났다. 중세 중반기의 유럽 사회는 인구가 급격히 늘어날 것을 대비한 인프라를 구축해 두지 않았고, 그 때문에 기나긴 장마와 식량난 앞에서 속수무책으로 발만 동동 굴렀다. 악천후가 몰고 온 결정적 피해들을 완충할 만한 시스템을 갖추지 못하고 있었던 것이다.

대기근의 엄습

. . .

중세 온난기의 갑작스런 중단 뒤에 찾아온 악천후는 온 유럽인들을 기아에 빠뜨렸다. 유럽 대기근을 집중적으로 연구한 헨리 루카스 교수는 대기근의 첫 번째 희생양이 수확량이 풍부하던 시절에도 하루하루 먹을 것을 구하기 위해 싸워야 했던 이들이었다고 말한다. 루카스는 또 "중세 내내 시골 지역에는 농사지을 땅조차 없는 가난한 이들이 존재했고, 농사나 수공업에 필요한 유리한 조건들을 이미 갖춘 도시 지역에도 정신을 바짝 차리고 자기를 보호하지 않으면 살아남지 못하는 무산 계급이 존재했다. 지난 3세기 동안 무수히 늘어난 도시의 주거 지역들은 기근에 대비해 식량을 비축해 둘 생각을 미처 하지 못했고, 늘 시골에 의존할 수밖에 없었다. 식량난이 닥칠 때면 시골에 대한 의존도는 더더욱 높아졌다. 이에 따라 기상 조건은 더더욱 중요해졌다. 몇 년 간 대흉작이 이어질 경우, 광범위한 지역에 재앙이 닥칠 것은 불을 보듯 뻔한 일이었다"[7]고 기록했다.

물론 가장 먼저 굶어 죽은 것은 가난한 이들이었지만, 형편이 좀 나은 이들도 이내 기근으로 인해 고통을 겪어야 했다. 오늘날 벨기에의 투르네 지역 생마르탱 수도원에 소속되어 있던 수도사 질스 리 뮈지는 "남녀노소를 막론하고, 부자와 가난한 자를 막론하고 하루에도 수많은 이들이 죽어 갔고, 썩은 시체에서 나는 악취가 코를 찔렀다"[8]라고 썼다. 바트 빈스하임 출신의 어느 연대기 작가의 기록에 따르면 당시 하늘에 이미 대재앙의 조짐이 보이기 시작했고, 대기근이 시작된 첫해인 1315년에는 도처에서 식인 행위까지 자행됐다고 한다. "하늘에 두 개의 혜성이 나타났고, 습도가 매우 높은 여름이었다. 대기근이 닥치자 몇몇 지역에서는 사람들이 개든, 말이든, 교수대 위에 서 있는 도둑들이든, 가리지 않고 뭐든지 먹어 치웠다"[9]는 것이다. 그 이듬해에도 폭우가 계속되자 사람들은 노아의 홍수를 입에 올리기 시작했다.

장마는 인간의 무분별한 이용으로 이미 양분을 모두 잃은 수많은 지역의 토양들을 휩쓸어 버렸고, 수마가 지나간 자리에는 진흙이 아닌 벌거벗은 돌덩이들만 남았다. 관련 분야 전문가들은 1315년 4월부터 이후 10년 동안 독일 내에 경작 가능한 토지의 절반이 유실된 것으로 추정하고 있다. 당연히 식량은 턱없이 모자랐다. 영국에서는 밀과 귀리의 수확량이 평년 대비 60퍼센트까지 줄어들었고, 이는 밀과 귀리를 가공해서 만드는 각종 식품들의 부족으로 이어졌다. 당시 사람들의 주식은 곡류였다. 유럽인들의 대부분은 에너지원의 80퍼센트를 곡류 섭취로 충당했다. 앤트워프의 한 연구소가 당시 사람들의 생계비를 조사한 결과에 따르면, 1315년 11월 1일 이후 7개월 사이 밀 가격이 최소 320퍼센트 이상 상승했다고 한다.

장마와 부족한 일조량은 소금의 생산에도 악영향을 미쳤다. 바닷물을 증발시키거나, 열기로 말려 생산하는 소금의 생산량이 줄면서 식재료를 장기간 썩지 않게 보관하기도 힘들어졌다. 영국에서는 소금 값이 무려 4배나 뛰었다. 프랑스의 국왕 루이 10세는 소금 값이 뛸 것을 기대해 사재기를 하다가 적발되면 재산을 몰수하고 국외로 추방시킨다는 법령을 공포했다. 완고왕頑固王이라는 의미심장한 별명을 지닌 루이 10세는 그 당시 플랑드르 정복을 위한 원정길에 나섰는데, 장마 때문에 플랑드르 지역의 하천들이 범람하자 회군 결정을 내릴 수밖에 없었다. 유럽 내에서 산업화가 가장 많이 진행된 지역이었던 플랑드르는 1320년과 1322년에 다시금 홍수와 하천 범람으로 큰 피해를 입었다.

네덜란드 역시 상황은 마찬가지였다. 도저히 끝날 기미가 보이지 않던 장마는 저지대를 물바다로 둔갑시켜 버렸다. 네덜란드 역시 소금 생산량이 줄어들었고, 네덜란드인들은 매우 중요한 단백질 공급원인 청어를 장기간 저장할 수가 없었다. 이전에도 해안 지역에서나 구할 수 있던 청어의 몸값은 당연히 급상승했고, 청어 요리는 좀체 접할 수 없는 희귀품이 됐다. 장마는 포도밭도 비껴가지 않았다. 열매가 익으려면 최소 어느 정도의 일조량은 보장되어야 하는데, 일조량이 그보다 훨씬 부족한 지역이 많았다. 독일도 장마 기간 내내 평균 이하의 포도만 수확했고, 심지어 프랑스는 1316년에 포도를 아예 수확하지 못했다.

소와 가축들 사이에서 바이러스성 질환인 우역牛疫이 번지면서 상황은 더 심각해졌다. 청어에 이어 또 다른 단백질 공급원의 생산량이 무려 10분의 1로 줄어든 것이었다. 게다가 소는 우유나 치즈, 고기를 제공하는 동시에 농사에 필요한 튼실한 일꾼이기도 했다. 특히 황소의 경우, 무거운 쟁기를 이끌고 밭고랑 사이를 누비며 파종을 도우는, 농부에게는 없어서는 안 될 든든한 조력자였다. 하지만 1319년 영국에서만 소와 산양, 염소의 65퍼센트가 희생됐다. 그나마 살아남은 동물들도 영양 상태가 극도로 나빠서 우유나 산양유의 생산량도 평소 3분의 1로 줄어들었다.

대기근은 당시 사람들의 삶에도 엄청난 여파를 미쳤다. 우선 범죄율이 치솟았다. 당시 법은 사소한 범죄에도 큰 형벌을 내리던 '드라콘법'에 견줄 만큼 강력했지만, 그럼에도 불구하고 범죄는 늘어났다. 가장 빈번했던 범죄는 말할 것도 없이 식료품 절도였다. 고양이나 개를 먹는 행위, 식인 행위 등도 자행됐다. 라트비아와 에스토니아에서는 굶주린 엄마가 자기 자식을 잡아먹는 엽기적인 범죄 행각이 일어났고, 런던이나 파리 등 대도시의 거리에는 굶어 죽은 이들의 시체가 널려 있었다. 독일 튀링겐에서 발견된 어느 문서에는 "시골과 도시를 막론하고 수많은 시체들이 거리에 즐비하게 널려 있었고, 에르푸르트 시 성문 앞에서는 다섯 개의 대형 무덤이 발견됐는데, 당시 사람들이 매일같이 수많은 시체들을 던져 넣은 곳이었다"[10]고 적혀 있었다.

그런 상황에서 으레 찾아오는 전염병은 결코 예외를 허락하지 않았고, 그로 인해 더 많은 희생자가 발생했다. 식량을 어찌어찌 구하더라도 곰팡이로 뒤덮여 있거나 썩어 있는 경우가 매우 많았다. 맥각이 섞여 들어간 곡류를 먹고 맥각 중독증ergotism에 걸리는 이들이 늘어났고, 탄저균이나 살모넬라에 감염되는 이들도 늘어났다. 모두들 너무 굶주린 탓에 죽은 짐승의 고기조차 마다하지 않았고, 결국 각종 질병을 떠안게 된 것이었다. 1315~1323년 사이, 기근과 그 여파로 발생한 질병 때문에 사망한 유럽인들의 숫자가 정확히 얼마인지는 알 수 없지만 최소 수백만에 달했을 것으로 추정된다.

대기근은 사람들의 의식까지 뒤흔들어 놓았다. 기근이라는 형태로 발생한 대멸망의 전령사는 중세 초반의 암흑기 이후 유럽 사회에 거대한 타격을 입혔다. 어쩌면 그때의 대기근이 사상 최악의 기근이었을지도 모른다. 그런데 1321년에서 1322년으로 넘어가던 겨울, 여전히 맹추위가 기승을 부렸고 발트 해의 넓은 면적이 꽁꽁 얼어붙었지만, 이후 천만다행으로 날씨가 다시 회복되었다. 사람들은 안도의 한숨을 내쉬었지만 또 다른 재앙을 예감하지는 못했다. 흑사병이 자신들을 기다리고 있을 것이라곤 꿈에도 생각하지 못했던 것이다.

그 시절의 대기근은 동화와 전설의 소재로도 사용됐다. 어느 사악한 주교가 굶주린 백성은 외면한 채 자기만 살겠다고 식량을 몰래 쌓아 두었다가 결국 쥐들에게 잡아먹힌다는 '빙겐Bingen의 쥐 탑' 이야기도 당시 대기근에서 기원한 것이고, 그로부터 약 500년 뒤 그림 형제가 발굴한 '헨젤과 그레텔' 이야기 역시 먹을 것이 극도로 부족하던 당시를 묘사한 것이라 볼 수 있다. 그 이야기 속 마녀에게는 길을 잃고 우연히 자신의 집에 오게 된 두 아이가 반가운 '식재료'에 불과했던 것이다.

1320~1330년대의 대기근 이후, 농업이 다시 되살아나고 수확량도 1315년 수준을 회복했지만, 이미 인구의 90퍼센트가 굶어 죽은 뒤였고, 그나마 살아남은 이들도 굶주림으로 인해 체력이 극도로 약해진 상태였다. 노벨경제학상 수상자인 미국의 로버트 포겔을 비롯한 일련의 학자들은 하루 종일 농사를 짓는 육체노동자의 경우 하루에 최소 2,300칼로리를 섭취해야 한다고 주장한다. 하지만 노아의 홍수를 방불케 하는 폭우가 쏟아지기 이전, 그러니까 풍년이

헨젤과 그레텔은 대기근에 시달리던
중세 암흑기에 탄생한 비극적인 동화다.
루트비히 리히터, 〈마녀의 집 앞에 다다른 헨젤과 그레텔〉, 연도미상

들었을 때에도 서민들 대부분은 그 정도의 칼로리를 섭취하지 못했다. 늘 배가 고픈 상태였고, 언제 또 다시 굶주리게 될지 모른다는 불안감에 휩싸인 채 살아가는 것이 민초들에겐 일상이었다.

어쩌다가 권장 칼로리를 채웠다 하더라도 오늘날의 기준으로 보면 영양 부족이나 불균형인 경우가 대부분이었다. 빵과 수수죽이 주식이었고, 고기나 생선은 먹을 기회가 거의 없었으며, 신선한 과일이나 채소는 고기나 생선보다 더 구하기 어려웠다. 중세인들 중 충분한 단백질을 섭취한 이는 거의 없었고, 무기질이나 비타민 결핍 문제는 매우 심각했다.

임산부의 경우, 무기질과 비타민이 특히 더 필요하지만 구할 방법이 없었다. 피임약이나 기구가 거의 없고 임신이나 출산에 대한 지식이 전무했던 시절, 많은 여성들에게 있어 임신과 출산의 반복은 필연적이었다. 건강한 식단에 대한 개념도 없었고 먹는 음식의 종류도 매우 제한적이었기 때문에 음식물을 통해 비타민과 엽산을 충분히 섭취할 수도 없었다. 영양 결핍은 부족한 위생 관념과 결합되면서 그 시절 영유아와 산모의 매우 높은 사망률의 원인 중 하나로 작용했다.

그런데 가뜩이나 고단한 사람들에게 흑사병이라는 이름의 또 다른 재앙이 닥쳤다. 당시 사람들은 흑사병에 대한 저항력이 매우 약했고, 면역력은 아예 없었다. 흑사병은 대기근 이후 단 한 세대 만에 전 유럽을 덮쳤다. 참고로 흑사병은 의학적으로 가래톳형 흑사병과 폐렴형 흑사병 두 종류로 나뉜다. 페스트균은 아시아의 초원 지대인 스텝에서부터 서양의 턱밑까지 진출했다. 크림 반도에 위치한 도시 카파(현재 지명은 페오도시야)는 당시 상인들의 무역 기지이던 제노바의 식민 통치 구역이었는데, 1346년 몽골군이 카파를 포위해 버렸다. 그런데 몽골군들 사이에 페스트로 인한 희생자가 점점 늘어나자 몽골군은 그 시체들을 투석기를 이용해 도시 안쪽으로 던져 넣었다. 그러면서 페스트균은 제노바의 상선들에까지 세력을 확장했다.

페스트균에게 공격을 당한 제노바의 상선들은 이탈리아 최대의 항구 도시인 시칠리아와 프랑스의 마르세유로 돌아왔고, 그 배들과 함께 페스트균도 서유럽에 상륙했다. 또 다른 악천후가 유럽 대륙을 강타한 바로 그 시기에 페스트균까지 활개를 펴기 시작한 것이다. 1346년 겨울, 유럽인들은 혹독한 추위에 시달렸고, 1347년에는 유럽 내 많은 지역에서 폭우가 쏟아졌다. 추위와 폭우는 수확 시기를 늦추는 동시에 수확량도 감소시켰다. 그러면서 또 다시 지긋지긋한 기근이 시작됐다.

유럽 대부분 지역은 지금까지 듣도 보도 못한 역병을 앓아야 했다. 당시 의학자들은 그 질병의 병명조차 알지 못했다. 그러니 예방책이나 치료제 같은 것이 있을 리 만무했다. 페스트 환자의 옷에 기생하던 벼룩이 병균에 감염되고, 그 벼룩이 쥐에 기생하면서 쥐에 의해 널리 퍼진다는 사실은 한참 후에야 밝혀졌다.

폴란드 중앙부나 네덜란드와 프랑스의 시골 지역 등 유럽 내 일부 지역만이, 페스트라는 엄청나고 유례없는 병균의 공격을 피할 수 있었다. 이후에도 페스트는 유럽 도처에서 발발했고 서유럽에 진출한 이래 5년이나 지속됐다. 5년 째의 끝 무렵인 1352년에서 1353년 사이, 유럽 국가 중 마지막으로 공격을 받은 건 러시아였다. 베네치아나 피렌체 등 이탈리아의 대도시들은 페스트로 인구의 절반가량을 잃었다. 보카치오의 소설 《데카메론Decameron》은 당시 흑사병으로 인한 피해 상황을 상세히 묘사한, 매우 가치가 높은 문학 작품이다. 물론 그 당시에는 흑사병이라는 개념조차 존재하지 않았다.

유럽 내 흑사병은 주로 1347~1352년에 집중적으로 퍼졌는데, '흑사병' 혹은 '페스트'라는 병명은 그로부터 한참 뒤에야 붙여졌다. 흑사병 환자들 중에는 신체 말단부에 가래톳이 서거나 혹은 조직의 괴사로 인해 피부가 검게 썩어 들어가면서 결국 죽음을 맞이한 이들이 많았다. 교황 클레멘스 6세의 지시로 실시한 피해 현황 조사 자료에 따르면 사망자의 수는 4,283만 6,486명에 달했다고 한다.[11] 물론 중세시대, 정확한 자료 파악을 위한 수단이나 의사소통 체계가 마련되어 있지 않았던 점을 감안하면 그 숫자를 곧이곧대로 믿을 수는 없다.

어쨌든 당시 프랑스 아비뇽의 교황청에 거주하던 클레멘스 6세는 시종들에게 늘 두 개의 커다란 불을 지피라고 명령했는데, 감염된 벼룩의 접근을 막는다는 점에서 실제로 매우 효과적인 예방책이었다. 앞서 언급한 자료보다는 신뢰성이 높은 영국의 한 자료에서는 당시 흑사병으로 인해 영국 인구의 40퍼센트가 줄었다고 한다. 요즘 학자들은 유럽 인구 전체의 3분의 1 내지 절반가량이 흑사병에 희생됐을 것이라 본다. 이후, 유럽은 200년에 가까운 긴 세월을 거친 끝에 비로소 장마와 대기근, 흑사병 이전의 인구수를 회복했다.

약 1315~1850년

중세에 찾아온
빙하기

골프 잡지의 표지로 써도 손색이 없을 만큼 완성도가 높은 그림이 하나 있다. 포커스는 골프공에 맞추어져 있고, 그림 속 인물들은 골퍼의 정석을 보여 주려는 듯 매우 모범적인 자세를 취하고 있다. 자기 순서가 된 골퍼는 이제 막 샷을 날리려는 참이다. 다른 골퍼 한 명은 골프채에 몸을 살짝 의지한 채 그 광경을 지켜보고 있다. 구경하는 골퍼도 샷을 날리려는 사람과 똑같은 옷을 입고 있다. 아마 그 구경꾼 역시 지속적인 힘이 그다지 필요하지 않은 스포츠 종목인 골프, 부유한 이들만이 즐긴다는 그 스포츠의 '동호회' 소속인 듯하다. 자유시장경제 속에서 매일같이 오르내리기를 반복하는 주식들 중 어떤 주식을 언제 사고 언제 팔지 고민하다가, 거기에서 오는 스트레스를 한 방에 날려 버리고 싶은 그런 부자들의 전용 클럽 말이다.

두 명의 또 다른 구경꾼도 있는데, 아무리 봐도 골프 모임 회원은 아닌 듯하다. 들고 있는 작업 도구들을 보아하니 물고기를 잡아서 하루하루 연명하는, 신분이 꽤 낮은 하층민들인 것 같다. 그 둘의 시선은 이제 막 골프채를 휘두르려는 이에게 고정되어 있다. 자신들은 죽었다 깨어나도 그런 고급 스포츠는 못 즐길 것이라 생각하는 것처럼 보이기도 한다.

그런데 이 그림을 어색하게 만드는 한 가지 요소가 있다. 골프장하면 으레 떠오르는 푸른 잔디, 즉 '그린'이 빠진 것이다. 그림의 전체적인 배경은 초록색이 아니라 흰색이다. 몇 점의 구름이 떠 있는 하늘은 차가운 청회색으로 뒤덮여 있다. 실크 타이츠에 버클 구두를 신고 꽉 끼는 상의에 최신 유행의 주름 옷깃을 두른 신사들이 서 있는 곳은 다름 아닌 꽁꽁 얼어붙은 호수 위다. 멀리 얼음에 갇힌 선박 몇 척이 보인다. 날씨가 화창했을 때에는 아마 외국과의 교역이 주요 산업인 조국을 번영으로 이끄는 주역이었을 것이다.

이 그림은 〈얼음 위의 콜퍼들^{Colf Players on the Ice}〉(1625년경)이라는 작품이다. 콜프는 말하자면 골프의 전신으로, 당시 네덜란드인들이 즐기던 스포츠다. 콜프공은 나무나 양털로 제작했다. 본래 콜프도 잔디 위에서 하는 종목이었지만 얼음 위에서 즐기는 콜프는 그 나름의 독특한 재미를 안겨 주었다. 얼음판 위에서는 공이 더 멀리 미끄러졌고, 가끔은 주위 갤러리 중 한 명을 명중시켜 콜퍼들의 웃음을 자아내기도 했다.

그림에 등장하는 호수는 암스테르담 인근의 얼어붙은 에이설메이르 호수로 추정된다. 그림 속에서 콜프를 즐기는 부유한 상인들은 얼음판 위에서 스케이트를 타는 구경꾼들과 그날그날 먹을 것을 구하기 위해 낚시용 뜰채를 들고 있는 두 명의 '프롤레타리아'를 의도적으로 무시하고 있다. 고귀하신 신분이 서민층에게 관심을 둘 필요가 없다는 태도다.

〈얼음 위의 콜퍼들〉은 헨드릭 아베르캄프Hendrik Avercamp의 작품으로, 아베르캄프는 '아버지' 피터 브뤼겔Pieter Bruegel the Elder(아버지와 더불어 화가인 아들과 구분하기 위해 '아버지', '아들'을 붙인다)과 더불어 겨울 풍경을 묘사한 회화 분야에 있어 중대한 변화를 일으킨 네덜란드 화가로 꼽힌다. 16세기에 접어든 뒤에도 얼음에 뒤덮인 논밭이나 꽁꽁 얼어붙은 호수를 그린 유럽 화가의 작품은 극히 드물었다. 아베르캄프와 브뤼겔은 겨울 풍경 묘사의 창시자는 아닐지 몰라도, 적어도 해당 분야에 획기적인 선을 긋고 작품들의 소장 가치를 드높인 화가들이었다. 그 시절 네덜란드의 부유한 예술 작품 수집가나 후견인들은 일상의 풍경 묘사 속에 해학과 현실 풍자가 담겨 있다고 생각했고, 그 때문에 더더욱 아베르캄프와 브뤼겔의 작품 구입에 열을 올렸다.

헨드릭 아베르캄프는 1585년 암스테르담에서 태어났다. 아쉽게도 그의 인생을 엿볼 수 있는 기록물들이 많이 남아 있지는 않지만, 성장기 대부분을 캄펜 시에서 보낸 듯하다. '캄펜의 벙어리'라는 별명이 따라다닌 것으로 보아, 듣고 말하는 데 장애가 있었던 것으로도 추정된다. 1634년 5월, 캄펜에서 눈을 감기까지 약 20년 동안 아베르캄프는 겨울 풍경을 집중적으로 그렸다. 주로 여러 개의 디테일들이 조합된, 등장인물이 꽤 많은 그림이었다.

1625년 경, 암스테르담 부근의 호수로 추정되는 곳이다.

헨드릭 아베르캄프, 〈얼음 위의 콜퍼들〉

암스테르담 국립미술관에 소장된 〈스케이트를 타는 사람들과 겨울 풍경Winter Landscape with ice skaters〉(1608년경)만 해도 스케이트를 타는 사람들과 새잡이용 덫을 치는 사람, 화려한 옷으로 온몸을 휘감은 채 말들이 이끄는 썰매에 몸을 싣고 겨울 나들이에 나선 부유한 가족, 아무리 추워도 수다는 떨고 싶은 우아한 옷차림의 귀부인, 엉덩방아를 찧고 얼음을 따라 미끄러지며 주변 사람들의 웃음을 자아내는 '멍청이' 하나, 생선 장수, 이제 막 눈밭에 볼일을 본 견공들, 그리고 이번에도 빠지지 않은 콜프 플레이어들까지, 각양각색의 군중들이 화폭을 가득 채우고 있다.

한편, 풍경화계에서 가장 유명한 거장인 아버지 브뤼겔의 〈눈 속의 사냥꾼들Hunters in the Snow〉(1565)에서는 아베르캄프의 그림에서 풍기는 것과 같은 유쾌한 기운을 전혀 찾아볼 수 없다. 〈눈 속의 사

날씨가 바꾼 세계의 역사

냥꾼들〉은 계절을 주제로 한 풍경화 연작 중 하나로, 아베르캄프의 겨울 풍경에 비해 지평선이 매우 높게 설정되어 있고, 그 위의 하늘은 잿빛이며, 사냥꾼들에게는 그림자가 없다. 게다가 그날의 사냥 실적도 실망스럽기 짝이 없었던 듯하다. 여우 단 한 마리를 잡았을 뿐인데, 여우 고기는 결코 모두가 입맛을 다실 만큼 탁월한 식재료가 아니다.

아들 브뤼겔은 〈눈 속의 사냥꾼들〉을 그대로 모방하되 선명한 색감을 더해 보려는 시도를 했다. 그러던 중, 아버지가 남긴 그 위대한 작품이 잿빛과 우울함만으로 뒤덮여 있지 않다는, 다시 말해 유쾌한 부분도 존재한다는 사실을 발견했다. 멀리 보이는 산꼭대기가 얼음으로 뒤덮여 있는 장면은 해수면보다 낮기로 유명한 네덜란드의 땅을 감안할 때 현실성이 떨어졌다. 하지만 얼어붙은 호수 위에서 스케이트나 겨울 콜프 등 다양한 겨울 놀이를 즐기고 있는 이들의 모습은 분명 현실성이 높으면서도 매우 유쾌한 요소였다.

약 10년에 걸쳐 공개된 아베르캄프와 브뤼겔의 작품들은 중세 후반에 시작되어 근세로 넘어온 이후까지 지속된 추운 시기에 탄생했다. 그 시기 평균 기온은 현재나 중세 온난기보다 훨씬 더 낮았다. 유럽 국가들이 현재의 모습을 갖추게 된 시기이기도 한데, 오늘날에는 '소빙하기'라고 부른다. 소빙하기는 미국의 기후연구가 프랑코이스 매티스와 스웨덴의 경제역사가 구스타프 우테르스트룀이 정착시킨 개념으로, 소빙하기의 평균 기온은 중세 온난기에 비해 0.8도가량 낮았다고 한다. 심지어 2~3도가 낮았던 지역도 있었다.

또한 소빙하기는 전 지구적 현상이었던 것으로 보인다. 단, 극심한 기상이변이나 기온 저하가 세계 도처에서 동시에 일어난 것이 아니라 대륙별로 각기 다른 시기에 발생했던 것으로 추정된다. 예컨대 북미 대륙이 19세기 들어 사상 최저 기온을 몇 차례 기록하는 동안 유럽에서는 소빙하기가 끝나가고 있는 식이었다.

미국 버지니아 대학교의 기상학과 교수 마이클 E. 만은 "북반구의 경우 기온이 최저로 떨어지는 일이 시기적으로는 다르게 나타났지만, 몇몇 예외 지역을 빼고는 대략의 패턴을 발견할 수 있다. 대체로 15~19세기 사이의 기온이 11~14세기에 비해서는 0.3도가량 낮았고, 20세기 후반에 비해서는 0.8도가량 낮았다고 말할 수 있는 것이다. 나아가 그 시기를 통틀어 가장 추웠던 시기는 15세기 후반이었고, 17세기와 19세기가 두 번째로 가장 추웠던 것으로 추정된다. 반면, 남반구에는 소빙하기의 흔적이 훨씬 더 분산되어 있었다"[1]고 말했다.

소빙하기의 시작과 종료 시점을 정확히 규명하기는 매우 힘들다. 유럽의 경우에는 더더욱 그렇다. 많은 이들이 기온이 저하되기 시작한 14세기를 빙하기의 출발점으로 보고 있지만, 그보다 더 이전에 시작됐다고 주장하는 학자들도 없지 않다. 그러나 1315년을 전후한 10년을 소빙하기의 시작점으로 보는 시각은 충분히 개연성이 있다. 대기근을 초래했던 기상이변이 일어났고, 그 10년 동안 중세 온난기의 기상 상황과는 뚜렷한 차이를 보였기 때문이다. 한편 종료 시점은 많은 학자들이 19세기 중반을 지목하고 있다. 우연인지 필연인지는 알 수 없지만, 그 시기 즈음에 산업화가 점점 더 진

날씨가 바꾼 세계의 역사

익살스런 겨울 풍경을 담은 아베르캄프의 작품은
중세 온난기보다 평균 온도가 0.8도 낮은 소빙하기에 그려졌다.
헨드릭 아베르캄프, 〈스케이트를 타는 사람들과 겨울풍경〉, 1608년경

행되면서 각종 유해 물질의 배출량이 늘어났고, 그로 인해 기온이 다시 상승했다.

소빙하기의 기온을 끌어내린 원인에 대해서는 이미 상당한 연구가 진행됐다. 그 결과 태양의 활동 즉, 흑점이 커다란 역할을 했다는 결론이 나왔다. 지구가 속해 있는 태양계 중 가장 중요한 항성인 태양의 흑점 변화에 대한 관찰은 1607년에 이미 시작됐다. 요하네스 케플러는 카메라 오브스쿠라Camera obscura를 이용해 종이 위에 태양의 모습을 간접적으로 담았다. 그게 아마도 태양의 흑점을 관찰한 최초의 사례일 것이다.

이후 갈릴레이는 태양의 흑점을 보다 면밀하게 관찰하고 연구했다. 소빙하기 중에서도 가장 추웠던 시절을 즈음하여 태양의 흑점 활동은 최소로 줄어들었다. 학계에서는 그 시기를 '마운더 극소기Maunder minimum'라 부른다. 영국의 천문학자 에드워드 월터 마운더Edward Walter Maunder의 이름을 딴 것인데, 대략 1645년부터 1715년까지를 가리킨다.

기온 저하를 부른 또 다른 유력한 원인은 화산 폭발이다. 화산이 폭발하면 분출된 미립자들은 대기권 가장 높은 곳까지 올라가서 에어로졸을 형성하고, 에어로졸은 지면에 닿는 햇빛의 양을 감소시킨다. 1452~1453년, 태평양의 작은 섬 바누아투에서도 한 차례 폭발이 있었던 것으로 보이고, 유난히 추웠던 1580~1600년에는 아시아와 태평양, 라틴아메리카에서 화산이 다섯 차례나 폭발했다.

그중 하나가 1600년 페루에서 일어난 화산 대폭발로, 에스파냐의 정복자들이 현지에 정착해 살면서 남긴 기록물에도 고스란히 남

날씨가 바꾼 세계의 역사

아 있다. 화산학자들은 이와 관련해 여름 기온이 평소보다 훨씬 더 낮았던 여덟 개의 시간대를 여덟 차례의 화산 대폭발과 연결시키기도 했다.[2] 심각한 기상이변을 초래한 화산 대폭발은 현재까지 몇 차례 발생했다. 1815년과 그 이듬해를 '여름이 없는 해'로 만들어 버린 인도네시아의 탐보라Tambora 화산 폭발도 그중 하나다.

한편, 산업화로 인한 각종 환경 문제를 걱정하는 게 일상이 된 21세기에는 납득하기 힘든 기온 저하의 원인이 하나 더 있다. 1347년과 1350년 흑사병 이후 인구가 급감하면서 삼림 면적이 늘어난 것이 기온 하강의 원인이라는 이론이 바로 그것이다. 얼핏 생각하기에는 삼림 면적이 늘어나면 무조건 좋을 것 같지만, 이 경우에는 조금 다르다. 이산화탄소가 추위를 불러왔다는 이론에서는 숲 면적이 늘어나면서 나무가 흡수하는 이산화탄소의 양도 늘어났다는 부분을 특별히 지목하고 있다. 사실 이산화탄소는 요즘 우리가 말하는 온실가스와 동의어라 해도 과언이 아니고, 우리 모두는 깨끗한 지구 환경을 위해 탄소 가스 배출에 대해 모종의 죄책감을 느껴 어떻게든 '탄소 발자국carbon footprint'을 줄이려고 애쓰고 있다. 쉽게 말해 이산화탄소 배출량을 줄이면 온난화 현상도 줄어들 것이라 기대하고 있는 것이다. 틀린 말은 아니다.

문제는 공기 중에 이산화탄소가 너무 적어도 탈이라는 데 있다. 우리의 상식으로는 좀 이해가 되지 않을 수도 있지만, 실제로 이산화탄소가 너무 부족하면 온도가 너무 내려가서 소빙하기처럼 추운 시대가 돌아올 수 있다. 나아가 차디찬 날씨는 전쟁이나 사회적 불안, 위기 등을 초래할 수 있고, 이런 혼란 속에서 옛날의 마녀사냥 같은 것이 다시금 되살아나면서 모두들 희생양을 찾으려 혈안이 될 수도 있다. 마녀사냥은 유럽 근세 초기에 발생한, 아무 죄도 없는 이들을 집단 학살한 비극적 참사였다. 구교, 신교 가릴 것 없이 수많은 종교계 지도자들이 마녀사냥에 직접 가담했다.

참혹한 사냥이 최고조에 달했던 시기는 1560~1600년 사이였다. 우박을 동반한 폭풍이 몰아칠 때에도, 그 이외의 악천후가 발생했을 때에도 모두들 이 같은 현상을 몰고 온 '죄인 색출'에 열을 올렸다. 죄인들은 물론 아무 죄 없는 희생양이었다. 사람들은 모두 마을에 무슨 일이 생길 때마다 악마와 결탁을 맺은 마녀들이 술수를 부린다고 굳게 믿었다. 주민의 조급함이나 미신, 흉년 등으로 인해 마녀사냥이 줄지어 일어난 경우도 있었다.

예컨대 비젠슈타이크의 경우 1년 동안 무려 63명의 여성이 마녀로 몰려 화형에 처해졌다. 이 집단 광기의 희생양들 대부분이 여성이었던 것이 사실이지만, 남자가 아예 없었던 것은 아니다. '마남魔男'도 더러 있었다. 더러는 귀족 가문 출신의 남성이 희생되기도 했고, 심지어 성직자가 마남으로 의심을 받아 화형당한 사례도 있다.

그런데 아이러니하게도 이렇게 '재판을 거친 합법적 살인', 즉 마녀나 마남 처형을 가장 강력하게 요구했던 계층은 주로 가진 게 없고 가난한 민초, 불신과 오해로 꽁꽁 무장한 무산 계급, 농부들이었다. 그러한 집단 광기는 특히 법정이 존재하지 않는 마을, 그 지역의 대학에 법학과가 없었던 마을, 학식과 결단력을 갖춘 지도자가 없는 마을에서 더더욱 많은 희생자를 낳았다. 볼프강 베링거는 악천후와 집단 살인 행위와의 연관성에 대해 수많은 논문을 발표했는데, 그의 대표작 《기후의 문화사》에서도 이와 관련된 내용이 상세히 기술돼 있다.[3]

마녀사냥은 정치적·종교적·사회적 불안정이 극에 달했던 시기를 대표하는 하나의 상징이다. 그 시기 유럽에서는 다시금 역병이 유행했고, 대기근이 몰아닥쳤으며, 유럽 역사상 가장 큰 영향력을 미친 30년 전쟁이 발발했다. 역사학자 제프리 파커는 《뉴욕타임스》에 기고한 글에서 "기후학자들은 그 시기를 소빙하기라 부르고, 역사학자들은 그 시기를 대 위기의 시대라 부른다"고 쓰기도 했다.[4] 사실 역사학자들이 말하는 '대 위기의 시대'가 소빙하기 전체를 뜻하지는 않는다. 그들이 말하는 위기는 그중 일부로, 특히 17세기에 해당해 '17세기의 위기The Crisis of the 17th Century'라는 개념까지 생겨날 만큼 사회는 전반적으로 불안정했다.

파커도 그 시기의 위기에 대해 집중적으로 다룬 저서를 발간했는데, 파커는 사회를 변화시킨 중대한 요인 중 하나가 기후였다는 점을 강조하면서 "17세기는 내전과 민란을 비롯한 전쟁의 연속이었고, 그 이전과 이후의 어떤 세기보다 더 많은 국가 체제가 붕괴됐다. 물론 날씨가 그 모든 재앙의 유일한 원인은 아니었지만, 기후가 상황을 더 심각하게 몰아간 것은 분명하다"[5]라고 말했다. 실제로 17세기에는 러시아와 중국, 인도와 일본 등이 홍수나 가뭄, 기근과 같은 재앙을 겪었고, 1641~1642년에는 맹추위로 인해 굶어 죽은 이들의 수가 10만 명에 달했다.

극심한 기상이변과 흉작으로 인해 가뜩이나 영양 결핍 상태였던 사람들은 각종 역병에 더 쉽게 감염되어 희생됐다. 그런데 그 시기는 도시화가 가속되던 때이기도 했다. 근세에 접어든 이후 가장 많은 인구가 도시에 집중된 시기였던 것이다. 하지만 각 도시에는 늘어난 인구를 수용할 공간이 부족했고 위생 상태도 그다지 좋지 않았다. 즉, 역병이 널리 퍼지기에 가장 이상적인 조건을 갖췄던 것이다.

베이징과 난징은 인구 100만이 넘는 대도시로 성장했고, 3대륙에 걸친 넓은 영토를 자랑하던 오스만 제국의 수도 이스탄불의 인구는 17세기 중반쯤 80만에 달했다. 유럽에서는 인구 30만의 런던과 파리, 나폴리가 대표적인 대도시였다. 영국의 국왕 제임스 1세는 1616년에 이미 도시 집중화 현상 뒤에 숨은 그늘을 경고했다. "나라 전체가 런던으로 몰려가고 있다. 계속 이렇게 가다가는 결국 영국에는 런던만 남게 될 것이다. 나머지 지역들은 모두 멸망하고, 모두가 비참한 삶을 살게 될 것이며, 모두가 도시에만 살게 될 것이다."[6]

인구의 도시 집중화 현상이 가장 심했던 나라는 네덜란드였다. 80년 가까이 에스파냐를 상대로 벌인 독립전쟁이나 평균보다 낮은 기온에도 불구하고, 네덜란드는 17세기에 전 유럽을 휩쓴 위기에도 큰 피해를 입지 않았다. 독일 땅에서 벌어진 30년 전쟁에 약간의 영향을 받았을 뿐이다. 당시 주변 국가들의 상황에 비해 시민사회나 자유에 대한 의식이 더 발달한 네덜란드는 성장과 번영을 거듭했고, 무엇보다 예술 분야에서 황금기를 누렸다. 하지만 네덜란드 역시 전쟁을 완전히 피할 수는 없었다. 교역 경쟁국이었던 영국과 프랑스를 상대로 여러 차례 전쟁을 치러야 했고, 정복자 태양왕 루이 14세의 야욕도 피할 수 없었다. 그렇게 수차례에 걸쳐 전쟁을 치르면서 네덜란드는 결국 과거의 영광에서 조금씩 멀어져 갔다.

역병의 창궐과 사라지는 마을들

• • •

16세기 후반에는 인구가 집중적으로 늘어나, 17세기 초반 유럽 전체 인구는 대략 1억 명에 달했다. 17세기가 소빙하기 중 가장 혹독했던 시기였다면, 16세기는 그에 비해 비교적 안정적이었다. 하지만 17세기 들어 전염병이 유행하고, 사상 유례 없는 대규모 전쟁들이 발발하고, 나아가 극심한 기상이변까지 더해지면서 "기후와 각종 비리, 식량 사재기 그리고 전쟁이 유행병의 파급 효과를 한층 더 강화했다"[7]고 파커는 지적했다.

당시 페스트의 위력은 이전에 발발했던 그 어떤 전염병보다 강력했다. 17세기 중반, 인구 30만을 자랑하던 대도시 나폴리는 1656년의 페스트 때문에 인구의 절반 가까이를 잃어야 했다. 역병의 공격을 세 차례나 받았던 이베리아 반도에서는 100만 명 이상이 목숨을 잃었다. 특히 1646~1652년 세비야에서 창궐한 페스트는 수많은 이들의 목숨을 앗아갔다. 이후 1682~1683년에 흉년과 페스트가 겹치면서 면역력이 바닥까지 떨어진 수많은 국민들은 병마를 이기지 못하고 세상을 떠났다.

그런데 페스트만큼이나 위험한 역병이 하나 더 있었으니, 바로 천연두였다. 그 어떤 질병보다 전염성이 큰 천연두는 인구밀도가 높은 지역에서 특히 더 빠른 속도로 확산됐다. 잉글랜드 남단에 위치한 섬 아일오브와이트Isle of Wight는 대륙과 떨어져 있다는 지리적 특성 덕분에 페스트나 티푸스 같은 전염병으로부터 비교적 안전한 곳이었다. 하지만 1627년, 단 한 명의 감염자가 단기간에 2천 명에게 천연두를 퍼뜨렸고 그중 대부분이 사망했다. 천연두가 평화롭던 아일오브와이트 섬을 쑥대밭으로 만들어 버린 것이다. 흑사병의 경우 발발 지점이나 감염자로부터 멀리 떨어지면 감염을 피할 수 있었지만 천연두는 그렇지 않았다. 병균과 거리를 두는 것이 최고의 예방책이라 믿었던 섬의 부유한 주민들은 천연두를 피해 본토로 도주했지만 그조차도 큰 도움이 되지 않았다.

신분이 높은 이들 중에서도 천연두로 목숨을 잃은 이들이 꽤 있었다. 대표적인 인물은 천연두에 걸려 1694년 사망한 메리 2세, 찰스 2세의 동생과 누이, 루이 14세의 뒤를 이을 예정이었던 왕세자 루이 드 프랑스 등이었다. 하지만 천연두는 그 병을 한 번 극복하고 나면 평생 다시 걸리지 않는다는 특징이 있었고, 18세기 과학자들은 그 점을 착안해 건강한 사람에게 약한 병균을 일부러 주입하여 감염시킨 뒤 면역력을 갖게 하는 예방법을 개발했다.

전쟁이 으레 그렇듯 17세기에 일어난 일련의 전쟁들 역시 인구 감소를 촉발했다. 영국의 내전과 독일의 30년 전쟁은 전선이 어디인지도 모르는 상태에서 수많은 민간인들을 죽음으로 몰아넣은 대표적 사례다. 군인들은 약탈해서 먹을 것을 구해야 했고, 전쟁 기간 동안 군대가 자행한 민간인 대량 학살은 그야말로 시대가 낳은 비극이었다. 독일은 전쟁, 전염병, 그리고 기근으로 인구의 3분의 1을 잃었다. 승전국의 인구도 줄어들었다. 스웨덴이 승전을 거듭하며 유럽의 강대국으로 발돋움하는 동안 시골 마을에서는 청년 세대 전체가 전사하거나, 실종되거나, 병을 앓다가 죽어 갔다.

그렇게 무력 충돌이 이어지는 와중에도 기상이변이 무수히 발생했고, 국민들의 삶은 더더욱 힘겨워졌다. 군인도 예외가 아니었다. '가톨릭 리그' 소속의 어느 병사는 1640년 8월, 그러니까 한여름의 어느 날에 "너무 추워서 이러다가는 막사 내 군인들 모두가 얼어 죽겠다는 생각이 든다"라고 기록했다. 바이에른 출신의 어느 성직자도 1640년 초반의 상황에 대한 기록을 남긴 적이 있는데, 거기에 등장하는 표현들 대부분이 "가장 추운 겨울", "성난 폭풍", "겨울을 연상시키는 봄", "인간의 기억에 남아 있는 그 어떤 홍수보다 더 극심한 홍수", "무게가 1파운드나 나가는 우박 덩어리"[8] 같은 것들이었다.

1628년에는 알프스의 일부 지역에서 매월 눈이 내렸고, 그해는 여름이 없던 해로 기록됐다. 물론 대표적인 '여름이 없는 해'는 앞서도 몇 번 소개했던, 극도의 기상이변이 일어난 1816년이다. 포도밭을 비롯한 모든 경작지들은 맹추위에 꽁꽁 얼어붙어 버렸다. 1641년에는 스칸디나비아 반도에서 사상 최저 기온이 관측됐고, 중유럽 역시 살을 에는 추위에 시달렸다.

중세 전성기, 한때 번영을 누렸던 수많은 도시와 마을들은 악천후로 인해 공동화되거나 아예 소멸됐다. 영국에서만 '중세에 버려진 마을'의 수가 무려 3천 개에 달할 정도였다. 1348년과 1350년 창궐한 흑사병과 대기근이 주민들을 다른 지역으로 몰아낸 것이다. 그렇게 버려진 마을들 중 가장 유명하고, 가장 연구가 많이 진행된 곳은 아마도 와람 퍼시Wharram Percy일 것이다.

영국의 서북부 요크셔 월즈의 서쪽 외곽에 위치한 와람 퍼시의 주민들은 악천후로 인해 농사가 거의 불가능해지면서 마을을 떠났다. 영국의 역사 기념물 관리 단체인 잉글리시 헤리티지 웹사이트는 와람 퍼시 마을이 발굴된 1950년 이후, 40년 동안 매해 여름 자원봉사자들이 그 마을의 고고학적 가치를 연구한다고 설명하고 있다. 추운 계절에는 발굴 작업이 너무 힘들기 때문에 여름에만 작업을 진행한 것이다.

와람 퍼시는 흑사병을 비교적 잘 극복했음에도 1500년경부터 인구가 꾸준히 줄어들었다. 영주와의 갈등도 원인이었지만, 무엇보다 줄어든 수확량, 눈으로 뒤덮인 논과 밭, 그로 인해 늘어난 경작 불가능한 땅의 면적 등을 이유로 주민들 대부분이 자발적으로 마을을 저버린 것이었다. 하지만 와람 퍼시는 비록 뼈대만 남아 있을지언정 그 시절에 건립된 교회당을 그대로 보존하고 있고, 나아가 사람이 살았던 흔적을 엿볼 수 있는 풀밭을 소중하게 잘 가꾸어 놓았다. 그 덕에 지금은 영국 역사에 관심이 있는 관광객 사이에 반드시 방문해야 할 명소가 됐다. 관광객들도 추운 계절을 피해 여름에만 그곳을 찾고 있다. 볼프강 베링거는 와람 퍼시의 운명에 대해 "와람 퍼시는 중세 전성기 시절 매우 훌륭한 주거지였다. 하지만 소빙하기에 들어와서는 더 이상 그렇지 못했다"[9]라고 말했다.

소빙하기 때에는 알프스의 드넓은 지역이 얼어붙었고, 사이사이의 좁은 협곡들도 얼어붙었다. 1만 2천 년 전의 '진짜 빙하기' 이

날씨가 바꾼 세계의 역사

악천후로 인해 더 이상 사람이 살지 않는 마을이 된, 영국 요크셔 지방의 와람 퍼시.
당시의 교회 건물 잔해만이 쓸쓸히 남아 있다.

후 처음 있는 일이었다. 농작물이 생장할 수 있는 날은 줄어들고, 흉작이 잦았으며, 기근은 예고된 것이나 다름없었다. 17세기 스위스는 지금과 달리 결코 잘사는 나라가 아니었다. 얼음산으로 뒤덮인 알프스 지역에 위치한 까닭에 오히려 가난한 나라에 속했다. 얼음으로 뒤덮인 땅이 점점 늘어나는 만큼 경작이 가능한 면적과 농장은 줄어들었고, 더러는 마을 전체가 사라지기도 했다.

하지만 자연이 펼쳐 놓은 냉혹한 무대에서 이득을 취한 이도 있었으니, 바로 마을 코앞까지 진출한 빙산들에서 환상적인 영감을 얻은 예술가들이다. '아래쪽 그린데발트 빙하'가 마을 입구까지 진출한 풍경을 담은 마테우스 메리안의 동판화(1642년 작)에는 당시 자연이 펼친 파노라마가 매우 잘 표현되어 있고, 빙하와 마을을 바라보며 감탄하는 여행객의 모습도 담겨 있다.

　요즘으로선 상상도 하기 어려운 겨울 풍경이 런던에 펼쳐진 적이 있다. 얼어붙은 템스 강 위에 '서리 장터frost fair'라 불리는 크리스마스 시장이 선 것이었다. 영국의 기상학자 휴버트 H. 램은 템스 강이 17세기 들어 최소한 열 번이나 얼어붙었고, 1564~1813년 사이에는 아마도 20회 이상 얼어붙었을 것이라 했다.[10] 근세에 접어든 이후 런던 사람들이 서리 장터를 처음 즐긴 것은 1564년이었다. 1564년 겨울, 엘리자베스 1세와 그 뒤를 따르는 신하들은 런던 시민들의 뒤를 이어 얼음 위를 산책했다.

　당시 그곳에 있었던 이들의 증언에 따르면 미끄러운 빙판 위에서 공을 차는 소년들도 있었고, 화살 같은 것을 쏴서 맞히면 그 물건을 공짜로 주는 가게가 손님의 발길을 끌었으며, "런던 시내 그 어떤 거리보다 더 많은 이들이, 남녀를 불문하고 템스 강 위를 산책하는 것을 좋아했다"고 한다. 그 후 축제는 1608년에 다시 열렸고, 이번에도 "템스 강은 크리스마스를 1주일 앞두고 얼음 옷으로 갈아입은 뒤 1월 말까지 그 옷을 벗지 않았다. (중략) 템스 강은 강이 아니라 들판처럼 보였고, 그 위에서 어떤 이들은 화살을 쏘고 어떤 이들은 축구를 즐겼다. 아무 두려움 없이 편하게 걸어도 되는 그런 거리 같았다".[11]

　그러다가 1684년, 다시금 얼어붙은 강 위에서 예술가들에 의해 시민 축제가 개최됐다. '얼음판 위의 카니발'이 마지막으로 개최된 것은 1814년이었다. 19세기 들어 런던 시는 템스 강을 따라 제방을 쌓기로 결정했고, 제방 덕분에 강물의 유속流速이 빨라지면서 더 이상 강물이 얼지 않았다. 게다가 지금은 지구온난화를 염려해야 할 정도로 과거보다 평균 기온이 높으니 아무래도 금세기에는 템스 강에 다시 서리 장터가 서는 광경을 볼 수는 없을 듯하다.

추위와 빙판이 반드시 전제되어야 하는 이러한 축제가 강물이 아닌 호수에서도 열린 적이 있다. 얼어붙은 보덴 호수 위에서 개최되는 '제크프뢰르네'가 바로 그것이다. 875년 이래 33회나 개최될 정도로 인기가 높고 전통도 깊은 축제다. 1573년, 주최 측에서는 제크프뢰르네가 개최될 때마다 성자 요한의 흉상을 스위스의 뮌스털링겐 성당에서 독일의 하크나우로 이동시키는 '얼음 행렬 의식'을 치르기로 했다. 그러다가 다음번에 또 제크프뢰르네가 개최되면 흉상은 다시 얼어붙은 보덴 호수를 지나 독일에서 스위스로 이동하게 되는 식이었다. 하지만 소빙하기가 끝나면서 얼음 행렬 의식이 개최되는 횟수도 줄어들었고, 현재 성자 요한의 흉상은 50년도 더 전에 마지막으로 이동한 뒤 뮌스털링겐 교구 교회의 고정석에서 굳게 자리를 지키고 있다.

제크프뢰르네가 마지막으로 개최된 것은 1963년 2월이었다. 당시 수만 명이 얼음을 지치며 즐거운 한때를 보냈고, 개중에는 빙판 위를 지나 맞은편에 위치한 이웃국가까지 건너간 이들도 있었다. 축제가 시작된 지 이틀 만에 스케이트를 들고 나온 이들이 드넓은 호수 가장자리를 빈틈없이 채웠고, 경비행기나 글라이더들이 빙판 위에 착륙하기도 했다. 하지만 그 과정에서 비행기가 얼음 두께가 얇은 곳에 착륙하면서 얼음이 깨져 다섯 명이 사망하는 불상사가 일어났다.

얼어붙은 벨트 해협을 걸어서 건넌 스웨덴군

· · ·

얼어붙은 커다란 하천이나 호수가 축제와 행렬 의식의 마당으로만 이용된 것은 아니었다. 달라진 자연 환경은 지정학에도 변화를 일으켰다. 한파로 인해 해협이 얼어붙으면서 나라와 나라 사이의 '천연 장벽'이 사라진 경우도 많았다. 그러한 추위를 가장 '냉'정하고 '냉'철하게 이용한 이는 스웨덴의 국왕 카를 10세 구스타프였다. 스웨덴은 30년 전쟁을 거치면서 이미 유럽 내에서 북방의 강자로 발돋움한 상태였고, 독일 제국 내에서도 신교도들을 비호하는 주요 세력이었다. 당시 스웨덴은 120만에 가까운 많은 인구와 강한 경제력을 가지고 있었지만, 뭐니 뭐니 해도 스웨덴이 최강을 자랑하는 분야는 바로 무적의 군사력이었다. 1632년 뤼첸 전투에서 전사한 구스타프 2세 아돌프 국왕은 살아생전 이미 막강한 전투력을 자랑하던 스웨덴군의 전술과 능력을 한층 더 정교하게 가다듬었고, 1654년 왕위에 오른 카를 10세는 그 막강한 병기를 실전에 활용했다.

씨움의 대상은 주로 같은 스칸디나비아 반도에 있으면서 수백 년째 전쟁을 지속하고 있는 라이벌 국가 덴마크였다. 1657년, 덴마크가 당시 스웨덴의 영토였던 브레멘을 공격하자 카를 10세는 순식간에 반격에 나섰고 유틀란트 대부분은 독일에 주둔 중이던 스웨덴군의 공격을 받았다. 하지만 덴마크의 수도, 코펜하겐은 유틀란트 반도와는 거리가 꽤 먼 셸란 섬에 위치해 있다. 그래서 덴마크 통치자들은 자신들의 신변이 대체로 안전하다고 믿었다.

그런데 1657~1658년 겨울, 기온이 계속해서 떨어졌고, 핀 섬과 셀란 섬 사이의 대 벨트 해협Great Belt과 핀 섬과 유틀란트 반도 사이의 소 벨트 해협Little Belt이 얼어붙었다. 그러자 1658년 1월 30일, 카를 10세는 약 3,500명의 보병과 1,500명의 기병을 이끌고 소 벨트 해협을 건넜다. 바다가 아주 꽁꽁 언 것은 아니어서 건너는 도중 몇몇 병사와 말들이 얼음처럼 차가운 바닷물에 빠져 목숨을 잃었지만 해협 횡단 작전은 대체로 성공적이었고, 이 작전은 지금도 유럽 역사상 가장 대담한 작전으로 손꼽힌다.

앞서 언급했듯 코펜하겐은 섬에 위치한 도시이기 때문에 덴마크인들은 자신들이 비교적 안전하다고 굳게 믿었다. 따라서 제2차 북방 전쟁에 참전한 적국이 최소한 내륙을 통해 덴마크의 수도로 쳐들어오는 일은 있을 수 없다고 여겼다. 그러다가 카를 국왕의 부대가 한 발짝 한 발짝 다가오자 덴마크는 즉시 평화 협정을 맺을 용의를 내비쳤다. 실제로 그해 2월 26일에 이미 덴마크의 로스킬레에서 평화 조약이 체결됐다. 맹추위가 카를 10세의 군대의 전투력과 효율을 극대화시킨 것이다. 로스킬레 조약을 통해 덴마크는 말뫼와 대학도시 룬드가 포함된 스코네 주, 블레킹에 주, 할란드 주, 보후슬란 주를 스웨덴에게 이양했고, 이 지역들은 지금도 스웨덴 영토다.

소빙하기 역시 다른 시대와 마찬가지로 항상 춥기만 했던 것은 아니다. 휴버트 H. 램에 따르면 소빙하기 안에서도 큰 폭의 온도 변화가 여러 차례 있었다고 말한다. 그럼에도 그 시대를 뭉뚱그려 '소빙하기'라 부르는 이유는 특정 시대에 이름 붙이기 좋아하는 기후학자들의 성향 때문이 아닐까 싶다. 어쨌든 소빙하기가 한

창 진행 중이던 16~17세기에도 '아웃사이더'들은 존재했다. 이를 테면 매우 더웠던 여름이 그중 하나다. 유럽 대도시 중 하나인 런던도 1665~1666년 여름 기온은 17세기 평균보다 상당히 높았고, 건조한 날씨는 런던 역사상 최대의 재앙으로 이어졌다.

당시 런던은 위생 관념이 극도로 미미하거나 아예 없었고, 사람과 동물이 좁은 지역에 뒤죽박죽 섞여 살았다. 모르긴 해도 역병이 창궐하기에 그보다 나은 조건은 없을 것이다. 흑사병이 최초로 발발한 이래 페스트는 1499년 이후 몇 차례에 걸쳐 영국의 수도 런던을 다시 찾았다. 게다가 아이러니하게도 영국이 교역과 해상력에서 눈부신 발전을 거듭할수록 역병은 더더욱 급속도로, 더더욱 널리 퍼져 나갔다. 1665년 4월, 세인트 자일스 외곽에서 런던 시민 몇명이 최초로 페스트에 감염됐다. 이후 기온이 높은 여름의 몇 개월을 틈타 페스트가 급속도로 퍼졌다. 빈민가나 쥐들이 넘쳐나던 지역에서 특히 더 많은 희생자가 나왔다.

자신이 직접 쓴 일기 덕분에 문인으로 더 널리 알려진 영국의 정치가 새뮤얼 피프스는 당시 상황을 "수많은 마을 주민이 페스트로 사망했다는 슬픈 소식이 들려온다. 어젯밤만 해도 마흔 명이 목숨을 잃었고, 망자를 위해 울리는 것인지 장례식장에서 들려오는 소리인지 알 수 없지만 종소리가 끊이지 않는다"[12]라고 기록했다. 그 당시 발발한 페스트로 인해 런던은 결국 7만 명에 가까운 시민을 잃었다.

그런데 페스트로 입은 피해가 채 회복되기도 전, 런던은 이듬해 당시로서는 꽤 더운 여름에 페스트와는 전혀 다른 종류의 엄청난 피해를 입는다. 1666년 8월 말부터 런던은 서남쪽에서 불어오는 고온건조한 공기의 영향 하에 있었다. 도시 전체가 그야말로 바싹 말라 있었다고 해도 과언이 아니었다. 그러던 어느 날 찰스 2세의 왕실에 빵을 납품하던 빵집 주인 토마스 페리너가 약간의 부주의로 엄청난 사고를 저지르고 만다. 토요일에서 일요일로 넘어가던 9월 2일 밤, 페리너가 푸딩레인에 위치한 자신의 빵집의 문을 잠그며 오븐 안의 불꽃이 완전히 꺼졌는지 확인하지 않은 것이다. 거기에서 발화한 불꽃은 좁은 골목에 다닥다닥 늘어서 있던, 목재와 역청으로 지은 가옥들을 금세 덮쳤다. 증축된 상층부들 간의 간격이 가까워서 푸딩레인 한쪽에서 붙은 불꽃이 한순간에 건너편 건물로 옮겨 붙었고, 그 불꽃들이 또 다시 이웃한 거리의 건물들로 옮겨 가면서 불길은 삽시간에 광범위하게 퍼져 나갔다. 엎친 데 덮친 격으로 그날따라 바람까지 강하게 불었고, 불 폭풍이 런던 하늘을 뒤덮었다.

당시 런던의 소방 체계는 나쁘지 않았다. 의용 소방대원들이 위급 시에 언제든지 출동할 수 있는 시스템이었다. 심지어 살수차까지 보유하고 있었다. 하지만 웬일인지 그날은 소방대원이 신속하게 출동하지 않았다. 불길이 이미 너무 많이 번져서 접근이 어려웠을 수도 있다. 혹은 무능한 정치가들이 더 큰 피해를 양산했을 수도 있다. 당시 무능한 정치가 한 명이 얼마나 무서운 결과를 초래할 수 있는지를 보여주는 대표적 사례가 하나 발생했다. 화재 보고를 받은 런던 시장 토머스 블러드워스 경이 "여자 한 명이 오줌만 누면 꺼질 정도구만"이라며 사태의 심각성을 일축해 버린 것이다.

일요일 오전, 화재를 진압하기 위한 모든 노력이 중단됐다. 사람들은 오로지 자기 목숨과 재산을 보전하려는 생각밖에 없었다. 월요일에는 불길이 금융 지구로까지 번졌다. 은행가나 금융업에 종사하는 이들의 거주지 겸 활동지이자, 현대적 금융 지구의 초기 형태였던 런던의 금융 지구는 예나 지금이나 세계적인 금융 중심지 역할을 수행하고 있는 매우 중요한 지역이다. 당시 그곳에 살던 수많은 상인과 금융업자들은 가정이나 은행 금고에 보관 중이던 금화를 상자에 실어 안전한 곳으로 옮기느라 정신이 없었다. 다행히 템스 강이 불길의 남하를 막아 주었지만, 도시 북부는 불에 타서 쑥대밭이 되고 말았다.

9월 4일 화요일, 그때까지 살아남은 런던 시민들은 가슴 아프고 충격적인 사태를 또 한 번 목도해야 했다. 세인트 폴 대성당이 자신들의 눈앞에서 불에 타 무너져 버린 것이었다. 처음 불길이 번질 때 많은 이들은 두꺼운 성당 석벽이 신께서 기거하시는 집을 제발 지켜 주기를 기도했다. 하지만 세인트 폴 대성당은 다음의 이유로 소실되고 말았다. 첫째, 복구 작업을 하느라 성당 주변에 설치한 목재로 된 비계飛階가 불에 타기 쉬운 소재였기 때문이다. 둘째, 수많은 서적 상인들은 진귀한 기록물들을 대성당 지하실에 보관했다. 그곳이 안전하다는 믿음 때문에 그렇게 한 것인데, 이는 성당 내부에 인화성 물질을 잔뜩 쌓아 놓은 셈이었다.

화요일 밤이 되면서 다행히 바람이 잦아들었고, 화약을 이용해 불길을 번지게 만드는 건물들을 폭파하는 해군의 진화 작전이 조금씩 효과를 보이기 시작했다. 수요일 저녁쯤에는 화재가 완전히 진

날씨가 바꾼 세계의 역사

압됐다. 화마는 1만 3천 채의 가옥을 집어삼키고 8만 명의 런던 시민들을 거리로 내몰았다.

그 후 몇 년 사이에 런던은 완전히 다른 모습으로 탈바꿈했다. 목조가 아닌 석조 가옥들이 들어섰고, 크리스토퍼 렌 경의 설계로 세인트 폴 대성당이 새롭고 웅장한 모습으로 재탄생했다. 대화재를 기억하기 위한 '런던 대화재 기념비'도 세웠다. 동명의 지하철 역 인근에 설치된 이 기념비는 줄여서 '모뉴멘트The Monument to the Great Fire of London'라 불리는데, 311개의 계단을 오를 지구력과 체력만 있다면 꼭대기에 한 번 올라가 볼 것을 권한다. 모뉴멘트 꼭대기에 서면 화재를 딛고 일어선 불사조 같은 런던의 광경을 직접 감상할 수 있기 때문이다.

로어노크 마을의 풀리지 않는 비밀

• • •

유럽이 아닌 다른 대륙에서도 기온 변화가 있기는 했지만, 이런 지역에서는 맹추위보다는 가뭄이 더 큰 문제였다. 극심한 가뭄은 특히 아메리카 대륙에서 자주 일어났고, 유럽에서 건너간 이민자들에게 큰 영향을 미쳤다. 미국 버지니아 주의 사이프러스 나무들의 나이테를 관찰한 결과, 1570~1612년 사이에 심각한 가뭄이 몇 차례 발생했던 것으로 분석됐다. 물 부족 현상은 에스파냐의 이주민과 정복자들의 삶에도 큰 영향을 미쳤다. 1565년, 스페인 이주민들은 사우스캐롤라이나 주에 산타 엘레나라는 이름의 마을을 구축했지만, 극심한 물 부족을 견디지 못하고 결국 20년 만에 마을을 버리고 떠나야 했다. 이후 에스파냐 정복자들은 남쪽의 플로리다 주로 집단 거주지를 옮겼다.

미국 남부 로어노크^{Roanoke} 섬으로 건너간 영국 이주민들의 상황이라고 더 나을 턱이 없었다. 연극 〈잃어버린 식민지^{The Lost Colony}〉의 모티브가 된 것이 바로 로어노크로 건너간 영국 최초의 이주민들이다. 현재 이 연극은 사건이 벌어진 지역 인근에서 야외극으로 상연되고 있다. 1585년, 항해사이자 기업가 그리고 약탈자이던 월터 롤리 경은 오늘날 노스캐롤라이나 주에 속하는 로어노크 섬에 식민 도시를 구축하고자 했다. 하지만 원주민과의 갈등이 너무 잦은데다가 식량도 부족했다. 이에 프랜시스 드레이크 경은 이주 정착민들을 다시 고국인 영국으로 되돌려 보내는 것이 어떻겠느냐고 제안했고, 롤리 경은 드레이크 경의 제안을 받아들였다. 이주민들은 감자나 옥수수 등 신세계에서 구한 물품을 가득 싣고 영국으로 돌아갔다.

하지만 롤리 경은 1587년에 자신의 원대한 꿈을 다시 한 번 실현시키고자 했다. 그해 여름, 식민지 개척민을 다시 로어노크로 파견한 것이었다. 그러나 이번에도 롤리 경의 식민지 개척 계획은 실패로 돌아갔다. 북미 대륙에서 버지니아 데어라는 영국 출신의 여자아이가 최초로 태어났다는 것이 그나마 성과라면 성과였다. 1587년 8월 22일, 짧았던 식민지 개척사를 뒤로 하고 영국 선박은 다시 뱃머리를 돌렸다. 당시 식민지 관리였던 존 화이트는 가능한 빠른 시일 내에 보급품과 인력을 싣고 다시 돌아오겠노라고 약속했지만, 이후 몇 달 동안은 그 어떤 영국 선박도 대서양을 감히 횡단

할 계획을 세우지 못했다. 1588년, 이름만 들어도 무시무시한 에스파냐의 무적함대가 영국 출정길에 올랐기 때문이다. 그런 상황에서 대서양 횡단에 오를 만큼 무모한 상선은 당연히 한 척도 없었다.

화이트가 다시 아메리카 대륙을 찾은 것은 그로부터 몇 년 뒤인 1590년이었다. 손녀인 버지니아 데어의 세 번째 생일에 맞춰 방문한 것이었지만, 화이트는 그곳에서 손녀를 만나기는커녕 그 어떤 정착민의 흔적도 발견하지 못했다. 영국 개척민들이 구축한 도시는 텅 비어 있었다. 전쟁이 지나간 흔적도 없었다. 화이트와 그 일행이 발견한 것이라고는 어느 나무 울타리에 새겨진 '크로아톤Croatoan'이라는 글귀뿐이었다. 그들은 그것이 어느 원주민 인디언 부족의 이름이거나 식민지 개척자들이 이주해 간, 곡식을 구할 수 있는 어느 섬의 지명일 것으로 해석했다.

로어노크 섬의 운명을 둘러싼 비밀은 지금까지도 풀리지 않았다. 하지만 영국 개척민 자신들과 롤리 경 그리고 여왕을 위해 식민지를 건설하려던 당시의 상황에 대해서는 몇 가지 연구 결과가 나왔다. 아칸소 대학교의 기후학자 데이비드 스탈은 해당 지역의 800년 동안의 기후를 재구성했고, 이를 통해 당시 영국 개척민들이 식민지 구축을 그중 가장 건조한 기간(1587~1589)에 진행했다는 사실을 입증했다. 그들의 모험은 처음부터 실패로 돌아갈 운명이었던 것이다.[13]

이후 영국은 결국 북미 대륙에서 최초의 식민지를 개척했다. 하지만 그 역시 건조한 날씨로 인해 거의 무산될 뻔했다. 1607년, 배를 타고 버지니아 주에 상륙한 영국인들은 그곳 어느 마을에 거주지를 형성했다. 마을 주변에는 울타리를 쳤고, 그 마을을 국왕에게 바친다는 의미에서 이름을 '제임스타운'으로 지었다. 마을 옆을 흐르는 강에도 '제임스 강'이라는 이름을 붙였다. 그런데 그 개척 역시 기후학적으로 불리한 시절에 이루어졌다. 해당 지역의 770년 간의 기후를 재구성해 보니, 그중 가장 건조했던 7년 사이에 식민지를 개척했던 것이다. 바싹 마른 땅에서는 먹을 것을 구할 수 없었다. 버지니아 주의 넓은 지역에서 연초가 재배되고 있기는 했지만, 담뱃잎이 식량을 대체할 수는 없었다. 겨울을 날 수 있을 만큼의 식량을 비축하는 것은 거의 불가능했다. 계속된 굶주림은 이번에도 인간의 면역력을 약화시켰고, 질병 감염률은 높아졌다.

1609년 여름, 제임스타운에 정착한 215명의 개척민 중 그해 겨울을 덮친 기근을 견뎌낸 이는 단 60명밖에 되지 않았다. 제임스타운의 야외 박물관에는 고고학자들이 발굴한 당시 유물이 전시되어 있는데, 그것들을 보면 개척민의 마을이 지금은 물로 뒤덮여 있다는 사실을 알 수 있다. 그 당시에는 날씨가 가물어 강가에 마을을 만들 수 있었지만, 이후 강우량이 늘어나면서 강폭이 넓어지고 수위도 높아졌다. 그 결과 한때 영국 개척민의 마을이 수면 아래로 잠기게 된 것이다.[14]

다행히 그 시기에는 계몽주의가 점점 널리 확산되고 있어서, 극심한 기상이변이 진노한 신의 징벌이나 마녀의 술수라기보다는 이성적으로 원인을 찾고 학술적으로 연구가 가능한 자연의 '변덕'이라 믿는 이가 더 많았다. 그도 그럴 것이, 그 시기는 아이작 뉴턴과 벤저민 프랭클린, 그리고 자연의 이치를 깊이 탐구한《자연의 체

북미대륙의 사라진 식민지, 로어노크 섬. 거기에 살던 사람들은 모두 어디로 갔을까?

계《Systema naturae》라는 명저를 발표한 스웨덴의 생물학자 카를 폰 린네가 활동하던 시기였다.

계몽주의의 탄생과 날씨의 과학적 분석

· · ·

뤼디거 글라저가 방대한 자료를 바탕으로 저술한 탁월한 작품《중유럽의 기후사》에는 1739~1740년 겨울의 강추위에 대한 자세한 내용도 서술되어 있다. 거기에서 글라저는 극단적 날씨를 기록했던 또 다른 연도인 1709년과 1739~1740년의 겨울을 비교하며 다음과 같이 기술했다.

"10월에 이미 겨울 날씨가 닥쳤다. 러시아에서 발생한 고기압이 중유럽을 꽉 틀어쥔 것이다. 그달 말에는 독일 동부의 일부 강이 얼어붙었다. 이후 연대기 기록가가 아무리 눈을 씻고 찾아봐도 화창했던 날이 아예 없었고, 그러자 모두들 그해 10월을 1709년과 비교하기 시작했다. 월말에 찾아온 맹추위는 11월이 다 가도록 지속됐고, 중유럽의 하천 대부분이 꽁꽁 얼어붙었다. 12월이 되자 추위가 확실히 누그러졌다. 하천을 뒤덮은 얼음이 조금씩 녹기 시작한 것이다. 하지만 서쪽에는 저기압이, 동쪽에는 고기압이 버티고 있는 기압 배치가 자주 나타나면서 12월의 기상 역시 오락가락했다. 많은 연대기 기록가가 겨울이 끝났다고 믿었다.

하지만 이듬해 1월 4일에서 5일 사이에 다시금 맹추위가 몰아닥쳤다. 라인 강, 마인 강, 네카 강이 모두 얼었다가 3월 중순에야 녹기 시작했다. 프랑크푸르트와 마인츠 그리고 하나우에서는 한겨울 혹한기 때문에 얼어붙은 강 위에 크리스마스 시장이 섰다. 꽁꽁 얼어붙은 강 위에 술통을 설치했고, 각종 잡화를 파는 판매대가 설치되는 등 템스 강의 서리 장터와 비슷한 장면이 연출됐다. 그 당시 추위는 유럽 전체를 꽉 붙든 채 절대 놓아 주지 않았다. 넓디넓은 보덴 호수도 오랜 기간 녹지 않고 완전히 얼어 있었다. 강추위의 원인은 영국제도 위에 널리 퍼진 고기압이 북방의 차가운 공기를 지중해 지역으로 끌어 내렸기 때문이었다. 이런 기후는 2월에도 계속됐고, 양상이 조금 달라지기는 했지만 3~4월에도 춥기는 매한가지였다.

심지어 5월에도 추위가 계속되자 유럽인들은 그때까지 경험하지 못했던 커다란 난관에 부딪혔다. 1739년 10월이 되자 이미 하루에 두 번씩 난방을 해야 할 정도로 추웠는데, 그 날씨가 그대로 이어지면서 연료 값이 폭등한 것이다. 게다가 눈 때문에 길이 얼어붙어서 제대로 걷는 것조차 힘들다 보니 상거래도 자취를 감추어 버렸다. 잘레 강이 두껍게 얼어붙으면서 선박 운항도 중단됐다. 그러자 할레 시에 주둔 중이던 프로이센 군대는 병사들이 얼어붙은 강을 건너 탈영할 것을 우려해, 얼어붙은 강의 일정 폭 이상의 얼음을 일부러 깨뜨렸다. 거기에 드는 비용은 시 당국에서 부담했다. 얼어붙은 땅은 각 가정과 상점의 수도관도 동파시켰고 죽은 자의 무덤을 파는 이들의 작업도 한층 더 힘들게 만들었다."[15]

유럽 국가들 중 맹추위로 인해 재앙 수준의 피해를 입은 국가가 하나 있었으니, 바로 아일랜드다. 더블린 출신의 어느 역사가의 기록에 따르면 1739~1741년 사이, 아일랜드는 근세 들어 최장 기간의 혹한을 맛보아야 했다. 영국의 관리를 받고 영국군의 점령 아래 있던 아일랜드에서는 당시 "21개월 동안 유례없이 기괴한 날씨가 지속됐고, 그 어떤 일반적인 설명으로도 납득할 수 없는 날씨로 인해 30만 명 이상이 목숨을 잃었다".[16] 맹렬한 기세의 동장군으로 인해 집 안에 보관 중이던 유리병 속 물마저 얼었고, 경작이 불가능해지면서 가뜩이나 기근에 시달리던 아일랜드인들의 삶은 더 힘들어졌다. 게다가 그것은 아일랜드가 겪은 마지막 기근이 아니었다.

하지만 아일랜드가 그렇게 큰 피해를 입은 것이 차라리 예외였다고 말해도 좋을 만큼 유럽 전체의 상황은 그다지 나쁘지 않았다. 한 세기 전에 유럽을 강타했던 맹추위와는 달리 18세기에는 적어도 유럽 본토는 재앙에 가까운 큰 피해를 입지 않았다. 또한 앞서 언급했듯 당시 학자들과 교육 수준이 높아진 시민들, 나아가 각국 정부까지 나서서 날씨와 기후에 대해 학술적으로 접근한 덕분에 악천후로 인한 2차 피해도 막을 수 있었다. 적어도 악천후가 신의 심판이나 마녀의 조작이라는 식의 터무니없는 주장과 희생은 막을 수 있었던 것이다.

당시 유럽인들은 자연 앞에서는 국가와 국민 모두가 나약해질 수밖에 없다는 사실을 뼈저리게 깨달았다. 그러면서 사람들의 관심은 1740년 "나는 국가 제1의 심부름꾼이다"라고 선포한 프로이센 국왕 프리드리히 2세의 말에 더 집중됐다. 프리드리히 2세의 선언은 기타 국가의 왕실이나 의회에도 영향을 미쳤고, 각국 책임자들은 악천후로 인한 식량 부족 현상이 발생했을 때 서민들에게 공급할 양곡을 저장해 둘 창고를 마련하기 시작했다.

역사학자 볼프강 베링거는 이와 관련해 "1740년에도 물가는 상승했고, 늘어난 식품 구입비 지출로 인해 각 가정은 더 고된 삶을 살아야 했다. 하지만 그와 동시에 기근을 무능하고 불합리한 정부와 동의어로 생각하는 이들이 늘어났다. (중략) 그렇게 볼 때 1740년의 맹추위는 계몽주의의 시험대였을 뿐 아니라 나아가 계몽주의의 승리였다고 할 수 있다"[17]고 기술했다.

날씨가 바꾼 세계의 역사

1588년 여름

무적함대를 물리친
'신교도의 바람'

불어라, 바람아, 두 돌을 터뜨려라!

미친 듯이 분노하라! 불어라!

폭포수와 폭풍아, 내뱉어라,

종탑이 물에 잠기고 풍향계 수탉이 익사할 때까지!

유황을 머금은, 생각보다 빠른 번개야,

참나무를 쪼개는 천둥의 전령사야,

나의 흰 머리를 불태우라! 너, 천지를 뒤흔드는 천둥아,

둥근 지구가 납작해지도록 때려 부수라!

자연의 형태를 파괴하고,

배은망덕한 인간들이 품고 있는 창조의 씨앗을 파괴시켜라!

— 셰익스피어, 〈리어 왕〉 3막 2장 중

윌리엄 셰익스피어는 당시 많은 영국인들이 그랬던 것처럼 처음에는 배를 타는 선원이었다. 영국은 아무리 멀어도 113킬로미터만 배를 타고 이동하면 어디든 갈 수 있는 국가였고, 그만큼 자연재해가 자국의 교역량이나 경제적 번성에 미치는 영향에 대해 잘 알고 있었다. 〈리어 왕〉은 1603년경 탄생한 작품으로 알려져 있는데, 조국이 막 패전의 위기에서 가까스로 기사회생한 시점이었다. 당시 애국심으로 불탔던 영국인들은 숙적 에스파냐의 수장인 펠리페 2세를 괴멸할 수 있었던 것은 바람과 천둥 그리고 폭풍우의 힘이었다고 믿었다. 좀 더 시적으로 표현하자면 '지금까지 겪지 못한 정도의 엄청난 공포감을 불러일으킨 에스파냐군의 무적함대를 신께서 친히 손을 뻗으시사 자비롭게 물리쳐 주신 것'이었다.

독실한 가톨릭교도인 펠리페 2세가 이끄는 에스파냐와, 구교와의 결별을 선언한 헨리 8세가 이끄는 영국은 종교적 차이에도 불구하고 우방 관계에 놓여 있었다. 정략결혼 덕분에 어쩌면 그보다 더 가까운 사이가 될 수도 있었다. 1554년 펠리페 2세는 한 해 전, 여섯 차례나 결혼을 한 아버지 헨리 8세의 뒤를 이어 왕위에 오른 메리 1세와 혼인을 했다. 메리 1세는 헨리 8세와 에스파냐의 공주인 아라곤의 캐서린Catherine of Aragon 사이에서 태어난 딸이었다. 메리 1세는 잔혹한 방법으로 구교 부활을 시도했는데, 그 때문에 '블러디 메리'라는 별명을 얻기도 했다.

하지만 신교도들을 무자비하게 화형대에 올리던 독실한 구교 신봉자 메리 1세는 펠리페 2세와의 사이에 자식을 두지 못한 채 1588년 비교적 젊은 나이에 요절하고 만다. 한때 배가 불러오자 임신을 기대했지만, 난소나 자궁에 커다란 악성 종양이 생긴 것이었고, 결국 자신의 죽음을 예감한 메리 1세는 아버지 헨리 8세와 두 번째 부인 앤 불린 사이에서 태어난 이복 여동생 엘리자베스를 후계자로 지목했다.

엘리자베스 1세는 헨리 8세가 설립한 영국 성공회를 다시금 국교화하는 정책을 추진했고, 이로 인해 그 시기 가장 막강한 군사력을 보유하고 있던 에스파냐와의 불가피한 갈등이 시작됐다. 영국은 이미 80년째 에스파냐와 독립 전쟁을 벌이고 있는 네덜란드를 지원하겠다고 나섰다. 그뿐 아니라 영국 선원들(에스파냐의 입장에서는 '해적들')은 신세계에서 약탈한 귀금속들을 싣고 대서양을 건너 고국으로 향하는 에스파냐 선박들을 빈번하게 습격했다. 펠리페 2세의 분노와 귀족들의 시름은 커질 수밖에 없었다. 그 귀금속들이야말로 고갈되어 가고 있는 국고를 다시 채워 줄 중대한 재원이었기 때문이다.

존 호킨스나 프랜시스 드레이크 같은 해군 제독들은 영국 여왕의 승인을 받아 에스파냐 선박들을 약탈했고, 거기에서 생긴 재물들 중 상당 부분을 왕실에 갖다 바쳤다. 이에 엘리자베스 여왕은 드레이크에게 귀족 신분을 하사했고, 이를 본 펠리페 2세는 영국이 더 이상 우방이 아니라 적국이라는 사실을 확신했다. 그러던 중 1587년, 엘리자베스 1세의 동의하에 스코틀랜드의 여왕 메리 스튜어트가 감금되고 이후 처형까지 당하자 펠리페 2세의 인내심은 바닥을 드러냈다. 펠리페 2세는 대규모의 무적함대를 조직했고, 네덜란드에서 대기 중이던 에스파냐군 총사령관 알바공작에게 영국을 칠 것을 명령한다. 만약 그 계획이 성공했더라면 영국은 다시금 가톨릭 국가로 돌아갔을 것이고, 심지어 스페인의 속국이 될 수도 있었다.

펠리페 2세는 새로 건조한 선박들과 국내외에서 사들인 선박들을 합쳐 함대를 구축한 뒤 거기에 '위대하고 큰 축복을 받은 함대Grande y Felicísima Armada'라는 이름을 붙였다. 하지만 이름과는 달리 무적함대와 그 대원들에게 그다지 큰 축복이 내려지지는 않았다. 영국군은 적국의 침략 준비 과정을 손 놓고 앉아서 지켜볼 마음이 전혀 없었다. 1587년 4월, 프랜시스 드레이크 경은 영국군 소속 함대와 연합하여 선공을 펼쳤고, 그로 인해 에스파냐군은 그 해 안으로는 감히 다시 영국을 넘보지 못할 만큼 큰 피해를 입었다. 드레이크 경은 에스파냐의 항구도시 카디스를 습격했고, 정박 중이던 선박 24척을 파괴시켰으며, 상당량의 전리품을 싣고 당당하게 고향으로 돌아왔다. 에스파냐의 분노는 당연히 극에 달했고, 영국을 정복하고 나면 7세 이상의 영국인 그 누구도 살려두지 않겠다는 끔찍한 내용의 전단을 살포했다.[1]

하지만 목숨을 먼저 잃은 이들은 영국인이 아니라 에스파냐인들이었다. 1588년 2월 9일, 아직도 무장을 갖추는 과정에 있던 무적함대의 총지휘관 알바로 데 바잔 제독(산타크루즈 후작)은 선박 열병ship fever이라 불리던 발진티푸스에 걸려 세상을 떠났다. 의료진이 무려 11일 동안 제독의 몸에서 피를 뽑았던 것이 사망의 원인이라는 설이 있다. 그의 후임자로는 메디나 시도니아의 공작인 돈 알론소 페레스 데 구스만이 임명됐다. 데 구스만은 유능한 행정관이었지만 선박에 대한 지식이나 해상에서의 지휘 능력은 부족했고, 그 때문에 에스파냐군은 적극적인 공세를 펼치지 못했다. 게다가 이번에도 날씨가 그들의 편이 아니었다. 1587년 11월, 강풍이 항구에 정박해 있던 무적함대들을 강타했고, 이로 인해 100척 이상의 배들이 출항 불가 상태에 빠졌다.

이듬해 3월에도 다시금 폭풍이 에스파냐 항구들을 휩쓸면서 선박을 부숴뜨렸다. 닻도 없이 영국과의 결전을 위해 출정만을 기다리던 군함들이었다. 5월 말에는 리스본에 정박해 있는 남은 배들이라도 안전한 곳으로 이동시키려 했으나 강풍이 무적함대의 항로를 계속 가로막았고, 결국 배 5척은 손상을 입은 채 다시 리스본으로 뱃머리를 돌려야 했다. 하지만 아직도 129척의 함선이 남아 있는 무적함대는 분명 공포의 대상이었다.

1588년 7월 30일, 영국 서남쪽 끝에 위치한 콘월의 도마뱀 반도에서 망을 보던 병사 역시 커다란 공포감에 휩싸였을 것이다. 얼마 지나지 않아 콘월 해안가 전체에 적국의 침입을 알리는 봉화가 올라갔다. 그 봉화들은 저 멀리 떨어진 항구도시 플리머스를 비롯해 각 항구에 주둔 중이던 해군들에게 전달됐고, 나아가 런던, 윈저, 정부 그리고 여왕에게까지 전달됐다. 그 후 약 3주 동안 영국은 에스파냐보다 더 많은 선박들을 동원할 수 있었다. 영국군 소속의 선박 약 200척은 에스파냐의 대형 범선인 갈레온이나 갈레아스에 비해 규모는 작았지만 항로 변경이 훨씬 더 용이하다는 장점을 지니고 있었다.

게다가 영국군은 에스파냐군보다 화포도 더 쉽게 쏠 수 있었다. 에스파냐 함선들은 화포가 설치된 갑판에 무기와 각종 보급 물자들을 지나치게 많이 싣고 있었기 때문에 한 방을 쏘고 난 뒤 재장전까지 시간이 너무 오래 걸렸다. 에스파냐군은 또 필요한 물자의 양을 잘못 계산하는 실수까지 저질렀다. 무기는 필요 이상으로 많이 실었지만 병사들에게 나눠 줄 식량과 물의 양은 터무니없이 부족했던 것이다.

커뮤니케이션도 원활하지 못했다. 당시 기술 수준이 따라 주지 못했던 탓일 수도 있지만, 어쨌든 무적함대는 네덜란드 주둔군 사령관이던 알바 제독에게 자신들의 계획을 제대로 전달하지 못했고, 무적함대가 항구에 도착한 뒤에도 알바 제독의 군대는 한동안 모습을 드러내지 않았다. 게다가 네덜란드의 저항군들이 작지만 날쌘 배들을 이용해 알바 제독이 이끄는 부대의 진군을 방해하기까지 했다.

결국 영국 정벌이라는 에스파냐의 원대한 목표는 헛된 꿈에 지나지 않은 것으로 결론이 났다. 사실 에스파냐의 승리는 교황 식스토 5세가 간절히 바라던 바이기도 했다. 식스토 5세는 가톨릭교도인 펠리페 2세에게 승리를 기원하고 그간 수많은 전쟁 범죄를 저지른 에스파냐 병사와 선원들에게 면죄부를 발급하는 등 자신이 할 수 있는 선 안에서 최대한 그들을 지원했다. 금전적 지원은 처음에는 거절했지만, 바티칸에 파견되어 있던 에스파냐 대사가 재정 위기를 호소하자 교황은 금화 100만 듀카트를 지원하겠다고 약속했다. 단, 거기에는 에스파냐군이 영국 땅을 밟아야 비로소 약속한 금액을 지급한다는 단서가 붙어 있었다.

　　　　　　　　　　　　　날씨가 바꾼 세계의 역사

거액의 출혈을 감수하면서까지 에스파냐의 승리를 기원했던 교황은 북해와 대서양에서 치러지고 있는 양국의 전쟁 상황을 시시각각 전해 들으면서 잠 못 이루는 수많은 밤을 겪어야 했다. 1588년 7월 31일, 플리머스 인근에서 에스파냐군과 영국 사이에 최초의 접근전이 치러졌지만, 어느 쪽도 큰 피해를 입지 않았다. 하지만 예기치 못한 불운이 다시금 에스파냐군에게 닥쳤다. 자국 함선 두 척이 서로 충돌한 것이다. 그러자 에스파냐군은 우선 그 배들을 포기하고 퇴각했다.

이에 드레이크 경은 야음을 틈타 그 배들에 잠입한 뒤 영국군에게 반드시 필요했던 무기인 수많은 화약과 금화 5만 듀카트를 탈취했다. 자국 배끼리 충돌한 상황에서 패닉 상태에 빠진 에스파냐 병사들이 금화나 보석 장식이 박힌 값비싼 검들을 미처 챙기지 못한 채 퇴선해 버린 것이었다. 그 배에 실려 있던 돈과 검들은 펠리페 2세가 영국의 이름난 가톨릭 가문에게 선물로 주기 위해 실으라고 명령했던 것이었다. 펠리페 2세는 승전할 경우 영국을 속국으로 삼고 그 '충직한 가문'의 사람들을 식민지 총독으로 임명할 계획이었던 것이다.

그 이후에도 별 소득 없는 전쟁이 이어지자 에스파냐는 남아 있는 모든 함선을 칼레에 집결시켰다. 하지만 1588년 8월 7일, 영국은 전쟁사에 길이 남을 대공습 작전을 펼쳤다. 영국은 8척의 불타는 배들을 바람에 실어 무적함대가 있는 곳으로 띄워 보냈다. 에스파냐 진지는 또 다시 패닉에 빠졌다. 불이 옮겨 붙은 배는 한 척도 없었지만, 혼비백산한 지휘관들은 서둘러 닻을 끊어 버렸고, 반

달 모양의 전열은 이내 흐트러지고 말았다. 이튿날 아침, 영국 해군은 전열을 미처 재정비하지 못한 에스파냐군을 무차별적으로 공격했다. 영국군 사령관 에핑엄의 하워드 경은 엘리자베스 여왕의 밀사였던 프랜시스 월싱엄 경에게 "그들의 힘은 놀랍도록 위대하고 강합니다. 하지만 그럼에도 불구하고 우리는 그들의 깃털을 한 올 한 올 뽑고 있습니다"[2]라는 내용의 보고를 전달했다.

기동력이 뛰어난 영국의 배들은 무적함대를 상대로 맹공을 펼쳤다. 영국군 소속의 작은 배들이 산 펠리페나 산 페드로 같은 800톤 급의 대형 선박을 간간이 공격하기도 했다. 영국군은 메디나 시도니아 공작의 지휘함인 산 마르틴 호도 몇 차례에 걸쳐 명중시켰다. 그런데 에스파냐군이 맞서 싸워야 할 대상은 비단 영국군만이 아니었다. 얕은 수심 역시 극복해야 할 대상이었다.

당시 함선에 승선하고 있던 한 수도사는 이와 관련해 "우리는 난파당하지 않기 위해 하루 종일 뱃머리를 움직이며 악천후를 뚫고 전진했다. 하지만 그럼에도 우리가 원하는 방식으로 화포를 활용할 수 없었다"라고 기록했다. "우리 배에 타고 있던 선원들 몇 명이 목숨을 잃었지만, 그들의 죽음은 아무것도 아니었다. 나는 그저 우리의 지휘관이 죽지 않았다는 것이 신기할 뿐이다"[3]라는, 수도사라는 신분과는 어울리지 않는 자비심 부족한 문구를 남기기도 했다.

플랑드르의 해안 도시인 그레이브라인의 이름을 딴 이 전투에서 5척의 에스파냐 함선이 완파됐고, 그 외에도 수많은 배들이 심하게 파손됐다. 이에 메디나 시도니아 공작은 영국 정벌 가능성이 전무하다는 판단을 내렸다. 그런데 그때 바람의 방향이 바뀌었다.

지금까지는 서남풍이 불어와 영국군에게 유리하게 작용했는데, 이제는 남쪽에서 바람이 불어오고 있었던 것이다.

메디나 시도니아 공은 긴급 대책 회의를 소집하고 "만에 하나 날씨가 허락한다면 (영국으로 가는) 해협 쪽으로 배를 되돌린다. 그렇지 않을 경우, 바람이 부는 방향을 따라 북해를 통과해 에스파냐로 되돌아간다. 우리 무적함대에는 물자가 부족하고, 지금까지 전투에 투입된 배들도 큰 피해를 입었다는 점을 감안한 결정이다"라고 선포했다. 그러자 그 자리에 있던 장교 하나가 영국을 돌아 에스파냐 서북부의 라 코루냐까지 가려면 "폭풍이 몰아치는 바다, 우리가 전혀 알지 못하는 바다를 4천 킬로미터나 항해해야 한다"[4]라며 우려를 표명했다.

우려는 현실이 됐다. 함선들은 세찬 풍랑과 폭우를 뚫고 전진하려 했지만 대부분의 배들이 오히려 거꾸로 헤브리디스 제도까지 밀려갔고, 그때부터 약 15일 동안 남쪽에서 거센 바람이 몰아치면서 전진도 후퇴도 못 하는 상태로 발이 묶여 버렸다. 그런 상황을 미처 예견하지 못했던 까닭에 바다 위에서 보내야 하는 날들이 길어지면서 식량마저 부족해졌다. 이미 오래전에 대열이 흐트러진 무적함대는 뿔뿔이 흩어진 채 스코틀랜드를 지나 아일랜드 북부 해안을 돌았다. 그런데 이번에는 서쪽에서 폭풍이 몰아쳤다. 덴마크를 포함한 북유럽 전체 날씨를 좌지우지하던 북극 고기압이 다시 한 번 세력을 확장한 것이었다. 덴마크의 천재적인 천문관측학자 티코 브라헤가 활동한 지역이 바로 그 지역이었다. 훗날 기상역사학자들은 브라헤가 남긴 기록들을 바탕으로 무적함대의 항로를 추적했다.[5]

8월 21일, 메디나 시도니아 공은 펠리페 2세에게 보내는 전갈에 "신께서 우리에게 화창한 날씨를 선물해 주시길 기도하고 있습니다. 그래야 우리 배들이 항구에 도착할 수 있는데, 거기에 우리 보병과 해군의 생사가 달려 있습니다"[6]라고 썼다. 패장의 비통한 마음이 그대로 드러나는 내용이었다. 그러나 신은 여전히 무적함대의 편이 아니었다. 스코틀랜드 연안에 짙은 안개가 끼었고, 뒤이어 폭풍우와 허리케인이 몰아치면서 다시금 갈 길 바쁜 이들의 발목을 붙잡았다. 아니, 발목을 붙잡은 정도가 아니라 아예 다리를 잘라 버렸다.

함선들 중 최소 27척이 암초에 부딪쳐 파손된 채 모래톱에 얹혀 꼼짝 못하게 되거나 바다 밑으로 가라앉았다. 갈레라선(노예나 죄수들에게 젓게 한 2단으로 노가 달린 돛배)인 지로나 호의 피해는 그중에서도 가장 심각했다. 북아일랜드의 앤트림을 지나던 지로나 호는 거대한 돌풍에 휩쓸려 두 개의 커다란 암반과 부딪치며 두 동강이 나 버렸다. 천 명에 가까운 승선 인원 중 단 9명만이 겨우 목숨을 건졌다.

그 당시로는 거대한 규모였던 1만 2천 톤 급의 엘 그란 신 호 역시 아일랜드의 마요 해안에서 침몰하면서 200명 이상이 익사했다. 9월 25일에는 무려 세 척의 선박이 한꺼번에 난파됐는데, 이번 사고의 현장은 아일랜드 서부의 도네갈 만이었다. 그때 살아남은 생존자 중 하나는 그날의 상황을 이렇게 회고했다. "거대한 돌풍이 우리 배의 옆구리를 강타했는데, 그 폭이 엄청났다. 파도는 하늘까지 치솟을 정도로 높았다. 닻줄이 더 이상 버티지 못했고, 돛도 쓸

날씨가 바꾼 세계의 역사

싸워보지도 못하고 폭풍으로 목숨을 잃은 에스파냐 병사의 수는 5천 명이 넘었다.

필립 제임스 드 루테르부르, 〈스페인 함대의 패배〉, 1588년

모가 없었다. 배 세 척은 바람에 휩쓸려 모래톱까지 밀려갔다. 모래 입자가 꽤 섬세한, 거대한 바위들로 둘러싸인 그런 곳이었다."[7] 본격적인 난관은 지금부터였다. 그곳 원주민들은 모래 입자와는 달리 섬세함과는 거리가 멀었고, 난파한 배에 타고 있던 에스파냐군을 닥치는 대로 죽여 버렸다.

메디나 시도니아 공은 천신만고 끝에 고국으로 돌아왔다. 하지만 그의 부하들은 대부분 고국의 품에 다시 안기지 못했다. 9월 21일, 에스파냐 북부 산탄데르에 도착한 시도니아 공은 국왕에게 편지를 썼다. "우리가 겪은 고초와 고난은 이루 말로 다할 수 없습니다. 지금까지 선박들이 겪어야 했던 고초는 그 어떤 고통보다 더 컸습니다. 마실 물 한 방울 없이 2주를 버텨야 했던 배들도 있었습니다. 지휘선에 타고 있던 이들 중 180명이 목숨을 잃었고, 항해사 4명 중 3명이 배 위에서 눈을 감았습니다. 살아남은 선원들조차도 모두 병을 앓고 있습니다."[8]

무적함대는 총 129척의 전함 중 50척을 잃었다. 비전투적 손실, 즉 영국군과의 전투에서가 아니라 악천후로 배가 난파되는 바람에 목숨을 잃은 선원만 해도 5,400명에 달했다. 영국은 일부러 불을 붙여 띄워 보낸 8척 외에 교전 중 단 한 척의 배도 잃지 않았고, 전사자도 150명 안팎에 그쳤다. 영국 왕실, 혹은 선주들이 전쟁이 끝난 뒤 파손된 선박 수리를 위해 지급해야 했던 비용은 전투에 임하기 전 선박을 점검하고 보수하느라 지불한 비용보다도 적었다. 그만큼 영국이 완승을 거뒀다는 뜻이다.

필리페 2세는 "나는 우리 배들을 영국군과 싸우라고 보낸 것이지, 바람이나 풍랑과 싸우라고 내보낸 것은 아니었다"며 한숨을 내쉬었다. 그 내용은 영국과 다른 신교 국가에서 발행된 기념주화에 각인된 글에도 드러나 있다.

"신께서 바람을 보내시니 그들이 흩어지더라. Flavit Jehova et dissipati sunt."

이후 에스파냐의 무적함대로부터 영국을 구한 그 바람을 '신교도의 바람protestant wind'이라 부르게 됐고, 그 바람은 이후에도 두 차례에 걸쳐 자국군을 영국에 보내려는 펠리페 2세의 계획을 저지했다.

1596년 10월, 출정에 오른 에스파냐 함대 중 30척이 에스파냐 북서부 갈리시아 연해에서 폭풍으로 인해 파괴됐고, 새로 편성된 무적함대는 출발한 지 얼마 되지 않아 다시 원래 지점으로 뱃머리를 돌려야 했다. 그 이듬해, 무적함대는 콘월에서 남서쪽으로 50킬로미터 떨어진 지점까지 진출하는 데 성공했지만, 회군의 역사는 다시금 되풀이됐다. 29척이 폭풍우로 인해 가라앉으면서 이번에도 제대로 전쟁 한 번 치르지 못한 채 고국으로 돌아와야 했던 것이다.

1588년 펠리페 2세의 무적함대를 패퇴시킨 경험과 그 이후에도 수차례에 걸쳐 에스파냐의 군함들과 싸워 승리한 기록은 영국이 유럽을 넘어 전 세계의 해상 강국으로 발돋움하는 발판이 되어 주었다. 영국은 북미 대륙에 최초의 영구적 식민지를 개척했고, 평생 독신으로 지낸 자신들의 여왕 엘리자베스를 기념하기 위해 그 식민지에 '성처녀'라는 뜻을 지닌 '버지니아Virginia'라는 이름을 붙였다.

버지니아에 거주하던 영국 식민지 개척민들은 당연히 영어로 말했고, 그것이 계기가 되어 수많은 북미 대륙인들이 영어를 구사하게 됐다. 엘리자베스 1세의 통치 하에 버지니아 개척 당시 영어는 문학과 연극 등 각종 예술 분야에서 전성기를 맞이하며 활짝 꽃을 피웠고, 지금은 영어가 전 세계 1위의 공용어라는 데에 아무도 이견을 달지 않는다.

오늘날 세계적 대문호로 추앙받는 셰익스피어는 이번에도 펜을 들어 자연의 위대함을 노래했다. 그의 희곡 〈템페스트Tempest〉에는 나폴리 국왕이 바다 한가운데에서 폭풍을 만나는 장면이 나온다. 하지만 나폴리 국왕의 운명은 영국과 아일랜드 연안에서 유명을 달리한 수천 명의 에스파냐 병사들보다 훨씬 더 부드럽고 자비로웠다.

지금 같아서는 1천 마일의 바다와 1에이커의

메마른 땅을 맞바꿀 수도 있겠다.

기다란 히스와 가시금작화만 자라는 그 어떤 땅이라도 좋다.

모든 것이 신의 뜻대로 이루어질 것이다!

하지만 나는 가능하다면 육지에서 죽음을 맞이하고 싶다!

— 셰익스피어, 〈템페스트〉 중 1막 1장 마지막 부분, 곤잘로의 대사

날씨가 바꾼 세계의 역사

기억 속
가장 추웠던 겨울

영국의 싱어송라이터 알 스튜어트의 〈기억 속 가장 추웠던 겨울 Coldest Winter in Memory〉은 1709년 겨울을 기념하는 노래다. 거기에서 스튜어트는 '잃어버린 마을 던위치Dunwich'를 언급하는데, 던위치는 한때 왕실이 기거할 정도로 번성한 곳이었지만 기상 재난을 겪으면서 결국 작은 마을만 남게 된 곳이다. 다행히 고풍스러운 모습이 어느 정도 남아 있기는 하지만 규모는 확연히 줄어든 것이다. 잉글랜드 남동부 해안의 서퍽 카운티에 위치한 작은 마을 던위치의 현재 인구수는 약 800명밖에 되지 않지만 한때는 동앵글리아 왕국의 수도이기도 했다. 동앵글리아는 6세기에 건국되어 918년 잉글랜드 왕국에 통합된 국가이다.

11세기말, 인구수가 3천 명에 달했던 던위치는 주요 항구도시로서의 존재감을 만방에 과시했다. 최고 전성기 때, 던위치의 규모는 당시 런던에 맞먹을 정도였다. 하지만 13세기 들어 여러 차례 홍수가 발생하면서 던위치의 운명은 내리막길로 치달았다. 1286년 1월 1일, 홍수로 인해 도시 대부분이 파괴됐고, 이듬해 2월과 12월에도 다시금 수마가 던위치를 할퀴고 지나갔다. 1362년 1월 16일에는 '제2차 성 마르셀루스 홍수'가 발생했고, 지난번 홍수 이후 복구되고 재건된 모든 것들이 파괴됐다. 던위치의 교회 8곳 모두가 14세기에 발생한 대홍수와 그로 인한 해안 침식 현상의 희생양이 됐다.

지난 몇 년 간 고고학자들은 수중 자료를 이용해 해저 3~4미터 지점에서 고대 던위치의 흔적들을 발굴했다. 그 중 벽 뼈대의 잔해는 성 캐서린 교회의 것으로 추정됐다. 던위치는 극단적 기상이변이 해안 도시의 운명을 어떻게 뒤바꾸어 놓는지를 알려준 일종의 경고였다. 지금 영국인들은 특유의 유머 감각을 발휘해 던위치를 '영국의 아틀란티스'라고 부르고 있다.

스코틀랜드 출신의 가수이자 기타리스트인 알 스튜어트는 1970년대 후반부터 1980년대 초반까지 팝음악과 록음악계를 주름잡는 슈퍼스타였다. 〈고양이의 해Year of the Cat〉나 〈타임 패시지Time Passages〉 같은 곡들은 전 세계적으로 공전의 히트를 기록하기도 했다. 포크록 뮤지션인 스튜어트는 동시대 다른 뮤지션들과는 달리 역사적 사건에서 얻은 영감을 작곡의 모티브로 많이 활용했다.

〈고양이의 해〉에는 영국의 해군 함대 사령관인 리처드 그렌빌 경이 등장하고, 〈베르사유 궁Palace of Versailles〉에는 불타는 바스티유 감옥이 묘사되어 있다. 〈엘리스 섬Ellis Island〉은 신대륙에서 더 나은

날씨가 바꾼 세계의 역사

미래를 개척하고자 했던 세대에 대한 찬가이다. 스튜어트는 이렇듯 역사에 대한 관심을 자신의 노래에 늘 반영시켰다. 아직도 건재를 과시하고 있는 노익장 알 스튜어트의 최근 앨범에는 기후역사상 매우 특별했던 한 사건을 노래한 곡이 수록되어 있다. 〈기억 속 가장 추웠던 겨울〉이 바로 그것이다. 노래는 이렇게 시작한다.

> 기억 속 가장 추웠던 겨울은 1709년이었어.
> 프랑스 해안은 모두 꽁꽁 얼어붙었고
> 해군 선박 넵튠 호들도 마찬가지였지.
> 잃어버린 도시 던위치의 해안은 파도에 휩쓸렸어.
> 사람들은 교회 종소리가 들리지 않는다 했어.
> 파도 아래에서 울렸으니 말이야.

스튜어트의 〈기억 속 가장 추웠던 겨울〉은 국왕 카를 12세를 따라 머나먼 러시아 원정길에 오른 어느 스웨덴 병사의 관점에서 서술한 노래다. 당시 스웨덴군은 러시아의 추운 겨울 앞에 무릎을 꿇었다. "우리가 바람을 뚫고 총을 쏘는 동안 겨울이라는 무기가 우리를 무너뜨려 버린 것"이었다. 그런데 스튜어트는 이 대목에서 '예술가적 자유'를 조금 발휘한 듯하다. 스웨덴군은 광활한 적국의 혹독한 추위로도 고통 받았지만, 그들이 패한 가장 큰 이유는 보급 물자 부족과 러시아군의 강력한 전투력, 그리고 자국 군대에 대한 지나친 자만심 때문이었다.

사실 당시 스웨덴군의 패배를 결정짓고 스웨덴을 유럽 내 강대국 목록에서 지워 버린 전투는 오늘날 우크라이나가 된 폴타바Poltava 전투였다. 하지만 그 전투는 겨울이 아니라 1709년 7월 8일, 한여름에 치러진 것이었다. 그 부분만 제외하면 스튜어트의 아름다운 발라드 〈기억 속 가장 추웠던 겨울〉의 가사는 역사적 사실과 대체로 일치한다. 제목과 역사적 사실의 일치성은 더더욱 인상적이다.

1709년 겨울은 시작부터 유난히 추웠다. 유사 이래 중부 유럽인들이 겪은 강추위들 중 손에 꼽을 수 있을 정도였다. 20세기 들어 엄청난 추위로 기록된 것은 1956년 2월이었다. 1979년 1월 초 며칠 동안에도 강력한 동장군이 맹위를 떨쳤다. 1979년 1월 1일 밤, 독일 내 수많은 지역에서 25도 혹은 기온이 큰 폭으로 뚝 떨어졌다. 독일의 기상학자 볼프강 람마허Wolfgang Rammacher는 그날의 온도 하강폭이 지난 200년 이래 최고로 컸다고 말한다.[1]

게다가 그해 겨울의 추위는 한 차례가 아니라 두 차례에 걸친 '시간차 이중 공격'이었다. 거대한 북극 한랭 전선이 한 차례 휩쓸고 지나간 지 채 6주도 되지 않아 다시 한 번 한랭전선이 중부 유럽을 강타했고, 독일 북부에 엄청난 양의 눈을 쏟아 부었다. 난방이 잘 되어 있는 실내였다면 방금 출시된 알 스튜어트의 신곡을 들으며 여유를 즐길 수 있었겠지만, 외출이 불가피한 이들은 살을 에는 추위에 옷깃을 꽁꽁 여며야 했다.

이전에 극단적 기상이변이 발생했을 때와는 달리 1708∼1709년 겨울 맹추위 때에는 이미 초기 형태의 학술 공동체가 조직되어 있었다. 해당 단체에서는 기상 변화 추이를 관찰하고 기록했을 뿐 아니라 거기에서 한 걸음 더 나아가 분류 작업과 정량화 작업도 실시했다. 당시 학자들이 사용한 온도계들은 국제적으로 단일화가 돼있지 않았고, 측정 단위도 통일되지 않은 상태였다. 하지만 학자들은 각자 손에 지닌 도구들을 이용해 온도를 측정했고, 각종 신문들은 기후와 관련된 각종 정보가 포함된 기사들을 내보냈다. 기상이변은 물론이고, 정상적인 기온에 대해서도 보도했다.

해당 학술 공동체의 회원 중에는 베를린에 살고 있던 천문학자 고트프리트 키르히와 그의 아내 마리아 마르가레타 빌헬름 빌케도 포함되어 있었다. 그런데 당시 학자들이 기상 관측에 활용한 도구들은 신뢰도가 높지도, 그다지 튼튼하지도 않았다. 1709년 3월 22일, 키르히의 아내 마리아 마르가레타는 날이 조금 풀리자 자신의 바로미터를 점검했는데, 한 세기에 한 번 있을까 말까 한 강추위를 두 차례나 겪으면서 자신의 바로미터가 망가져 버린 게 틀림없다고 확신했다. 그날 마리아 마르가레타는 "바로미터에는 16이 표시됐지만 날씨가 전혀 따뜻하지 않다. 오래전부터 중간 부분에 작은 균열이 있었는데, 맹추위 때문에 완전히 고장 나 버린 것 같다"고 기록했다.

당시 독일어권 국가들과 네덜란드, 프랑스, 영국 등지의 수많은 학자들이 이렇게 분 단위로 각자의 관측 결과를 기록으로 남겼는데, 오늘날 그 자료들을 간편하게 확인할 수 있게 된 것은 독일의 기상학자 발터 렝케Walter Lenke의 노력 덕분이다. 렝케는 1709년 겨울의 추위에 대해 수많은 학자들이 50년 이상에 걸쳐 남긴 자료들을 한 곳에 집대성하여《독일 기상예보에 관한 보고서》를 발표했다.[2] 렝케는 그해 겨울, 기상 관측을 하던 학자들이 기후 역사상 매우 중대한 사건을 직접 겪으면서 느꼈던 미묘한 떨림과 감동에 대해서도 언급했는데, 그가 남긴 기록은 다음과 같다.

"당시 학자들은 1708~1709년 겨울이 기상 역사상 매우 중대한 사건이라는 사실을 이미 직감하고 있었다. 비록 도구상의 제약과 난관이 완전히 극복된 것은 아니었지만, 어쨌든 많은 지역에서 사상 최고의 맹추위가 지속되고 있었기 때문이다. 당시 그들이 남긴 기록에 따르면, 여러 지역에서 혹한기의 시작과 종료 시점이 단 며칠의 차이를 두고 대체로 일치했다. 1708~1709년 겨울은 또 유럽 전역에 걸친 한파였다는 점에서도 특별했다. 발트 해는 1708년 12월에 이미 얼어붙기 시작했고, 나중에는 썰매를 타고 코펜하겐에서 보른홀름 섬(덴마크령 섬)까지 갈 수도 있었다. 다시 말해 발트 해 전체가 얼음으로 뒤덮였다는 것이다. 보덴 호수 역시 대부분이 꽁꽁 얼었고, 극심한 한파는 심지어 지중해 연안까지 세력을 뻗쳤다. 예컨대 코르시카 섬에서는 천 그루가 넘는 올리브 나무들이 얼어붙을 정도였다."[3]

1708~1709년에는 겨울이 시작되는 시기도 다른 해에 비해 빨랐다. 1708년 10월 15일, 베를린의 아침 기온이 영하 4도였고, 그로부터 닷새 후 할레에서는 수은주가 영하 7.5도까지 떨어졌다. 다행히 11월이 되면서 추위가 한풀 꺾였다. 베를린의 일평균 기온은 8~9도를 기록했고, 네덜란드 델프트 시는 일평균 기온이 10도로 베를린보다 조금 더 높았다.

하지만 근세 들어 동장군이 위용을 떨쳤던 겨울들이 매번 그랬듯, 12월이 되자 다시 서쪽에서 불어 닥친 폭풍이 독일 전역을 덮쳤고, 진눈깨비가 매일같이 이어졌다. 12월 15일, 베를린과 할레에서는 수은주가 영하 7도까지 떨어졌다. 작센-안할트 주의 차이츠 시에서는 무려 영하 19도가 측정되기도 했는데, 아무래도 측정 도구들이 부정확해 그런 기록이 나온 듯하다. 그러다가 크리스마스 무렵에는 다시금 기온이 영상권을 회복해서 베를린에서는 "그때까지 남아 있는 약간의 눈도 이제 곧 모두 다 녹을 것으로 기대"[4]했다.

하지만 1709년 1월 4일, 제1차 대규모 북극 한랭 전선이 중유럽에 도달했다. 그날 단치히는 영하 18도를 기록했고, 다음날 베를린은 영하 11.4도에서 영하 21도로, 10도 가까이 떨어졌다. 연초 며칠 동안은 비가 내렸다. 하지만 1월 7일로 넘어가는 날 밤, 프랑크푸르트는 "살구나무를 비롯한 나무 대부분이 얼어 버릴 정도로"[5] 추웠다. 그날 밤, 북극 한파는 프랑스의 몽펠리에에 도달했고, 1월 8일에는 포르투갈까지 점령하여 테조 강어귀가 이후 며칠 동안 얼어 있었다. 남유럽도 한파의 피해를 입었다. 루마니아 북부의 트란실바니아에 거주하던 어느 일기 작가의 기록에 따르면 제때 숙소를 구하지 못한 여행객들은 노천에서 동사했고, 들판에 방목 중이던 수많은 양떼들이 죽은 채로 발견됐다고 한다.

베를린에서는 키르히의 수은주에 영하 21도라는 기록적인 수치가 찍혔고, 강풍의 위력은 더더욱 거세졌으며, 기온이 올라갈 기미는 전혀 보이지 않는 상태에서 눈보라가 휘몰아쳤다. 키르히의 아내 마리아 마르가레타는 1월 10일, 자신의 일지에 이렇게 기록했다. "매우 끔찍한 서리다. 예전에는 기껏해야 5ㅇ(섭씨나 화씨와 같은 단위는 없음)에 불과했다. 즉, 이런 일은 지금까지 없었다는 뜻이다. 구벤에 살 때 8ㅇ를 기록한 적이 있었는데, 그때도 다들 엄청나게 춥다고 했었다. 오늘 밤, 우리 집에서 기르던 암탉 한 마리가 동사했고, 수탉은 수염과 볏이 얼어붙었다. 밤하늘은 맑았다. 오늘 아침까지도 맑았다."[6] 그날 키르히 부부의 바로미터에 찍힌 온도를 오늘날 단위로 환산하면 아침 기온이 영하 30도, 초저녁이 영하 19도였다.

프랑스의 상황도 나을 것이 없었다. 1월 10일, 파리는 영하 18도까지 떨어졌고, 다음날 몽펠리에의 온도는 영하 15.5도를 기록했다. 1월 13일 이른 아침에 측정한 파리 시의 온도는 영하 21.3도였는데, 그것이 그해 겨울의 최저 기온이었다. 프랑스 내 주요 하천들은 모두 꽁꽁 얼었다. 베네치아의 운하들, 덴마크의 헬싱괴르와 스웨덴의 헬싱보리를 잇는 해협도 마찬가지였다. 한편, 베를린의 강추위는 엄격하기로 유명한 프로이센군의 규율마저 무너뜨렸다. 맹추위에 맞닥뜨린 군 지휘부가 약간의 융통성과 인간적인 면모를 발휘한 것이다. 군 지휘관들은 평소 2시간마다 교대하는 보초병들에게 1시간마다 교대하라는 지시를 내렸다. 보초를 서다가 동사하는 사태를 막기 위한 조치였다.

이후 며칠 동안 날이 다소 풀렸고, 많은 지역에서 동시다발적으로 큰 눈이 내렸다. 하지만 1월 중순부터 대략 1월 24일 사이에 제2차 한파가 다시금 유럽 대륙을 뒤덮었다. 남다른 관찰력을 지닌 스톡홀름의 한 시민은 어떤 사내가 6층에서 창밖으로 내뱉은 침이 얼어서 바닥에 이르러서는 미세한 파편으로 부서졌다고 기록했다

(당연히 어느 정도의 과장이 포함되어 있을 것으로 추정된다). 1월 말의 며칠 동안에는 다시 해빙기가 찾아왔다. 하지만 2월 6일경부터 다시금 추위가 시작됐다. 오스트리아 빈에서 독일 베를린까지 온도계에는 다시금 영하 15도라는 낮은 수치가 찍혔다.

2월 중순에는 모두들 최악의 사태는 넘겼다고 믿었다. 몇몇 개울과 하천들이 녹으면서 다시 물이 흐르는 모습이 보였기 때문이다. 하지만 그 '숨 돌릴 틈'은 오래 지속되지 않았다. 2월 17일, 마리아 마르가레타는 "빨랐던 해빙만큼이나 빠른 속도로 다시 결빙이 찾아왔다"[7]라고 기록했다. 서리와 살을 에는 듯한 강풍, 그리고 눈보라는 유럽 내 많은 도시민들에게 생활의 일부가 됐고, 많은 이들이 생존을 위한 사투를 벌여야 했다.

마리아 마르가레타는 3월 17일, "심각한 위기"라는 표현을 썼다. 달력상으로는 분명 봄이 시작됐지만, 베를린의 기온이 다시금 영하 12도를 기록했기 때문이었다. 3월 19일, 프로이센의 수도 베를린이 다시금 눈으로 뒤덮였고, 이후 눈은 비로 바뀌었다. 어디선가 종달새의 노랫소리를 들은 것 같다는 이들도 있었다. 하지만 온도 상승 속도가 너무 느려서 거리에 쌓여 있는 눈과 얼음을 녹이기에는 역부족이었다.

발트 해 연안에서는 4월에 접어든 이후에도 한참 동안 배들이 출항을 하지 못했다. 바다 위에 둥둥 떠다니는 유빙들 때문이었다. 그러나 마리아 마르가레타 역시 1709년 3월 21일에는 최악의 사태가 지나갔다고 생각한 듯, "구름이 떠 있고 햇빛이 비치는 화창한 날이다. 날씨가 약간 풀린 것 같기는 하지만, 아직도 얼음과 눈들이 많이 쌓여 있다. 바람의 방향도 바뀌었다. 지금까지는 늘 북풍과 동풍만 불었는데, 이제 서풍이 불고 있다"[8]라고 기록했다. 하지만 그 이후에도 추위는 완전히 누그러지지 않았고, 4월 30일이 되어서야 비로소 베를린 시내의 나뭇가지에 다시 움이 트기 시작했다.

1709년 겨울은 최저 온도를 기록한 연도가 매우 많았던 소빙하기 중에서도 매우 극단적인 사례였다. 그러한 추위의 원인으로 학자들은 마운더 극소기, 즉 흑점 활동의 최소화와 1707~1708년의 화산 폭발인 일본의 후지야마 화산 폭발, 그리스의 산토리니 화산 폭발을 꼽고 있다. 두 화산의 폭발 당시 엄청난 양의 먼지와 황 화합물 그리고 기타 이물질들이 대기권 상부로 소용돌이치며 뻗어 나갔다. 다시 말해 1709년의 추위는 1816년 탐보라 화산의 폭발로 인해 '여름이 없는 해'가 이어진 것과 유사한 상황이었던 것이다. 탐보라 화산 폭발 시 그랬던 것처럼 1709년의 강추위 역시 식량 부족과 기근, 나아가 그에 따른 각종 사회적 불안을 초래했다.

재난 발생 지역에 거주하던 이재민들은 도시로 몰려들었는데, 도시는 이미 인구밀도가 극에 달해 있었고, 도시민들 대부분이 영양 결핍으로 인해 면역력이 저하된 상태였다. 다시 말해 이재민들과 더불어 도시로 몰려든 각종 전염병균에 대한 저항력이 거의 없었던 것이다. 그러니 티푸스와 독감의 확산은 한 마디로 말해 시간문제였다. 추위로 인한 직접적 피해나 간접적 영향으로 인해 목숨을 잃은 이들이 프랑스에서만 500만 명이 넘었다.

허나 태양왕 루이 14세의 베르사유 왕궁에는 얼어 죽거나 굶어 죽는 이들이 없었다. 사치와 허영으로 가득 찬 삶을 즐기던 귀족들은 하루에도 수없이 많은 이들이 목숨을 잃는 사태를 뻔히 보면서도 국민들이 느꼈을 공포감을 남의 나라 얘기쯤으로 치부해 버렸다. 팔츠의 리젤로테Lieselotte of Pfalz, 즉 오를레앙 공작부인이 그 당시 작성한 서신에서도 그런 사회적 격차가 고스란히 드러난다. 1709년 1월 10일, 추위를 완전히 막을 만큼의 난방은 불가능했던 베르사유 궁에 머무르던 공작부인이 직접 쓴 편지에는 고통 받는 서민들에 대한 동정심이 아예 없었던 것은 아니지만, 그보다는 서민들로서는 괴리감을 느낄 만한 내용이 훨씬 더 많이 포함되어 있었다.

"말로 형용할 수 없을 정도의 끔찍한 추위예요. 나는 커다란 난로 앞에 앉아 있고, 문 앞에는 거대한 장막이 드리워져 있으며, 목에는 흑담비 목도리를 두르고, 발은 곰털로 만든 주머니를 덮고 있어요. 그럼에도 불구하고 추워서 몸이 덜덜 떨리고, 펜을 들고 있기조차 힘이 듭니다. 평생 이렇게 혹독한 겨울은 겪어본 적이 없어요. 병 속에 든 와인 마저 얼어붙고 있습니다"[9]라는 내용이다. 그해 겨울, 공작부인의 고향인 독일 서남부의 팔츠 지역이 입은 피해는 다른 지역들보다 더 컸다. 주민들 중 많은 이들이 영국이나 아메리카 대륙으로 삶의 터전을 옮겼을 정도였다.

미국의 독립을 도운
비바람과 눈폭풍

미합중국은 매년 7월 4일 독립기념일 행사를 개최한다. 행사가 열리는 인디펜던스 홀은 과거 펜실베이니아의 식민 정부 청사였던 곳으로, 현재는 미국의 역사를 고스란히 간직한 장소가 되었다. 1776년의 어느 더운 여름날 그곳에서는 독립선언문이 울려 퍼졌다. 그런데 그 뒤에는 아찔한 역사가 숨어 있다. 어쩌면 독립선언문을 선포하지 못할 위기, 나아가 미국이라는 나라가 어쩌면 존재하지도 못했을 위기가 도사리고 있었던 것이다. 독립선언문 선포 몇 주 전까지만 해도 영국 왕실 소속 부대는 식민지 저항군들을 진압할 힘을 가지고 있었다.

1775년 4월, 미국 내에 있는 13개 주의 식민지 정부들은 보스턴에서 얼마 떨어지지 않은 렉싱턴과 콩코드에서 영국으로부터의 독립을 위한 전쟁의 포문을 열었다. 당시 각 주 정부는 필라델피아로 특사를 파견해 영국 왕실과의 싸움에서 장차 어떤 전략, 어떤 전술로 접근할 것인지를 논했다. 그곳에 모인 특사들은 자신들 중에서 가장 군사 경험이 풍부한 이를 대륙군 사령관으로 선출했다. 당시 미국군, 즉 대륙군은 전쟁 경험이 거의 없는 시민군과 자원병으로 구성되어 있었다. 그들의 사령관으로 임명된 이는 버지니아 주출신의 농장주 조지 워싱턴이었다.

워싱턴은 총사령관 직을 수락했다. 당시 '미국 건국의 아버지들' 그룹에는 워싱턴 외에도 훗날 미국의 대통령이 된 존 애덤스와 토머스 제퍼슨, 그리고 다재다능한 천재 벤저민 프랭클린도 포함되어 있었다. 워싱턴은 자신이 총사령관 직을 수락할 경우, 재산 대부분을 잃을 뿐 아니라 저항군으로 지목되어 영국과 갈등에 휘말릴 수도 있다는 사실을 잘 알고 있었다. 벤저민 프랭클린은 독립선언문에 서명할 당시 "우리는 기필코 하나로 뭉쳐야 한다. 그렇지 않으면 분명 각자 따로따로 목이 매달리게 될 것이다"라는 말을 남겼다. 프랭클린 특유의 재치와 입담이 엿보이면서도 결연한 의지가 담긴 말이었다.

조지 워싱턴 총사령관은 영국군이 최초의 전장인 보스턴에서 퇴각하는 모습을 흐뭇하게 지켜보았다. 그런 가운데 영국군의 두 총사령관 윌리엄 하우 육군 장군과 리처드 하우 해군 제독 형제의 다음 목표지가 뉴욕이 되리라는 계산을 하고 있었다. 워싱턴은 제대로 된 훈련을 받지 못한 2만 3천 명의 병사를 이끌고 롱아일랜드 섬 끝자락의 브루클린 하이츠에 진지를 쳤다. 당시 뉴욕의 중심은 맨해튼 남부 지역이었고, 브루클린은 이름 없는 외곽 지역에 불과

했다.

식민 지배자들은 이제 겨우 7주밖에 지나지 않은 독립 투쟁의 싹을 잘라 내기 위해 대규모 군사력을 동원했다. 그렇게 신대륙 수평선에 70척 이상의 전함과 수송선이 모습을 드러냈다. 하우 장군의 휘하에 놓인 3만 2천 명의 최정예 군사들 가운데에는 독일 헤센 출신의 용병 8천 명도 포함되어 있었다. 헤센의 제후들이 돈을 받고 자신들의 군사를 영국 정부에 임대한 것이었다.

그런데 어디선가, 무언가가 부글부글 들끓었다. 대자연이 내는 소리였다. 워싱턴이 이끄는 대륙군 소속 한 장교의 진술에 따르면 미국인들이 영국군의 동향을 살피며 대기하고 있을 때 세계의 종말을 암시하는 듯한 굉음이 들려왔다고 한다. "단 몇 분 만에 하늘이 먹물처럼 새까맣게 변했다. 수평선 이쪽 끝에서 저쪽 끝 사이가 모두 깜깜했고, 주변은 번개가 칠 때 잠깐씩만 모습을 드러냈다. 번개가 흡사 대포처럼 땅 위로 내리꽂히면서 쉴 틈 없이 모든 지역을 강타한 것"[1]이었다.

다음 날 천둥 번개가 잠잠해지자 영국군은 롱아일랜드에 상륙했다. 워싱턴은 처음에는 그것이 일종의 교란 작전이라 생각했다. 영국군의 규모가 8천 명 정도밖에 되지 않았기 때문이다. 1776년 8월 27일 이른 아침, 하우 장군은 영국군에게 공격 명령을 내렸고, 워싱턴은 수적으로나 전술적으로나 자신들이 열세라는 사실을 금세 깨달았다. 영국군은 대륙군의 전열 중 한 곳이 비어 있는 것을 발견하고 그곳을 집중적으로 공략했고, 워싱턴의 병사들은 온 힘을 다해 사투를 벌였다.

영국군과 대륙군의 전투는 신사적 결투와는 거리가 멀었다. 특히 독일 헤센 출신의 병사들은 항복을 선언한 미국인들까지 총검으로 찔러 무자비하게 학살했다. 심지어 어느 영국군 장교도 "헤센 병사와 산악 출신 병사들이 승리가 확정된 뒤에도 한참 동안 벌인 대학살극을 보며 우리 모두 충격에 빠졌다"[2]고 진술했다.

누가 봐도 영국의 자명한 승리였다. 하지만 영국군은 거기에서 멈추지 않고 대륙군 최후의 방어선인 브루클린 하이츠를 향해 전진했다. 대륙군의 완패가 턱밑까지 바싹 다가왔다. 롱아일랜드 전투를 치르면서 워싱턴은 자신에게 2만 명의 병사를 지휘할 능력이 없다는 사실을 뼈저리게 깨달았다. 자신의 전술로는 하우 장군이나 윌리엄 콘월리스 제독의 전술에 대적할 수 없다는 사실도 알게 됐다.

하지만 워싱턴은 자신의 전략이나 정세 파악 능력이 대륙군 장교들 중에서 압도적인 것은 물론이요, 어쩌면 하우 장군이나 콘월리스 제독보다도 뛰어날 수 있다고 믿었다. 미국 땅은 유럽과 비교할 수 없을 정도로 광활했다. 영국군의 임무는 북부의 메인 주로부터 남부의 초원인 조지아 주에 이르기까지 총 13개 주라는 광활한 땅을 정복하는 것이었다. 이에 워싱턴은 뉴욕 정복은 큰 의미가 없다고 생각했다. 식민지 정부의 임시 수도였던 필라델피아가 영국의 손에 넘어간다 해도 큰 의미는 없었다. 사우스캐롤라이나의 찰스턴 혹은 매사추세츠의 보스턴을 얻는다 해도 그것만으로는 완벽한 승리 혹은 완벽한 패배라 할 수 없었다.

워싱턴의 계산으로는 영국왕 조지 3세의 부대가 이 전쟁에서 승리하기 위해서는 대륙군을 완전히 붕괴시켜야만 하는데, 신생 국가인 미국이 처음 몇 달만 잘 버텨 준다면 승산이 있을 것 같았다. 그렇게 워싱턴은 승리를 위한 결단을 내렸다. 8월 29일 오후, 워싱턴은 대륙군 지휘관들을 브루클린의 어느 평범한 가옥으로 불러들여 다음 단계를 논했다. 워싱턴의 계획은 그날 밤, 남은 병사들을 보트에 태워 이스트 강 너머의 맨해튼으로 이동시키는 것이었다. 이는 영국군이 남겨 둔 유일한 퇴각로였다. 나머지 지역들은 모두 다 영국군이 물샐 틈 없이 감시하고 있었기 때문에 빠져나갈 구멍이 없었다.

지휘관들은 부대원들에게 최고의 보안을 명령했다. 작전이 조금이라도 새어 나가면 곤란했다. 진지에는 일부러 불을 지폈다. 평소와 다름없다는 착각을 불러일으키기 위해서였다. 대륙군은 구할 수 있는 보트란 보트는 모두 다 구한 뒤 한곳에 집결시켰다. 병사들이 말과 무기를 너무 많이 싣는 바람에 몇몇 보트는 위험할 정도로 물 속 깊이 잠기기도 했다.

그런데 병사들의 이동 속도는 예상했던 것보다 훨씬 느렸다. 다음 날 아침 해가 뜨자 영국군은 브루클린 쪽을 감시했고, 적국의 병사들 중 다수가 어딘가로 사라졌다는 사실을 눈치챘다. 하지만 그때까지도 다수의 대륙군 병사와 지휘관이 여전히 진지에 남아 있는 상태였다. 그런데 그때, 짙은 안개가 끼기 시작했다. 훗날 워싱턴은 전쟁 후일담을 털어놓으며 "대륙군 첩보 사령관 벤저민 톨마지로부터 불과 5미터 앞도 분간이 가지 않았다는 보고를 받았다"[3]고 말했다.

워싱턴 부대의 생존 작전에 안개가 큰 역할을 했던 것은 사실이나, 오직 안개 덕분에 부대원들이 살아남을 수 있었던 것은 아니다. 보유하고 있는 함선 수에서 우세에 놓여 있던 영국군이 방심해 이스트 강을 차단하지 않았고, 그 덕분에 대륙군은 단 한 명의 병사도 잃지 않은 채 무사히 빠져나올 수 있었다. 눈으로 보고 귀로 들을 수 있는 거리에서 진행 중인 적국 부대의 퇴각을 제대로 파악하지 못한 영국군의 방만함과 느슨함이 대륙군의 무사 탈출에 큰 몫을 담당한 것이다.

하지만 무엇보다도 안개가 없었더라면 대륙군은 수많은 병사들과 더불어 훗날 미국의 초대 대통령이 될, 탁월한 지도력으로 신생 국가를 이끌 인물까지 잃었을 것이다. 8월 30일 아침, 워싱턴은 맨 마지막 보트에 몸을 실었다. 앞서 병사들에게 한 약속을 지킨 것이었다. 그런데 배가 출항하여 맨해튼을 향해 전진하던 중 뒤쪽에서 포탄 소리가 들려왔다. 영국군이 드디어 대륙군의 퇴각을 눈치채고 안개 사이로 포탄을 쏘아댄 것이다.

이후 몇 주, 몇 개월 동안 워싱턴은 '후퇴 전략'을 고수했다. 뉴욕에 주둔 중이던 병사를 이끌고 뉴저지 주를 가로질러 이동하는 동안에도 영국군에게 끊임없이 뒤를 쫓겼다. 어쩌다가 직접 맞붙으면 승리는 언제나 영국군 몫이었다. 미국군으로서 가장 아쉬웠던 사건은 유능한 장수 한 명을 잃은 것이었다. 어느 여관에 묵고 있던 찰스 리 장군이 영국군에게 습격을 당해 파자마에 실내화 차림으로 끌려가고 말았다.

워싱턴은 점점 더 사기를 잃어 가는 병사들을 이끌고 델라웨어 강을 가로질러 강 건너의 펜실베이니아에 진영을 쳤다. 영국군의 점령을 코앞에 두고 있던 임시 정부 의회는 필라델피아에서 볼티모어 방향으로 이동했다. 그 사이 현재 뉴저지 주의 트렌턴을 정복한 하우 장군은 강 너머에서 포탄을 쏘다가 어느 날 갑자기 헤센 출신의 용병 1,400명과 지휘관 요한 고트리프 랄 대령만을 남겨둔 채 자신은 나머지 병사들을 이끌고 겨울용 막사가 설치되어 있는 뉴욕으로 되돌아갔다.

워싱턴은 외통수로 내몰렸다. 대륙군에 소속된 많은 병사들의 복무 기한은 12월 31일로 끝날 예정이었고, 미합중국에게는 국가의 미래에 대한 희망을 심어 줄 승전보가 시급했다. 미국의 독립혁명가이자 저명한 작가인 토머스 페인은 그해 12월, 그간 자신이 쓴 논설들을 모아 《위기The Crisis》를 출간했다. 거기에서 그는 "지금은 인간의 영혼을 시험하는 시기이다"라는 유명한 말을 남겼는데, 당시 미국이 처한 상황에 그보다 더 잘 들어맞는 말은 없었다.

그 상황에서 워싱턴이 내린 대담한 결단은 애국주의자들의 영혼에 한 가닥 희망을 심어 주기에 충분했다. 지금도 미국인들은 델라웨어 강을 건너 '일단 후퇴'에 돌입한 워싱턴의 전략이 날씨와 깊은 연관이 있다고 믿고 있다. 그 사건은 아마도 미국 역사상 일어났던 각종 경사 중 날씨의 적극적 협조가 뒤따랐던 가장 중대한 사건이었을 것이다. 미국으로 건너간 독일 출신의 화가 엠마누엘 로이체는 훗날 그 역사적인 장면을 〈델라웨어 강을 건너는 워싱턴 Wahington Crossing the Delaware〉(1850년경)이라는 작품으로 담기도 했다.

1776년, 춥지만 화창했던 크리스마스가 지난 뒤, 대륙군은 자신들을 강 건너로 옮겨 주었던 납작한 보트 위에 다시금 몸을 실었다. 이번 승선의 목적은 퇴각이 아니라 공격이었다. 어둠이 내려앉은 뒤 대륙군 병사 약 2,400명은 유빙이 둥둥 떠 있는 델라웨어 강을 건너 말과 화포를 이동시켰다. 목적지는 트렌턴에서 불과 몇 킬로미터 거리에 있는 북쪽 해안이었다. 보트가 지나다니는 뱃길 위로 얼음처럼 차가운 진눈깨비가 쏟아지고 있었고, 갑판 위에 빼곡히 들어찬 병사들은 그 길을 몇 번이나 왕복해야 했다.

그러다가 밤 11시쯤 지금도 미국과 캐나다의 동북부 해안 지역에 강한 눈비를 뿌리곤 하는 돌풍, 즉 대서양 연안의 저기압성 북동풍이 불기 시작했다. 이와 같은 종류의 강풍들 중 역사적으로 가장 강했던 사례는 1888년 3월 뉴욕을 폭설에 잠기게 만들었던 '그레이트 블리자드the Great Blizzard'로, 당시 촬영된 흑백 사진들은 지금도 미국 내 기후 재앙과 관련해서 종종 소개되곤 한다.

사실 그해 크리스마스, 델라웨어 강 위로 휘몰아친 북동풍은 세력이 약한 편이었다. 하지만 풍랑이 평소보다 훨씬 더 거칠었고, 병사들을 잔뜩 실은 배들을 요동치게 만들기에 충분했다. 그 때문에 뉴저지 해안에 도착한 병사들은 온몸을 덜덜 떨어야 했고, 기진맥진한 상태였으며 사기가 극도로 저하되어 있었다. 하지만 아직도 갈 길은 멀었다. 트렌턴까지 15킬로미터를 행군해야 했던 것이다. 가는 길은 모두 얼어 있었고, 심하게 미끄러운 곳도 더러 있었다. 길목에서 조지 워싱턴이 타고 있던 말이 언덕 아래로 미끄러지기 시작했고, 워싱턴은 말과 함께 나동그라지지 않기 위해 자신이 그간 습득한 모든 기마술을 총동원했다.

그러나 폭풍이 대륙군에게만 가혹한 것은 아니었다. 강풍을 동

델라웨어 강을 건너는 워싱턴.
그날의 날씨는 혹독했으나 이는 적군의 방심을 불러왔다.

엠마누엘 로이체, 〈델라웨어 강을 건너는 워싱턴〉, 1850년경반한 눈보라에 트렌턴에 주둔 중이던 헤센 용병들은 정찰대 파견을 포기했다. 진위 여부는 확인되지 않았지만, 독일군이 크리스마스를 맞아 술을 진탕 마신 덕분에 1776년 12월 26일 아침, 세상모르고 잠들어 있었다는 풍문도 있다. 나중에 체포된 헤센군 장교들의 진술에 따르면, 독일군은 무능한 미국 군대가 그렇게 기습 공격을 하리라곤 꿈에도 생각지 못했다고 한다. 트렌턴 전투는 시작부터 끝나기까지 총 1시간밖에 걸리지 않았고, 그런 면에서 전투라기보다는 '실랑이'에 가까웠다고도 할 수 있다.

흘린 피의 양도 당시 통상적인 전투나 이후의 세계 대전에 비하면 매우 적은 편이었다. 헤센군 측 전사자는 22명이었는데, 랄 대령도 포함돼 있었다. 전쟁 포로가 된 헤센군은 약 900명이었다. 나머지 병사들은 도주에 성공했다. 미국 측에서는 2명이 목숨을 잃은 것으로 추정되는데, 둘 다 적군의 공격이 아닌 추위로 인해 동사한 것이었다. 당시 미국의 젊은 중위 한 명은 어깨에 총알이 관통하는 바람에 출혈이 매우 심했지만, 가까이에 있던 군의관이 제때 지혈하고 응급 처방을 잘한 덕에 목숨을 건졌다. 그 중위가 바로 미국의 제5대 대통령 제임스 먼로였다.

트렌턴 전투의 승리는 미국인들의 사기 진작에도 매우 중대한 사건이었지만, 대양 너머에서 신대륙 '반란군'의 승전보를 접한, 훗날 미국의 연합국이 될 프랑스에게도 매우 중대한 일이었다. 영국의 역사가 조지 트리벨리안은 "그렇게 짧은 시간 만에 투입된, 매우 적은 수의 사내들이 어떻게 세계사에 길이 남을 위대한 효과를 이끌어 낼 수 있었는지 도저히 믿기 어렵다"[4]라고 서술한 바 있다.

대혁명의 먹구름과
거대한 우박덩이

계몽주의가 싹트기 시작하던 때, 유럽 내에서 프랑스는 그야말로 모두가 꿈꾸는 나라였다. 프랑스 귀족들이나 상류층, 시인이나 사상가 등 교육 수준이 높은 이들은 계몽주의와 그 영향을 받은 사회의 구성원으로서 많은 것을 누릴 수 있었다. 그들은 루소와 몽테스키외, 볼테르 같은 위대한 작가들의 저술을 접하며 한 발짝 앞선 사상과 이념에 환호했다. 《백과전서Encyclopédie》를 편찬한 드니 디드로를 비롯한 수많은 작가들은 작품을 통해 근세에서 현대로 넘어가는 발판을 마련하기도 했다.

그 작품들 속에는 왕정이나 압제를 비판하는 사상들이 상당 부분 담겨 있었다. 당시 유럽은 제네바나 네덜란드를 비롯한 몇몇 소규모 국가들에서만 공화정이 정착됐을 뿐, 대부분 국가에서는 아직도 강력한 왕권이 모든 것을 좌지우지하고 심지어 검열과 압제도

마다하지 않는 체제를 고수하고 있었다. 프랑스 계몽사상가들의 생각이 어쩌다가 다른 국가의 군주나 제후들에게까지 전파되는 경우도 있었다. 프리드리히 2세가 그 대표적인 예다. 계몽사상을 접한 프리드리히 2세는 자국 내에서의 고문을 일체 금지했고, "신문은 검열 대상이 아니다"라고 선포하기도 했다. 비록 왕실이 정한 지침을 준수한다는 조건하에 보장되는 언론 자유이기는 했지만, 오늘날 우리가 알고 있는 형태의 언론 자유의 태동기였다는 사실에는 의심의 여지가 없다.

프랑스어는 이른바 '배운 사람들'이 사용하는 교양어가 됐고, 통치자들이나 외교관들도 공용어로 사용했다. 프랑스어로 된 연극들이 잇달아 연극 무대에 올랐고, 프랑스의 패션은 유럽 패션의 기준이 됐다. 태양왕 루이 14세, 루이 15세, 나아가 1774년 루이 16세가 왕위에 오르기까지 부르봉 왕가 출신들의 몸가짐과 생활 방식은 유럽 내 수많은 왕들과 제후들에게 영향을 끼쳤고, 모두들 베르사유 스타일의 방탕과 사치를 모방하기 시작했다. 건축 양식이나 도시 계획 분야에서도 프랑스의 스타일을 따라하는 이들이 많았다. 지금도 독일의 카를스루에는 카를 빌헬름 후작이 1715년 베르사유궁을 본떠 만든 '미니 베르사유 궁전'이 있고, 그곳을 중심으로 프랑스식 방사형 도로가 뻗어 있다.

그런데 프랑스는 유럽 내에서 다방면으로 기준을 제시하는 나라이기도 했지만 그와 동시에 유럽 국가들 간의 '세력 다툼 콘서트'의 지휘자 역할을 수행하는 강대국이기도 했다. 식민지 전쟁이었던 7년 전쟁(1756~1763)에 패하면서 오늘날 캐나다에 속하는, 대서양 건너편의 드넓은 영토를 잃기는 했지만 유럽 대륙 내에서 프랑스는 여전히 열강에 속했다. 군사력도 군사력이지만, 인구수에서도 다른 유럽 국가들에게 결코 뒤처지지 않았다. 태양왕 루이 14세가 사망하던 1715년에 1,800만 명이던 인구수는 1785년에 2,800만 명까지 늘어났다.

프랑스에 비할 바는 아니지만, 당시 유럽 내 대부분 국가에서는 인구 증가 현상이 나타났다. 18세기 들어서는 엄청난 규모의 역병도 발생하지 않았고, 교역은 번성했으며, 수확량도 늘어났던 것이 인구 증가의 원인이었다. 현대 의학이 막 꽃을 피우기도 했다. 특히 천연두 예방법과 관련해 눈부신 발전이 이루어졌다. 처음에는 천연두에 감염된 사람의 몸에서 채취한, 감염력이 약한 바이러스를 주입하는 것에서 시작해 18세기 말 무렵에는 에드워드 제너가 개발한 종두법, 즉 우두牛痘를 접종하는 방법으로까지 발전했다. 하지만 루이 15세는 최신 의학의 혜택을 받지 못한 채 1774년 천연두에 걸려 세상을 떠나고 말았다.

국민들의 영양 상태도 좋아졌다. 식단이 보다 다양해지고 더 풍부해졌으며, 이에 따라 면역력도 전반적으로 강해졌다. 프랑스에서는 육류 소비량이 늘었다. 100년 전까지만 해도 상류층의 전유물이었던 고기가 마침내 대중화된 것이다.

중서부 유럽인들의 평균 수명을 끌어올린 견인차로 두 가지 요인을 더 꼽을 수 있다. 하나는, 전쟁이 없지는 않았지만 18세기 전쟁은 군인들 간의 싸움이었다는 것이다. 30년 전쟁처럼 나라 전체를 쑥대밭으로 만들고 수많은 민간인의 희생을 요구하는 그런 전쟁은 아니었다. 또 다른 요인은 재앙에 가까운 대기근이 없었다는 점이다. 단, 인구 급증의 이면에는 위험도 도사리고 있었다. 어쩌다가 흉년이 들면 그 많은 인구를 먹여 살릴 방법이 없었던 것이다. 그럴 경우, 기근을 예고하는 식량 가격 급등 현상이 어김없이 일어났고, 뒤이어 실제로 기근이 일어났다.

그간의 통계를 살펴보면 프랑스 사회의 근본적인 문제점이 무엇이었는지 알 수 있다. '앙시앵 레짐Ancien Régime', 즉 '구체제'는 신분제를 표방하고 있었는데, 전체 인구의 1~2퍼센트밖에 되지 않는 상위 계급과 대중 사이에 삶의 격차가 너무 컸고, 앙시앵 레짐 체제 하의 신분 사회가 지닌 모순은 하늘을 찌를 듯 극에 달했다. 이를테면 제1신분인 성직자와 제2신분인 귀족들은 세금을 내지 않아도 됐다. 대신 전체 인구의 대부분에 해당되는 제3신분의 평민들이 모든 세금을 감당해야 했다. 혁명정치가이자 작가인 안 로베르 튀르고, 은행가 겸 정치가인 자크 네케르 같은 인물들이 해묵은 체제를 조금이라도 바꾸어 보려고 저항했지만 프랑스의 귀족들과 성직자들은 수십 년 동안 그들의 공격을 성공적으로 물리치며 건재를 과시했고, 이에 서민들의 분노는 더더욱 극으로 치달았다.

그 와중에 수십 년째 천문학적 빚에 허덕이던 프랑스 국고는 완전히 바닥나 버렸다. "돈, 돈, 더 많은 돈!"이 필요했던 것이다. 1783년 재무장관에 취임한 샤를 알렉상드르 드 칼론은 국고 수입의 60퍼센트를 채무 변제에 써야 한다는 사실을 깨닫고 절망감에 빠졌다. 혁명을 추진했지만 그마저 실패로 돌아가고 말았고, 1787년에는 결국 재무장관 직에서 물러나야 했다. 우유부단하고

A FAUT ESPERER Q'EU'JEU ÇA FINIRA BENTOT

혁명의 배경이 된 프랑스의 구체제(앙시앵 레짐)를 풍자하는 그림.
귀족과 성직자들이 평민들의 고혈을 착취하는 불평등 구조였다.

나약한 국왕 루이 16세에게는 귀족들의 저항에 맞설 강력한 지도력이 없었던 것이다. 그런데 엉뚱하게도 프랑스가 진 빚의 상당 부분은 영국 왕실에 맞서는 신대륙, 미국을 지원하는 과정에서 누적된 것이었다. 자국에서는 공화정을 이뤄내지 못하면서 대서양 너머 먼 나라의 공화국 구축을 지원하기 위해 군대를 파견해 큰 빚을 떠안게 된 것이었다.

당시 프랑스 사회는 인구 구성비에도 심각한 문제가 있었다. 1789년 전체 인구의 약 36퍼센트가 20세 이하였다. 일자리와 빵이 필요한 이들이 그만큼 많았다는 뜻이다. 당시 프랑스 가정에서 빵은 중대한 영양 공급원이기도 했지만, 한 가정의 경제적 '속사정'을 판단하는 중대한 잣대이기도 했다. 살기 좋은 시절에는 가계 전체 수입 중 식비가 50퍼센트밖에 되지 않았지만, 형편이 어려워지고 식재료 값이 오를 때에는 식비가 전체 수입 대비 80퍼센트까지 치솟았다. 그러자 사상 최대의 인구수인 60만을 자랑하던 대도시 파리에는 교육 수준이 비교적 높은 청년들 중 사회에 대해 불만을 품은 이들이 늘어났다. 그들은 독서 토론회를 비롯한 각종 토론 모임을 결성했고, 회합이 있을 때마다 자유를 갈망하는 목소리가 높아졌으며, 때로는 지나치게 극단적이라 우려되는 사상들까지 제기됐다.

성난 민심 앞에서 어쩔 줄 모르던 프랑스 국왕은 1789년 5월, 삼부회를 소집했다. 삼부회란 세 개의 신분에서 각기 300명씩 대표를 지명하여 개최되는 회의였다. 제3신분인 평민이 프랑스 전체 인구의 대부분을 차지했지만, 그 점은 감안하지도 않은 채 '공평하게'

신분별로 300명씩을 배분한 것이었다. 이에 평민 신분이면서도 약간의 재산을 보유하고 있으며, 상대적으로 질 높은 교육을 받은 이들의 분노는 더더욱 거세졌다. 에마뉘엘 시에예스 주교는 〈제3신분이란 무엇인가?〉라는 제목으로 영향력 있는 팸플릿을 제작해서 유포했다. 그 외에도 사회에 불만을 품은 이들은 '불만 호소문cahiers de doléances'이라는 일종의 신문고 제도를 활용해 자신들의 근심과 우려를 표명했다.

곳곳에서 민중들이 들고일어났다. 파리뿐만이 아니었다. 1788년 6월에는 그르노블에서도 시민 봉기가 일어났다. 군이 진압에 나서자 성난 시민들은 군인들을 향해 기왓장을 집어 던졌다(당시 군인들에게는 발포권이 없었다). 그르노블의 '기왓장 시위 사건'은 그로부터 1년 하고도 얼마 더 지난 뒤 파리에서 벌어질 대규모 봉기의 전주곡이었다. 1788~1789년, 모두가 앙시앵 레짐의 와해를 예감했다. 어떤 방향으로 흘러갈지 정확히 알 수는 없었지만 혁명은 불가피했다. 날씨가 프랑스 혁명의 원인은 아니었다. 하지만 그 당시 기상 조건이 조금 더 좋았다면 아마도 혁명의 발발 시기나 혁명의 결과가 달라졌을 것이다.

당시 프랑스 경제는 불황에 빠져 있었다. 1788년 봄은 유난히 더웠고 여름도 일찍 찾아왔으며, 가뭄이 지속됐다. 파리 천문관측소는 그로부터 정확히 100년 전, 기온과 강수량 등 기상과 관련된 지표들을 측정하기 시작했다. 그 후 몇 십 년 동안 프랑스 내 다른 지역에도 천문관측소가 설치됐다. 그 기록들에 따르면 예컨대 1788년 4월, 파리의 총 강수량은 12밀리미터밖에 되지 않았다. 그 이전 해 4월의 강수량은 67밀리미터였다. 몽디디에의 상황도 파리와 비슷했다. 1787년 4월, 52밀리미터에 달하던 강수량이 이듬해 같은 기간에는 23밀리미터로 줄어든 것이었다. 가뭄만 해도 견디기 힘든데 설상가상으로 더위까지 합세했다.

그해 4월과 5월, 릴 시의 평균 기온은 1783~1789년 평균에 비해 2도가량, 6월에는 1도가량 높았다. 그런가 하면 알자스 지역 아그노 시의 봄 평균 기온은 1780~1791년 사이의 봄 평균 기온과 비슷하거나 약간 낮았던 반면, 몽디디에의 봄은 예년보다 훨씬 더웠다. 1788년 4월 평균 기온은 예년에 비해 1.1도, 5월은 2.2도, 6월은 1.8도가 더 높았다.

국민들의 삶을 힘들게 만든 것은 비단 가뭄뿐만이 아니었다. 1788년 7월 13일, 바스티유 감옥에 큰 돌풍이 불기 1년 하고도 하루 전, 프랑스 전역에 우박이 쏟아졌다. 프랑스인 대부분이 난생 처음 보는 대규모 우박 세례였다. 우박은 논밭을 무참하게 짓밟고 포도밭을 망가뜨렸다. 칼바도스 브랜디의 주원료인 청사과도 우박으로부터 안전하지 못했고, 오렌지와 올리브 등 과실이란 과실은 모조리 우박의 제물이 됐다. 당시 파리에 주재 중이던 영국 대사 도싯 경은 그로부터 나흘 뒤 영국 외무부 장관에게 보내는 서신에서 지름이 40센티미터에 이르는 우박도 있다고 보고했다. 만약 도싯 경의 말이 맞는다면 농장의 닭이나 거위들이 우박에 맞아 죽었다는 말도 결코 과장된 것이 아니었다.

도싯 경의 서신은 다음과 같은 내용도 포함하고 있었다.

날씨가 바꾼 세계의 역사

"지난 월요일 아침, 파리 시와 주변 지역에 천둥 번개, 우박을 동반한 광풍과 폭우가 내리쳤습니다. 그날 아침 9시경, 파리의 하늘은 완전히 어두컴컴했습니다. 폭풍우를 머금은 짙은 먹구름이 빠른 속도로 이동하면서 프랑스 내 다른 지역까지 공격할 기세였습니다. 이 지역에서 들려오는 피해 소식들을 들으니 허리케인의 피해가 연상되고 음울한 느낌이 들었습니다. 하루 전에 사냥을 나갔던 폐하께서도 서둘러 베르사유로 귀환하셔야 했는데, 도중에 농가에 피신을 하셔야 할 정도였습니다. 우박 덩어리들은 지금까지 프랑스가 겪어 보지 못한 정도의 크기와 무게였습니다. 몇몇 덩어리들은 지름이 40센티미터에 달했고, 다른 지역에서는 심지어 그보다 더 큰 우박 덩어리들이 발견됐다고 합니다. 생제르망 지구 인근 길거리에서는 두 남자의 사체와 함께 치명적인 부상을 입은 말도 한 필 발견됐는데, 고통을 줄이기 위해 안락사시켰다고 합니다. 거목들은 뿌리째 뽑혀 나갔고, 농작물과 포도도 완전히 훼손됐습니다. 창문이 깨지고, 몇몇 가옥은 몽땅 파괴됐습니다. 반경 50킬로미터 이내의 모든 것들이 초토화됐고, 400~500개의 부락이 피해를 입은 것이 확실시됩니다. 해당 부락의 주민들 중 많은 이들이 정부의 즉각적 구조가 없을 시 사망하게 될 것이라 합니다. 가엾은 피해자들은 올해 농사만 망친 게 아니라 앞으로 3~4년 동안 농작물 수확량에 손실을 입게 될 것이라 합니다."[1]

우박이 한바탕 휩쓸고 지나간 뒤 다시금 가뭄이 찾아왔고, 1709년의 기록적 추위 이후 처음 겪는 한파가 그 뒤를 이었다. 강들이 다 얼어붙는 바람에 물레방앗간에서는 가뜩이나 부족한 곡식마저 빻을 수 없게 됐고, 배를 이용한 식량 보급마저 완전히 중단됐다. 정부가 피해 지역에 식량을 조달하려 했으나 각종 인프라가 마비되는 바람에 그조차도 여의치 않았다. 훗날 혁명가가 된 미라보 백작은 "온갖 종류의 고통이 시작됐다. 얼어 죽거나 굶어 죽은 이들이 곳곳에 넘쳐나고 있다. 밀을 수확했지만 방앗간이 얼어붙어 밀가루를 구할 수 없기 때문이다"[2]라는 말로 그 당시의 상황을 묘사했다.

빵 값은 18세기 들어 최고가로 치솟았고, 국민들은 평균 수입의 90퍼센트 가까이를 식량 구입에 써야 했다. 그대로는 계속 버티기 힘든 상황이었다. 프랑스의 역사가 조르주 르페브르는 "혁명 전날 밤, 기근은 프랑스 국민 절반 이상의 가장 큰 적이었다"[3]라고 서술했다. 영국의 프랑스사 전문 사학자 앨프리드 코번은 "흉년이 든 이후 가장 견디기 힘든 것은 그 이듬해에 너무 일찍 찾아온 여름이었다. 지난해 수확한 곡식은 바닥이 났는데, 올해는 아직 곡식이 익지 않았기 때문"[4]이라 말하기도 했다. 1789년에도 여름이 일찍 찾아왔다. 그리고 그해 7월 14일, 프랑스 공화국의 최대 국경일이 된 바로 그날, 앙시앵 레짐의 종말을 알리는 서곡이 파리 전체에 울려 퍼졌다.

날씨가 바꾼 세계의 역사

로베스피에르의
목을 거둔 장대비

1789년 7월 14일, 분노한 시민들이 바스티유 감옥을 향해 돌진하며 시작된 프랑스 혁명은 유럽사의 향방을 결정지은 대전환점이었다. 개혁 의지와 능력 결핍으로 각종 사회 문제를 초래한 동시에, 국가와 재정 위기를 자초한 봉건주의식 절대왕정 체제는 그로 인해 무너지고 말았다. 당시 계몽주의의 영향을 받은 유럽 내 지식인들에게 있어 프랑스 혁명은 자유의 신호탄이었다. 최소한 초기 단계에서는 모두들 그렇게 생각했다. 1789년 8월 26일의 프랑스 인권선언문 낭독이나 국민의회가 3리브르 Livre(감독관급 현장 노동자의 하루 일당에 해당하는 금액) 이상의 세금을 납부한 남자들에게 투표권을 부여한다는 내용을 담은 헌법의 통과는 그야말로 프랑스 혁명의 꽃 중의 꽃이었다.

그러나 혁명의 대표적 상징은 석판에 새기거나 양피지에 기록한 '인간과 시민의 권리 선언D'eclaration des droits de l'homme et du citoyen', 즉 프랑스 인권선언문이 아니라 그것과는 다른 끔찍한 기구인 단두대였다. 시간이 지나면서 혁명의 강도는 거세졌고 혁명주동자들의 광기도 그에 발맞춰 고조되면서 파리를 비롯한 각 지역의 혁명 광장에 단두대가 설치되는 간격은 점점 더 좁아졌다. 루이 16세도 1793년 1월 21일 단두대에서 처형됐다. 조제프 이냐스 기요틴이라는 의사가 발명한 이 사형 도구는 그야말로 사람의 목과 몸을 분리하는 도구였다. '자비로운' 의사 기요틴 본인의 말에 따르면 단두대는 죽음의 고통을 덜어 주는 인간적인 도구이며, "순식간에 사람의 머리를 자르기 때문에 희생자는 순간적인 서늘함 이외의 그 어떤 느낌도 갖지 않는다."

이후, 프랑스 혁명은 혁명의 주역들까지 잡아먹기 시작한다. 지롱드파가 권력을 상실했고, 그들 중 많은 이들이 숙청됐다. 그러자 모두들 자신도 박해와 탄압, 처형의 대상이 될 수 있다는 공포에 사로잡혔다. 그렇게 시작된 것이 바로 '공포정치'였다. 1793년 6월부터 1794년의 더웠던 7월의 막바지까지 단두대는 쉴 틈 없이 움직였다. 공포의 중심지는 파리였지만, 그 외의 지역에서도 권력을 손에 넣은 자코뱅파의 무자비한 탄압은 끊임없이 자행됐다. 리용에서만 2천 명이 넘게 처형됐다.

광기와 사디즘에 사로잡힌 지도자 장 밥티스트 카리에가 통치하던 낭트에서는 특별히 제작한 배들이 '민중의 적' 수천 명을 실은 채 고의적으로 루아르 강에 가라앉기도 했다. 당시 사망한 인원은 5천~1만 5천 명으로 추정되는데, 카리에는 그들의 죽음을 "공화정의 침례”라는 말로 조롱하기까지 했다. 방데 지역에서는 시민들이 혁명 정부에 반대하여 봉기를 일으켰다가 진압됐는데, 당시 사망자가 무려 20만 명에 달했다고 한다.

하지만 어쨌든 전 세계의 시선은 파리에 집중되어 있었다. 극단주의적 성향의 동조자들은 파리에서 일어나는 일들에 경탄을 금치 못했고, 나머지 사람들은 시간이 지날수록 염증을 느꼈다. 유럽 내 많은 국가들이 프랑스를 지켜보며 내전을 우려했지만, 정작 수많은 이들을 단두대에 올린 장본인은 처형이야말로 공화국 생존을 위해 불가피한 ‘미덕’이라 말했고, 그의 권력도 점점 더 강해졌다. 막시밀리앙 프랑수아 마리 이지도르 드 로베스피에르가 그 주인공이다. 공포정치 기간 내내 권력을 손아귀에 움켜쥐고 있었고, 그 때문에 공포정치의 상징이 된 인물이기도 하다.

프랑스 북부의 아라스 출신의 변호사이던 로베스피에르는 루이 16세가 혁명 발발 몇 주 전 소집한 삼부회의 구성원이었다. 급진적 자코뱅당(자코뱅이라는 이름은 이전에 회의를 개최한 생자크 수도원에서 따온 것이다)의 당원이었던 로베스피에르는 처음에는 국민의회 소속 의원으로 있다가 1792년, 국민공회 소속 의원으로 선출됐다. 로베스피에르는 담대하면서도 예리한 웅변술을 지니고 있었고, 흠결 없는 사생활과 의원 활동 덕분에 ‘매수할 수 없는 자’라는 별명을 얻기도 했다. 로베스피에르가 가장 애용한 단어도 ‘미덕’이었다. 하지만 로베스피에르는 ‘매수할 수 없는 자’ 대신 ‘무자비한 자’라는 별명이 붙는다 해도 전혀 이상할 것이 없을 정도로 잔인했다.

1793년 7월, 로베스피에르는 12명으로 구성된 공안위원회의

멤버가 됐고, 얼마 지나지 않아 위원장 자리를 꿰찼다. 로베스피에르는 혁명의 주적이 외부에도 있지만 그보다 더 큰 위협이 내부에 도사리고 있다고 보았다. 그리고 그 문제를 해결해 줄 열쇠가 바로 단두대라고 믿었다. 1794년 4월 5일, 로베스피에르는 자신과 함께 혁명을 주도했던 카리스마 넘치는 인물 조르주 자크 당통과 그의 추종자들을 단두대로 보냈다. 그 광경을 지켜보던 혁명가담자들은 더 이상 자신의 안전을 확신할 수 없게 됐다. 하지만 로베스피에르는 그들의 공포심에 타당한 명분을 만들어 주기로 작심한 듯, 공안위원회를 통해 '프레리알 22일 법Loi du 22 Prairial an II'을 공포했다. 혁명력 제2년(서기 1794년)에 제정된 그 법은 신속한 체포, 용이한 처형, 피의자의 변호사 선임권 박탈 등의 내용을 담고 있었다.

이제 '민중의 적'이라는 의심만으로도 누구든 처형 대상이 될 수 있었고, 파리 전체는 공포에 휩싸였다. 다행히 프레리알 22일 법의 생명은 7주밖에 지속되지 않았다. 그와 더불어 그 법을 제정한 주인공도 생을 마감해야 했다. 하지만 그 7주 동안 1,300명 이상이 단두대에서 처형을 당했다. 이전 15개월 동안 처형당한 사람의 수가 그와 비슷했던 것을 감안하면 프레리알 22일 법이 얼마나 날카로운 칼을 휘둘렀는지 짐작이 가고도 남는다.

1794년 7월 26일 정체를 알 수 없는 얼음처럼 차가운 공기가 사위를 감싸던 그날, 로베스피에르는 국민공회에서 장장 두 시간에 걸쳐 연설을 했다. 그 자리에 있던 모든 이들의 피를 얼어붙게 만드는 연설이었다. 결코 매수당하지 않는 자, 로베스피에르는 그날 배신자에 관해 얘기했다. 배신자가 여기저기에 널려 있고, 국민공회

안에서도 배신자들이 각종 공작을 벌이고 있으며, 그들은 이제 곧 '합당한' 처벌을 받게 될 것이라는 내용이었다. 로베스피에르는 이미 비밀리에 명단까지 확보해 놓았다고 엄포를 놓았다. 국민공회 소속 의원들은 행여나 자기 이름이 그 명단에 포함되어 있을까 싶어 벌벌 떨었다. 그중 몇몇 의원들은 자신들이 처형당하기 전에 미리 수를 쓰기로, 다시 말해 로베스피에르를 실각시켜 버리기로 계획을 짰다.

프랑스 혁명력에서는 7월 19일부터 8월 17일이 한 해의 11번째 달에 해당되어, 그 달을 '뜨거운 달'이라는 뜻의 '테르미도르Thermidor'라 불렀다. 테르미도르 제9일, 다시 말해 일반 달력으로는 7월 27일에 해당되는 날, 의원들은 거사를 단행하기로 결정했다. 그날, 로베스피에르의 최측근인 앙투안 드 생쥐스트가 국민공회 연단에 오르자 여기저기에서 야유가 터져 나왔고, 몇몇 성난 의원들이 생쥐스트를 연단에서 끌어내렸다. 몸 상태가 좋지 않던 로베스피에르가 사태를 진압하기 위해 발언을 하고자 했지만 이내 목소리가 갈라져 버렸고, 의원들의 거센 야유와 고함 소리에 로베스피에르의 발언은 묻혀 버렸다. 당통의 한 서린 피가 로베스피에르의 목소리를 잠재워 버린 것이 아닐까 하는 의심이 들 정도였다.

그때, 지금까지 별다른 영웅심을 발휘하지 못했던 의원 하나가 일어나 로베스피에르의 체포를 건의했고, 의원들 절대 다수가 거기에 동의했다. 그 광경을 지켜보던 로베스피에르의 얼굴은 시체처럼 창백하게 변했다. 하지만 의원들의 결의는 제대로 실행되지 않았다. 로베스피에르는 잠시 체포되기는 했으나 이내 자유의 몸이 됐고, 여전히 자신의 운명을 스스로 결정할 수 있는 자리에 앉아 있었다. 일이 그렇게 진행된 이유는 지금까지 밝혀지지 않고 있지만, 어쨌든 테르미도르 제9일 저녁에도 로베스피에르는 여전히 측근들과 함께 파리 시청사에 앉아 사태의 추이를 지켜보고 있었다.

이때 파리 각 지구에서 '파리 코뮌Paris Commune', 즉 노동자와 민중으로 구성된 혁명 자치 정부의 구성원들이 시청으로 몰려들었다. 개중 일부는 무기까지 갖추고 있었다. 그런데 사실 파리 코뮌 소속의 행동가들은 본디 로베스피에르의 굳건한 지지자요 든든한 버팀목이었다. 그 당시 파리에서는 이따금씩 성난 민중들 사이에 폭동이 일어나거나 상점을 약탈하는 행위가 벌어졌는데, 로베스피에르는 급진적 혁명가였음에도 불구하고 1793년 암살당한 자신의 친구 장 폴 마라와 마찬가지로 늘 행동하는 소시민들의 편을 들어주었다.

시청사 앞에 군집한 그 소시민들은 자신들의 우상이 어서 불꽃같은 연설을 다시 한 번 토해 주기를, 자신들로 하여금 국민공회로 쳐들어가 반역자들을 처단할 계기를 던져 주기를 기다리고 있었다. 하지만 덥고 습했던 그날, 로베스피에르의 몸 상태는 연설에 나설 만큼 좋지 않았다. 당시 목격자들의 말에 따르면 로베스피에르는 그날 오후 시청사에 들어올 때부터 계속 손수건으로 얼굴을 닦았다고 한다. 단순히 더위를 먹은 것인지, 원래부터 몸이 안 좋았던 것인지는 알 수 없지만 최상의 컨디션이 아니었던 것만큼은 분명했다.

저녁이 될 때까지도 로베스피에르는 창밖으로 모습을 드러내 군중들 앞에서 특유의 사자후를 내뿜지 못했다. 그러자 군중들이 술렁이기 시작했다. 자신들의 영웅인 로베스피에르가 주저하는 모습에 실망을 느낀 탓이기도 했지만, 군중들의 동요에는 그보다 더 큰 이유가 있었다. 국민공회가 로베스피에르와 그 측근들의 범법 행위를 고발하고 공포정치를 끝내려 하고 있다는 소문이 그들 사이에 삽시간에 퍼져 나간 것이었다. 국민공회와 로베스피에르의 실각을 계획한 의원들을 지지한다는 성명도 여기저기에서 터져 나왔다.

그런데 그때, 불안감에 휩싸인 채 뭘 어떻게 해야 할지 몰라 허둥대던 군중을 해산해 버린 사건이 터졌다. 7월 28일, 테르미도르 제10일로 넘어가던 날 자정을 즈음해서 며칠째 이어지던 고온다습하던 날씨가 누그러지는가 싶더니 갑자기 천둥 번개를 동반한 폭우가 쏟아지기 시작한 것이다. 폭우는 단 몇 분 만에 파리의 지저분한 거리들을 급류처럼 휩쓸었고, 몰려들었던 군중들은 갑작스레 쏟아지는 폭우에 비를 피할 곳을 찾기 위해 뿔뿔이 흩어졌다. 혁명을 향한 시민들의 불꽃같은 염원을 폭우가 순식간에 잠재워 버린 것이었다.

그 후 몇 시간 동안 천둥을 동반한 폭우가 바닥에 내리꽂혔다. 새벽 2시쯤 로베스피에르가 시청사 창밖으로 그레브 광장을 내다보았을 때, 광장은 텅 비어 있었다. 자신에게 주어진 마지막 기회마저 사라졌다는 뜻이었다. 이에 로베스피에르는 파리 코뮌에게 보내는 호소문을 작성하기 시작했다. 하지만 그 호소문은 완성되지 못했다. 호소문 마지막의 서명란에는 '로'라는 글자와 로베스피에르의 것으로 추정되는 핏자국만이 남아 있을 뿐이었다. 그를 체포하는 과정에 대한 상세한 설명은 어디에서도 발견되지 않았다.

알려진 것은 폴 바라스 총사령관이 이끄는 국민공회 소속 군대와 헌병들이 로베스피에르가 은둔해 있던 방을 습격했다는 것뿐이다. 폴 바라스는 1795년에서 1799년까지 사실상 프랑스 정부를 좌지우지했던 인물이다. 역사가들 중에는 그날 로베스피에르가 자살을 시도했다고 주장하는 이도 있고, '메다' 혹은 '메르다'라는 이름의 헌병이 가까운 거리에서 로베스피에르를 사살했다는 주장도 있다. 어쨌든 총알이 관통하면서 로베스피에르의 아래턱은 산산조각이 나 버렸고, 한때 최고의 전권을 행사하던 권력자는 나무로 만든 들것에 실린 채 안보위원회 건물 내 어느 공간으로 이송됐다. 다음날, 국민공회에서는 대체로 환호하는 분위기 속에서 반역자 로베스피에르를 혁명 광장에서 단두대에 올리기로 했다는 결정이 내려졌다.

7월 28일 오후, 로베스피에르와 그의 동생 오귀스탱, 그리고 생 쥐스트를 비롯한 로베스피에르의 측근 약 20명은 8천 여 명의 군중이 군집한 가운데 처형장으로 끌려갔다. 이미 모든 것을 체념한 로베스피에르의 머리가 단두대 위에 올랐고, 사형집행인이 목을 내리치자 로베스피에르는 끔찍한 비명을 질렀다. 그게 그의 마지막 '대중 연설'이었다. 그 무엇으로도 매수할 수 없는 권력자의 머리가 바구니 안으로 떨어졌고, 뒤이어 순번을 기다리던 이들의 머리가 차례로 바구니를 채웠다.

그 이후에도 며칠, 몇 주 동안 자코뱅파의 숙청이 이어졌고, 그 뒤부터는 단두대를 이용한 처형의 물결이 잦아들었다. '국민의 칼날을 통해 공화국의 창을 내다본' 마지막 인물은 낭트에서 대학살

혁명 영웅에서 공포정치의 대명사가 된 로베스피에르.
극적으로 체포되던 날, 그는 갑자기 쏟아진 폭우로 인해
지지자들에게 연설할 기회를 잃고 말았다.

을 저지른 장 밥티스트 카리에였다. 그는 1794년 12월 16일에 처형됐다.

혼란의 소용돌이 속에서 운 좋게 단두대의 칼날을 피한 가장 유명한 인물은 아마도 샤를 모리스 드 탈레랑 페리고르일 것이다. 줄여서 탈레랑이라고 불리는 이 인물은 앙시앵 레짐과 프랑스 혁명, 나폴레옹 그리고 1814년 재건된 왕국에 이르기까지 네 개의 체제하에서 고위직을 지냈다. 외교관이자 정치가였던 탈레랑은 날씨만큼이나 예측 불가능한 성격의 소유자였다. 탈레랑을 외무장관 직에 임명한 나폴레옹도 8년 뒤에는 "실크 타이츠를 입은 오물"에 지나지 않는다며 그를 비난하기도 했다. 그런 탈레랑은 테르미도르 제9일에서 제10일로 넘어가던 날 밤 일어난 사건에 대해 짧고 간결한 논평을 남겼다.

"비는 반혁명적이다! La pluie est contre-révolutionnaire!"

나폴레옹을 무릎 꿇게 한
러시아의 혹한

편지를 쓰는 이는 첫 마디를 어떻게 시작해야 좋을지 몰라 고심했다. 결국 편지는 "이곳은 비가 매우 잦소. 이 나라의 천둥 번개를 동반한 폭우는 정말이지 끔찍하구료"라는 말로 시작됐다. 그는 자신이 그곳에 머물러야 하는 시간이 너무 오래 지속되지 않기만을 바랐다. 다행인지 불행인지 이별의 시간은 그리 길지 않았다. 편지는 "신의 가호가 있어 황제를 만날 수 있게 되기를 바랄 뿐이오. 이렇게 떨어져 지내자니 마음이 무겁기 짝이 없소"로 이어졌다. 그가 말한 떨어져 지내야 하는 사람은 다름 아닌 그의 아내였다. 그는 또, 보고 싶은 어린 아들의 안부에 대해서도 물었다. "말을 하기 시작했는지, 걸을 수는 있는지 궁금하오."[1]

편지의 작성자이자 성실한 가장인 그 인물은 바로 8년째 프랑스와 유럽 대륙의 광활한 땅을 지배해 온 권력자 나폴레옹 보나 파르트였다. 편지의 수신인은 1810년 3월 나폴레옹과 혼인을 맺은 오스트리아 황제의 딸 마리 루이제였다. 편지의 작성 일자는 1812년 7월 1일, 발송 장소는 현재 리투아니아의 수도인 빌뉴스였다. 나폴레옹은 거의 20년간 쉴 틈 없이 전쟁을 치렀다. 처음에는 혁명군 소속 병사 자격으로, 나중에는 카리스마 넘치는 군 지휘관 자격으로, 이후에는 제1통령으로서, 그리고 마지막에는 프랑스 황제 신분으로 수많은 전투를 치른 것이다.

그 과정에서 나폴레옹은 동시대 수많은 유럽인들을 공포로 몰아넣었고, 권력에 대한 광기와 집착 그리고 오만함이 어떤 결과를 초래하는지 후세에게 똑똑히 보여 주었다. 몇 가지 예외가 있지만 나폴레옹은 정치가이자 군통수권자로서 승승장구의 길을 걸었다. 그중 1805년의 아우스테를리츠 전투는 지금 기준으로 보더라도 엄청난 규모였지만, 결국 나폴레옹의 몰락과 왕조 구축 실패의 결정적 계기가 됐다. '로마의 왕'이라는 칭호로 불리던 나폴레옹의 아들은 황제의 지위에 오르지 못했을 뿐 아니라 21세에 결핵에 걸려 비참하게 생을 마감했다.

1812년 6월 24일, 나폴레옹은 지금까지 세계 그 어느 나라에서도 볼 수 없었던 대규모 군대를 이끌고 러시아를 침공했다. 웅장하다 못해 광기에 사로잡힌 것처럼 보이는 그 침공은 세계사를 뒤흔든 대사건이었다. 나폴레옹은 유럽 내 마지막 남은 위험한 경쟁자, 즉 차르가 통치하고 있던 러시아를 복속시켜 자신의 세력을 완전히 굳히려 했다. 프로이센과 오스트리아라는 두 강대국을 이미 집어삼킨 나폴레옹은 러시아만 자신의 세력하에 통합하면 바다 건너편의

숙적 영국이 지니고 있던 '유럽 본토 내의 단검'이 영원히 사라질 것이라 생각했다. 그 이후부터는 자신이 어느 나라를 어떻게 건드리든 더 이상 대륙에 우방이 없는, 오직 해군력만 우위를 점하고 있는 영국이 손 놓고 지켜볼 수밖에 없으리라는 계산이었던 것이다. 거기에는 또 교역이 국가의 최대 수입원이었던 영국이 유럽 본토로 진출할 수 있는 무역로를 완전히 틀어막겠다는 계산도 포함되어 있었다.

잘 알다시피 역사란 늘 되풀이되는 것이다. 영토 확장과 제국주의적 논리에 사로잡혀 있던 나폴레옹은 1812년 6월 24일, 상대국의 물자 보급로나 기후를 제대로 검토하지 않은 채 성급하게 러시아로 쳐들어갔다. 그로부터 129년이 지난 뒤, 날짜도 거의 비슷한 시기에 유럽의 또 다른 독재자도 그와 똑같은 실수를 반복한다. 실패가 예고된 것이나 다름없는 러시아 침공을 무모하게 단행한 것이다. 그 독재자는 나폴레옹과는 비교도 안 될 정도로 더 지독했고 세계사에 커다란 악영향을 남겼다. 나폴레옹은 적어도 나폴레옹 법전^{Code Napolen}과 같은 개혁적 유산을 남기기라도 했지만 히틀러는 그조차도 못했다.

나폴레옹이 1812년 대군을 이끌고 감행한 러시아 침공은 유럽사를 뒤흔든 대사건들 중에서도 날씨가 결정적 역할을 했던 가장 중대한 사건에 속한다. 당시 러시아의 혹한은 수십만에 달하는 나폴레옹의 병사들에게 이루 말할 수 없을 정도의 치명적 고통을 안겨 주었다. 수많은 화가들은 당시의 참담했던 모습을 화폭에 담아 세상에 널리 알렸다. 러시아의 맹추위를 묘사한 그림들 속에는 사투를 벌이고 있는 프랑스의 흉갑기병胸甲騎兵들과 전투용 코트로 몸을 휘감은 채 그늘진 표정으로 그 광경을 지켜보고 있는 황제의 모습이 잘 묘사되어 있다.

앞서 말했듯 러시아의 날씨는 전투에 큰 영향을 미쳤다. 그러나 침략군을 힘들 게 만든 것은 비단 러시아의 한파만은 아니었다. 그에 앞서 여름의 기상이변도 대규모 인명 피해를 초래했다. 이렇듯 오락가락 변화무쌍한 날씨는 전쟁을 승리로 이끌기 위해 반드시 전제되어야 하는 여러 가지 요인들에 영향을 주었다.

특히, 도저히 해결되지 않는 물자 보급로 확보 문제는 프랑스군에게 더더욱 큰 피해를 입혔다. 프랑스군은 굶주림에 시달렸고, 엎친 데 덮친 격으로 전염병까지 퍼졌다. 러시아군은 그야말로 목숨을 내놓고 사투를 벌였고, 침략자들에게 식량과 땔감 그리고 이동 수단인 말이나 짐을 끌 가축들의 공급을 중단하기 위해 자국 영토를 짓밟는 행위도 서슴지 않았다. 러시아군은 심지어 모스크바에도 불을 질렀고, 그 모습을 지켜본 나폴레옹과 프랑스 장군들은 아연실색하고 말았다. 나폴레옹은 그제야 자신이 러시아를, 러시아의 굳은 결의를, 그들의 연합군인 듯한 날씨를 과소평가했다는 사실을 인정했다. 늦어도 너무 늦은 시점에 나온 뼈저린 깨달음이었다.

1812년 여름, 나폴레옹이 대군을 이끌고 폴란드 국경(정확하게는 나폴레옹의 '위성 국가'였던 바르샤바 공국의 국경)을 넘을 때만 하더라도 프랑스군의 규모는 유럽 전쟁 역사상 최대였다. 당시 프랑스군의 정확한 규모에 대해서는 논란이 분분한데, 많은 이들이 60만 이상이었을 것으로 추정하고 있다. 그중 프랑스인은 절반뿐이었고,

나머지 절반은 나폴레옹의 '너그러운' 허락으로 군대를 파견할 수 있었던 통치자들이 보낸 용병들이었다. 국가별로 보면 용병들은 독일과 폴란드 출신이 가장 많았다. 나폴레옹은 사실 전쟁이 금세 끝날 것이라 믿었다. 총지휘관인 자신의 뛰어난 전략과 전술을 십분 발휘하여 중대한 결전에서 한 번만 승리하면 승기를 잡을 수 있다고 본 것이다.

다음 단계는 알렉산드르 1세와 만나 평화 협정을 체결하는 것이었다. 이 장 첫머리에 소개한 서신에서 나폴레옹이 만나고 싶어 했던 황제가 바로 러시아의 차르, 알렉산드르 1세였다. 나폴레옹은 섣불리 모스크바를 장악하려 들지는 않았다. 그랬다가는 러시아의 태도가 급변할 수 있었다. 따라서 보급 물자도 비교적 꼼꼼하게 준비했다. 하지만 나폴레옹은 차르가 파견한 특사와 대화를 나눈 뒤부터 이미 러시아에 대해 의심을 품기 시작했다.

당시 나폴레옹은 농담조로 러시아 장교에게 모스크바로 가는 가장 빠른 길이 어디냐고 물었는데(실제로 모스크바를 정복할 마음은 없었다), 되돌아온 것은 결연한 답변이었다. 러시아 장교는 "모스크바로 가는 길은 매우 많은데, 예컨대 스웨덴의 국왕 카를 12세는 폴타바를 지나서 진군했다"고 대답했다. 1709년 카를 12세가 러시아를 침공하려다 표트르 대제의 군대에게 완패했던 역사를 넌지시 암시하는 답변이었다.

나폴레옹은 이미 단치히와 동프로이센에 대규모 보급품 창고를 설치해 두었고, 황소나 말 6천 필이 끌어야 할 정도로 많은 양의 보급품을 비축해 놓았다. 하지만 병사의 수도 그만큼 많았기 때문에 비축해 둔 식량으로 버틸 수 있는 기간은 6주 정도밖에 되지 않았다. 병사들이 타고 이동하는 말 15만 필이 먹을 식량은 정복지의 식량 창고에서 약탈하거나 목초지에서 구해야 했지만 둘 다 충분치 않았고, 그로 인해 프랑스 병사들뿐 아니라 네 발 달린 짐승들까지 고통 속에서 죽음을 맞이해야 했다.

전쟁이 길어지고 고통이 커진 가장 큰 원인은, 서둘러 격전을 치르다가 나폴레옹에게 대승을 안겨 주지는 않겠다는 러시아군의 전술 때문이었다. 차르의 부대는 프랑스군과 맞붙기는커녕 오히려 후퇴만 거듭했다. 하지만 퇴각하는 와중에도 우물에 독을 풀거나 풀밭을 완전히 불태워 버리는 등 프랑스군을 곤경에 빠뜨릴 다양한 작업들을 실행에 옮겼다. 8월 17일과 18일에는 스몰렌스크 인근에서 드디어 대규모 접전이 벌어졌다. 해당 전투는 프랑스의 승리로 끝나기는 했지만, 프랑스 측의 피해 역시 만만치 않았다.

침공 초기 며칠 동안은 나폴레옹이 마리 루이제에게 보낸 편지처럼 천둥 번개를 동반한 폭우가 쏟아졌다. 하지만 7월 첫째 주부터는 다시 무더위가 찾아왔고, 병사들은 뜨거운 햇빛과 싸우며 진군해야 했다. 땅이 얼마나 말라 있었는지, 보병과 말들이 걸음을 옮길 때마다 이는 먼지 때문에 방향을 가늠하기조차 어려울 정도였다. 침공 지점보다 북쪽에 위치한 상트페테르부르크의 당시 기상 기록에 따르면 그해 7월 평균 기온은 예년에 비해 훨씬 더 높았고, 낮 최고 기온은 30도까지 올랐다고 한다. 프랑스군의 행군로는 그보다 훨씬 더 남쪽에 있었으니 당연히 그보다 더 더웠고, 병사들의 고통은 이루 말할 수 없을 정도였을 것이다.

원정길에 오른 지 4주가 채 지나지 않아 프랑스군은 이미 재앙을 맞이했다. 먹을 것도 마실 것도 부족했고, 티푸스를 비롯한 각종 질병들에 시달렸다. 7월 말경에는 8만 명 이상이 전염병에 걸렸고, 그중 대부분이 '내버리고' 가야 할 정도로 증세가 심각했다. 총 175일이 걸린 러시아 침공 과정에서 하루 평균 천 명이 목숨을 잃었고, 수많은 병사들이 탈영을 하거나 러시아군에 체포되어 전쟁 포로가 됐다. 말들 역시 행군 첫째 주에 이미 수천 필이 죽고 말았다. 말들의 시체가 병사들이 행군하는 길 좌우를 장식했고, 프랑스군이 지나가는 길목마다 사체 썩는 냄새가 진동했다고 한다.

더위는 좀체 수그러들 기미를 보이지 않았다. 8월 4일, 상트페테르부르크의 낮 평균 기온은 29도였다. 가장 더운 날의 낮 최고 기온이 무려 40도에 달할 수도 있었다는 뜻이다. 나폴레옹의 부대는 비텝스크를 점령한 뒤 그곳에서 잠시 쉬어 가기로 결정했다. 그곳에서 나폴레옹은 지금까지의 계획을 완전히 뒤엎는 결정을 내렸다. 비텝스크에 머무르며 겨울을 나기로 결정하는 동시에 러시아 정복에 소요되는 총 기간을 3년으로 연장한 것이다. 그리고 그는 차르가 평화 협정 체결을 위해 대사를 파견하기만 기다렸다. 하지만 아무리 기다려도 차르의 전령은 나타나지 않았다.

프랑스군은 다시 진군했고, 드디어 스몰렌스크에서 접전이 벌어졌다. 그때 나폴레옹의 병사는 17만 5천 명을 조금 넘는 규모였다. 스몰렌스크에서 승리한 프랑스는 9월 7일 모스크바 서남쪽의 보로디노에서 다시 한 번 승리를 거뒀다. 하지만 승전을 위해 치른 대가는 만만치 않았다. 얼마 안 되는 병사들 중 3만 명의 병사를 잃었기 때문이다. 그로부터 1주일 뒤, 프랑스군은 쾌거를 이루었다. 9월 14일, 나폴레옹의 부대가 드디어 모스크바에 입성한 것이다. 그것이 러시아 침공의 마지막 쾌거라는 사실을 알 수 없었던 그때, 사기가 충천된 병사들은 "황제, 만세!"를 외치며 환호성을 질렀다.

나폴레옹은 아내 마리 루이제에게 보내는 편지에 "이 도시는 파리와 규모가 비슷한 듯하오. 부족한 것도 없소"[2]라고 썼다. 하지만 그것은 현실이라기보다는 부질없는 기대에 가까웠다. 러시아에 입성한 나폴레옹은 그날따라 일찍 크렘린 궁에서 잠이 들었는데, 바로 그날 밤 모스크바 시내 도처에서 방화가 일어났다. 처음에 어디에서부터 불이 붙었는지는 알 수 없지만 강한 북동풍이 불길을 더 넓게 퍼뜨렸고, 모스크바 시는 삽시간에 거대한 불길에 휩싸이더니 새까맣게 타서 폐허가 돼버렸다. 그 폐허에는 식량도, 승리도, 평화도, 아무것도 없었다.

나폴레옹은 무작정 대기하며 화창하고 청명한 가을날이 오기만 기다렸다. 10월 6일에 다시 아내에게 쓴 편지에는 모스크바의 날씨가 같은 시기 파리의 날씨와 비슷할 정도로 따뜻하다고 쓰기도 했다. 나폴레옹 휘하의 병사들 역시 무더운 여름을 맞이해 가뜩이나 부족했던 겨울 군복을 벗어던지고 여름옷으로 갈아입었다. 그 사이 나폴레옹은 한편으로는 평화 협정을 맺기 위해 차르가 파견한 특사가 잿더미로 변한 모스크바에 당도하기를 기다리면서 다른 한편으로는 기상 전문가들을 불러 모스크바의 전형적인 날씨 변화에 관한 정보를 수집했다. 기상 전문가들은 대체로 걱정할 이유가 없다는 의견이었다.

그중 한 명은 나폴레옹에게 "요청하신 질문과 관련해 모든 정보, 모든 가능성을 검토해 본 결과, 모든 상황이 고무적인 것 같습니다. 러시아의 추위는 12월이나 1월이 되어야 비로소 강해지기 시작합니다"[3]라고 보고했다. 나폴레옹은 그 정도 시간이면 퇴각하기에 충분하다고 생각했다. 아무리 생각해도 퇴각 외에는 방법이 없다고 이미 결정을 내린 터였다. 볼테르의 《카를 12세의 전기》가 나폴레옹의 결정에 영향을 미쳤을지도 모른다. 프랑스가 낳은 위대한 철학자이자 작가인 볼테르는 그 책에서 스웨덴 국왕 카를 12세가 러시아 원정에 나섰을 당시 얼어 죽은 새들이 하늘에서 뚝뚝 떨어졌을 정도로 러시아의 추위가 강력하다고 서술한 바 있다.

10월 13일, 나폴레옹은 드디어 모스크바를 버리고 퇴각하라는 명령을 내린다. 나폴레옹 자신은 10월 19일에 모스크바를 떠났다. 그날부터 내리 나흘을 쉴 새 없이 비가 퍼부었고, 러시아의 널찍한 대로는 진흙탕으로 변해 버렸다. 얼마 남지도 않은 프랑스군의 말과 마차들은 진흙탕에 빠져 오도 가도 못하기 일쑤였다. 10월 29일에는 극도로 사기가 저하된 채 한때 자신들이 승리를 거두었던 보로디노 지역을 통과하면서, 그야말로 참혹한 광경을 목격해야 했다. 늑대와 까마귀들에게 뜯어 먹힌, 수천에 달하는 전사자들의 사체 조각들이 여기저기에 널브러져 있었던 것이다.

11월 4일에는 그해 첫눈이 내렸다. 다음 날에는 주변의 모든 것들이 눈과 얼음으로 뒤덮였다. 진군 행렬은 쌓인 눈 때문에 방향을 가늠할 수 있게 해 줄 이정표들을 찾지 못했다. 당시 참전했던 어느 병사의 기록에 따르면 "군의 기강이 해이해졌고 조직도 완전히 무너져 버렸다. 사병들은 더 이상 사관들의 말을 듣지 않았고, 사관들은 더 이상 장군들의 명령을 따르지 않았다. 굶주림을 참지 못한 군인들이 닥치는 대로 말들을 때려눕히고서는 각 부위의 살점들을 쟁취하기 위해 늑대처럼 다투었다"[4]고 한다.

러시아의 맹추위에 프랑스 병사들의 코와 귀는 그야말로 꽁꽁 얼어붙었다. 나중에는 손가락과 성기까지 얼어붙을 정도였으니, 인간적인 면이나 동지애 따위는 잊어버린 지 오래였다. 이탈리아 출신의 어느 장교는 "동료가 쓰러지면 병사들이 달려들어 입에 피를 조금 흘려 넣어 주기는 했지만, 그게 전부였다. 살아남을 가망이 전혀 없다고 판단되는 순간, 바닥에 눕히고는 죽기 전에 옷가지 등을 탈취하는 일들이 왕왕 벌어졌다"[5]고 했다.

그러다 잠깐 날이 풀렸지만, 포근한 날씨는 프랑스군에게는 오히려 더 큰 난관이었다. 나폴레옹의 부대는 베레지나 강 건너편으로 후퇴를 해야 했다. 하지만 기온이 높아지는 바람에 강물이 녹아 수면에 살얼음만 끼어 있을 뿐이었다. 그런데 그때 프랑스군에게 희소식이 들려 왔다. 공병 부대 단장인 장 밥티스트 에블레 장군이 교각 설치용 자재들을 모두 파괴하라는 나폴레옹의 명령을 따르지 않은 것이었다. 이에 약 300명의 네덜란드 출신 부대원들이 어깨까지 잠기는, 얼음장처럼 차가운 강물에 들어가 그 자재들을 이용해 두 개의 부교浮橋를 건설하는 놀라운 희생정신을 발휘했다.

"그들은 실로 놀라운 용기를 보여 주었다. 몇 명은 숨을 멈춘 채 쓰러졌고, 물살이 그들의 시체를 금세 쓸어가 버렸다"[6]라는 보도도 있었다. 그러나 그 숭고한 장면을 지켜보던 총사령관 나폴레

모스크바에서 퇴각하는 나폴레옹.
러시아 대원정에서 살아남은 병사는 60만 명 가운데 10만 명에 지나지 않았다.

아돌프 노르텐, 〈모스크바에서 퇴각하는 나폴레옹〉, 1851년

옹은 냉혈한적인 면모를 다시 한 번 유감없이 과시했다. 나폴레옹은 속도를 더 내라고 재촉했고, 에블레 장군은 "황제께서도 얼음 때문에 작업 속도가 지연되고 있는 걸 보고 계시지 않습니까? 제 부대원들이 목까지 물에 잠긴 채 노력하고 있지만 제게는 저 병사들의 몸을 데워 줄 식량도 브랜디도 없습니다"[7]라고 대답했다. 무안해진 나폴레옹은 잠자코 땅만 쳐다볼 뿐이었다.

한편, 프랑스의 압박 때문에 어쩔 수 없이 참전하게 된 다른 유럽 국가 출신의 병사들도 그 순간만큼은 황제에게 충성을 다했다. 베레지나 강을 건널 시간을 벌기 위해 프랑스는 스위스 출신 보병들로 구성된 연대 4개를 뒤쪽에 배치했다. 프랑스군을 뒤쫓고 있는 러시아 부대에 대항하면서 최대한 시간을 끌라는 뜻이었다. 그중 살아남은 병사는 300명밖에 되지 않았다. 수많은 병사들이 죽음을 불사하면서 시간을 벌어 준 것이다. 덕분에 대군이라는 말이 무색할 정도로 규모가 줄어든 프랑스군과 다른 국가 출신 병사들은 다가올 혼란과 위기를 피해 목숨을 구할 수 있었다.

나폴레옹의 부대가 베레지나 강을 건넌 것은 11월 27일이었다. 하지만 그 과정에서 프랑스군 약 2만 5천 명이 목숨을 잃었다. 전열을 이탈한 병사들은 러시아군에게 살해됐다. 당시 러시아군이 활용한 적군 살해 방식은 두 가지였다. 하나는 개머리판으로 프랑스 병사의 두개골을 박살내는 잔인한 방식이었고, 나머지 하나는 옷가지를 모두 빼앗아 버리는 것이었다. 후자의 경우 직접적인 살인은 아니지만, 발가벗겨진 적국 병사가 광활한 낯선 땅의 추위를 이기고 살아남을 가능성은 전혀 없었다.

날씨가 바꾼 세계의 역사

천신만고 끝에 목숨을 구한 병사들에게 이번에는 폭설과는 또 다른 시련이 다가왔다. 블리자드라 불리는 얼음 폭풍이 몰아치기 시작한 것이었다. 11월 29일, 나폴레옹은 카멘이라는 마을을 힘겹게 찾아냈고, 그곳에서 쉬어 가기로 결정했다. 당시 나폴레옹의 부하 한 명은 "부실한 창틈 사이로 얼음처럼 차가운 칼바람이 새어 들어왔다. 게다가 유리창 대부분이 이미 부서진 상태였다. 우리는 건초더미로 그 틈을 막으려 애썼다"[8]라고 말했다. 그 이튿날에는 기온이 무려 영하 30도까지 떨어졌다. 추위로 인해 병사들은 판단력마저 상실해 버렸다. 자신들이 지금 정확히 어떤 상황에 처해 있는지 제대로 판단할 능력이 없었던 것이다.

그로부터 몇 년 전, 나폴레옹의 군대는 러시아-프로이센의 동맹군과 아일라우에서 맞붙은 적이 있었다. 당시 온도는 '겨우' 영하 10~14도밖에 되지 않았다. 전투가 끝난 후 나폴레옹의 수석 군의관이었던 도미니크 장 라레는 추위가 국부마취제 역할을 할 수도 있다는 의견을 내놓았다. 또 다른 군의관 루이 라뇨는 동상과 관련해 이렇게 말했다. "피부와 근육이 밀랍처럼 벗겨지다가 결국에는 뼈가 드러난다. 그럼에도 일시적 감각 둔화 현상 때문에 계속 행군을 할 수는 있지만, 본인들이 집으로 돌아가고 있다는 헛된 희망과 착각 속에서 그렇게 전진하는 것이다."[9]

111연대 소속의 어느 장교는 발이 거의 잘려나간 채로 걷고 있는 병사를 보고 너무 놀라 입을 다물지 못했다. "발 부위의 피부가 완전히 벗겨져나갔고, 병사는 마치 떨어져나간 신발 밑창을 질질 끌듯 자기 발을 끌면서 걷고 있었다. 걸음을 옮길 때마다 바닥에 핏

자국이 선명했다."[10]

상황은 더 극단으로 치달았고, 굶주린 병사들은 더 깊은 나락으로 떨어졌다. 식인 행위가 자행된 것이다. 어느 러시아 장교는 "프랑스군 소그룹 하나가 모닥불 주변에서 죽은 동료의 신체 부위 중 살점이 부드러운 부분을 뜯어먹고 있는 것을 목격"[11]했다고 썼다. 물론 개인의 일기장에 기록된 내용을 모두 다 믿을 수는 없지만, 이와 비슷한 내용의 서술이 자주 나타난다는 점에서 어느 정도 신빙성은 있으리라 본다. 다행히 그와 반대되는 상황, 즉 인간미와 전우애가 드러난 대목도 있었다. 제4보병연대 소속 지휘관 드 페즈나크는 "고통을 함께 겪는 상황보다 사람과 사람을 더 긴밀하게 이어 주는 것은 없다. 나는 내가 그들(병사들)을 아끼고 염려하는 것만큼 그들도 나를 똑같이 걱정하고 염려하고 있다는 것을 느낄 수 있었다. 장교든 사병이든 자기 손에 빵이 들어오는 즉시 동료들과 나누어 먹었다"[12]라고 회고했다.

그 사이 벨라루스의 몰로데치노까지 이동한 나폴레옹은 12월 5일, "끔찍한 계절이 프랑스군에게 닥친 그 모든 재앙의 원인임"을 선포했다. 더 이상의 설명은 없었다. 나폴레옹의 메시지는 12월 16일 파리 언론에 보도됐다. 하지만 황제 숭배 사상과 철저한 언론 검열에 대해 잘 알고 있던 프랑스인들은 행간을 읽는 데에 매우 능했다. 프랑스군이 심각한 위기에 빠졌다는 사실을 직감한 것이었다. "황제 폐하의 건강은 최상이다!"[13]라는 보도를 믿는 이도 많지 않았다. 열렬한 황제 추종자만이 그 문장에서 다소 위안을 찾았을 뿐이다.

대실패로 돌아간 나폴레옹의 원정에서 사망한 병사의 수가 정확히 얼마인지는 파악되지 않았다. 학자들은 6월 24일, 황제를 따른 이가 60만 명 이상이었는데 그중 10만 명만이 살아남은 것으로 추정하고 있다. 나폴레옹은 대참사의 진정한 원인을 비밀에 부쳐야 한다는 사실을 잘 알고 있었다. 적어도 자신이 파리에 도착하기 전까진 사건의 진상이 알려져서는 안 됐다. 그랬다가는 쿠데타가 일어날 수도 있었다. 얼마 전까지만 해도 반역은 감히 꿈조차 못 꾸던 이들이 자신이 자리를 비운 틈을 타 국가 전복을 시도할 수도 있었던 것이다. 이후 나폴레옹은 자신이 전적으로 신임하는 콜랭쿠르의 후작에게 "프랑스인들은 여자와 같아서 너무 오랫동안 혼자 놔두면 안 된다"[14]라고 얘기하기도 했다.

한편, 나폴레옹은 자기가 다시 일어나 싸울 수 있게 될 때까지 러시아 침공에 참가했던 연합국들 중 그 누구도 자신에게 반기를 들어서는 안 된다고 생각했다. 하지만 그중 하나가 나폴레옹의 기대를 저버렸다. 1812년 12월 30일, 프로이센의 군단장 요한 다비트 폰 요르크가 러시아 측 장군 한스 카를 폰 디비치와 타우로겐에서 만나 휴전 협정을 체결해 버린 것이었다. 한스 카를 폰 디비치는 본디 프로이센 출신으로 러시아군에 합류한 인물이었다. 이후 군소 국가들을 포함해 유럽 내 여러 국가들이 나폴레옹을 그대로 둬서는 안 된다는 의견하에 똘똘 뭉쳐서 동맹을 맺었다. 모두들 나폴레옹이 프랑스 최고 지위에 앉아 있는 한 더 이상의 평화는 기대할 수 없다고 본 것이었다.

나폴레옹의 발목을 잡은
워털루의 폭우와 진흙탕

동토의 땅 러시아에서 수십만의 명의 병사를 잃는 비극을 맛보아야 했던 프랑스의 최고 통치자 나폴레옹은 워털루에서 다시 한 번 대자연이 빚은 치명적 조화에 무릎을 꿇고 만다. 사실 날씨가 좋았다 하더라도 나폴레옹은 러시아 침공에 실패했을지도 모른다. 혹은, 전쟁을 승리로 이끌었다 하더라도 그 이후 몇 주, 몇 달 사이에 전투력에서 우위에 있는 대규모 연합군에 의해 러시아 땅에서 쫓겨났을 수도 있다. 하지만 어쨌든 날씨가 프랑스군의 패전에 결정적 영향을 미친 것은 부인할 수 없는 사실이다. 워털루 전투에서도 날씨가 관건이었다. 그해 여름, 나폴레옹의 군대는 날씨로 인해 또 한 번 쓰디쓴 패배를 맛보아야 했다.

러시아에서 귀환한 나폴레옹은 그 이후에도 1년 반 동안 계속 전쟁을 치렀다. 1814년 4월, 프로이센과 독일 내 몇몇 군소 국가들과 오스트리아, 러시아, 영국으로 구성된 연합군이 파리에 입성하면서 나폴레옹은 권좌에서 물러나 엘바 섬으로 유배를 가야 했다. 그러나 그 이듬해인 1815년 봄, 승전국들이 오스트리아 수도 빈에 모여 유럽 평화를 위한 새로운 구상을 짜고 있는 틈을 타 나폴레옹은 엘바 섬을 탈출했다. 유배 생활을 시작한 지 1년도 채 되지 않은 시점이었다. 나폴레옹은 특유의 수완을 발휘해 힘 있는 자들을 자기 주변으로 끌어들이고 군대를 재정비했다. 파리 재입성은 그야말로 식은 죽 먹기였다. 파리 시민들은 박수갈채와 환호성으로 돌아온 영웅을 맞이했다. 나폴레옹은 그들에게 조국에 대한 애국심을 호소했고, 수많은 이들이 충성을 다짐했으며, 그 덕분에 금세 다시 대규모 군대를 조직할 수 있었다.

나폴레옹은 연합국들이 자신의 권력 재찬탈을 결코 용인하지 않는다는 것, 나아가 언제든지 프랑스로 쳐들어올 수 있다는 사실을 잘 알고 있었다. 그 위기를 돌파하는 방법은 하나뿐이었다. 기습 선제 침공으로 전쟁을 승리로 이끌고, 런던과 상트페테르부르크, 빈, 베를린의 지도부들을 회유하는 것이었다. 나폴레옹은 전력상 우위에 놓인 연합군이 전열을 가다듬기 전에 미리 손을 쓰기로 결정하고, 지금의 벨기에 지역으로 군대를 이동시켰다. 그곳에는 웰링턴 공작의 지휘하에 영국-네덜란드 연합군 11만 2천 명과 게프하르트 레베레히트 폰 블뤼허 장군 휘하의 프로이센군 13만 명이 주둔하고 있었다. 나폴레옹의 부대는 약 12만 4천 명이었다. 나폴레옹으로서는 무슨 수를 써서라도 두 부대의 합류를 막아야 했다.

1815년 6월 16일, 나폴레옹은 자신의 충복인 니[Ney] 장군에게 브뤼셀 인근의 콰트르브라에서 웰링턴의 부대와 싸울 것을 명령한 뒤, 자신은 리니^{Ligny}로 이동해 프로이센군을 공격했다. 나폴레옹은 프로이센군을 물리친 반면 니 장군은 원하는 결과를 얻지 못했다. 나폴레옹은 엘리트 부대인 친위대에게 해가 지기 전에 진군하라는 명령을 내렸다. 하지만 바로 그때, 브뤼셀 인근에 천둥과 번개가 치기 시작했다. 잔뜩 낀 먹구름 때문에 화약과 포탄도 무용지물이었다. 친위대가 쓸 수 있는 무기라고는 살상 효과가 비교적 낮은 총검밖에 없었다. 지난 몇 년 동안 여름은 늘 시원했고 이렇다 할 기상 이변도 없었다.

하지만 1815년의 여름은 달랐다. 잉글랜드 북부의 뉴캐슬어폰타인 시에 살고 있던 기상관측학자 제임스 로쉬는 자신의 관찰 일지에 이렇게 기록했다. "올해는 우리 조국에게 쾌적하고 유리한 해가 되어 주길 바란다. 6월은 아름다운 달이었다. 각종 곡식들이 자라기에 매우 유리한 날씨였다. 비는 자주 왔지만 여름 기온은 온화했다. 덥지도 춥지도 않았다."[1] 로쉬가 이 일지를 기록하던 날까지만 해도 6월의 날씨가 대체로 좋았던 것이다. 그러나 사태는 돌변했다. 6월 16일에서 17일로 넘어가던 날 밤, 파리 천문대에서는 기압이 5밀리바^{mb}가량 떨어진 것을 확인했다. 저기압이 서유럽을 뒤덮으면서 비를 몰고 왔는데, 흔히 볼 수 있는 비가 아니라 쉴 틈 없이 바닥으로 내리꽂히는 무시무시한 폭우였다.

6월 17일, 나폴레옹은 영국군을 공격했다. 영국 왕립 기마대의 알렉산더 카발리 머서 대위는 자신의 일기에 그날에 대해 이렇게 기록했다. "아침부터 하늘은 깜깜했다. 천둥을 머금은 대규모 먹구름들, 먹물처럼 새까만 구름들이 우리 위를 뒤덮고 있었고, 언제든지 폭발할 것만 같았다. (중략) 우리가 첫 번째 포탄을 쏜 순간, 머리 위의 구름들이 드디어 폭발하는 것 같았다. 갑자기 끔찍한 천둥소리와 함께 눈을 못 뜰 정도로 밝은 광휘를 내뿜는 번개가 내리쳤고, 양동이로 쏟아붓는 것처럼 비가 끊임없이 쏟아졌다."[2]

한편, 프로이센의 패배 소식을 들은 웰링턴 장군은 벨기에 남부 왈론 지방의 한 도시인 워털루 인근으로 부대를 이동시켰다. 나폴레옹은 그날 당장 웰링턴의 부대를 추격하고 싶었지만 그럴 수가 없었다. 오늘날 대부분 역사가들은 그 당시 웰링턴을 구한 것은 다름 아닌 끔찍한 폭우였다고 입을 모은다. 비로 인해 땅이 너무 질척해져서 프랑스군이 제대로 이동할 수 없었던 것이다. 만약 비가 그토록 쏟아지지만 않았다면 나폴레옹은 어떻게든 웰링턴 장군의 부대를 뒤쫓은 뒤 아직 전열을 제대로 가다듬지 못한 적을 쳤을 것이다. 하지만 비 때문에 프랑스군은 제대로 이동조차 할 수 없었다.

웰링턴의 부대는 6월 18일 오후쯤에는 이미 전열을 완전히 정비한 상태였다. 만약 6월 17일에 워털루 전투가 치러졌다면 웰링턴 장군은 프로이센군 없이 홀로 전쟁을 치러야 했을 것이다. 실제로 20세기에 출간된 어느 전쟁사 분석 보고서에도 "끔찍한 폭우가 웰링턴을 구했다. 땅이 질퍽거려서 프랑스군은 넓은 들판 위로 행군할 수 없었고, 브뤼셀로 가는 길도 막혀 있었다. (중략) 그렇지 않았다면 황제는 5~6시경에는 적군을 따라잡았을 것이고, 아직 전열이 정비되지 않은 웰링턴의 부대를 공격했다면 다음 날 아침쯤 적군을 이미 물리쳤을 것"[3]이라 기록되어 있다.

그리하여 결전의 날은 하루 뒤인 1815년 6월 18일로 미뤄졌다. 밤새 폭우가 쏟아진 바로 다음 날이었다. 병사들은 네 편 내 편할 것 없이 모두 고통을 겪어야 했다. '국왕의 요크셔 경보병대'인 51보병연대 소속의 윌리엄 휠러 일병은 집으로 보내는 편지에 이렇게 썼다.

"밤이 되자 우리 모두는 피부 속까지 다 젖었습니다. 악천후가 밤새도록 이어졌고요. 우리가 어떤 일을 겪고 있는지 아마 아무도 상상하지 못할 겁니다. 적군이 가까이 있어서 담요조차 사용할 수 없는데, 바닥은 축축하다 못해 완전히 젖어서 눕기조차 힘듭니다. 외투 깃 사이로 굵은 빗물들이 줄줄 흘러 들어옵니다. 물속으로 다이빙이라도 한 것처럼 온몸이 다 젖었습니다. 하지만 한 가지 위안이 되는 게 있습니다. 적군도 우리와 똑같은 고통을 겪고 있다는 사실입니다."[4]

결전의 날은 나폴레옹에게 유리하게 시작되는 것 같았다. 웰링턴의 부대는 비교적 우거진 수풀을 뒤에 두고 대기 중이었는데, 나폴레옹의 눈에는 그 위치가 퇴각에 매우 불리하게 보였다. 그날 아침 식사 자리에서 나폴레옹은 "이 모든 게 일종의 피크닉에 지나지 않을 것"이라 말해서 그 자리에 있던 장교들을 어리둥절하게 만들기도 했다. 나폴레옹은 본디 모든 부대원들이 한곳에 집결해서 적의 가장 취약한 곳을 집중적으로 공격해야 한다고 주장하는 인물이었다.

하지만 이번에 나폴레옹이 활용한 전술은 조금 달랐다. 앞서 프로이센군의 후퇴 소식을 들은 나폴레옹은 그루시 장군에게 3만 3천 명 이상의 병력을 내어 주며 퇴각 중인 프로이센군을 추격하고 정찰하라고 명령했다. 당시 나폴레옹은 속으로 프로이센군이 동쪽으로 이동할 것이라 믿었다. 하지만 프로이센군의 행군 방향은 동쪽이 아니라 북쪽이었고, 그 말은 곧 웰링턴의 부대와 같은 곳을 향하고 있다는 뜻이었다. 나폴레옹은 그루시 장군에게 자신이 보유한 전체 병사의 4분의 1에 해당되는 병력을 떼어 주었다. 정찰만 하기에는 너무 많은 인원이요, 적군과 맞서 싸우기에는 턱없이 부족한 인원이었다. 결국 그루시의 부대는 달아나는 프로이센군을 제대로 공략하지 못하고 눈앞에서 놓쳐 버렸다.

6월 18일 오전 7~8시쯤 드디어 비가 소강상태에 접어들었다. 나폴레옹은 중대한 결단을 내렸다. 웰링턴 부대를 공격할 타이밍을 3시간 뒤로 미룬 것이다. 이탈리아의 영화감독 디노 데 라우렌티스가 1970년 제작한 영화 〈워털루〉에는 완전히 사실과 일치하지 않을지는 몰라도 그 당시 상황을 짐작케 하는 매우 상징적인 장면이 하나 나온다. 배우 로드 스테이거가 분한 황제 나폴레옹이 무릎까지 진흙탕에 잠겼다가 장군들의 도움으로 겨우 빠져나오는 장면이다. 그만큼 땅이 젖어 있었다는 뜻이다.

나폴레옹은 날이 다시 화창해지는 것을 보면서 땅도 얼른 말라 포탄을 적군 가까이에 설치할 수 있을 것으로 기대했다. 다른 분야의 화력은 어떤지 몰라도, 대포만큼은 프랑스가 영국보다 우위에 있었다. 영국군은 9파운드짜리 대포밖에 없었지만 프랑스는 12파운드짜리 대포를 가지고 있었다. 포병 출신인 나폴레옹은 모든 전

엄청난 폭우가 쏟아진 뒤, 땅은 질퍽했고 포탄은 위력을 발휘하지 못했다.
해가 뜨기를 기다리다가 나폴레옹은 공격 명령을 늦췄고
결국 워털루에서 패하고 말았다.

윌리엄 새들러, 〈워털루 전투〉, 1815년

쟁을 대포를 쏘는 것으로 시작하는 스타일이었다. 포탄이 위력을 발휘하려면 땅바닥이 단단해야만 했다. 그래야 정확한 조준이 가능하고, 적진 한가운데 혹은 적진과 매우 가까운 곳에 포탄을 떨어뜨려서 전열을 흩뜨려 놓을 수 있기 때문이다.

하지만 밤새 폭우가 내린 뒤에는 포탄이 제대로 성능을 발휘하지 못한다. 다시 말해 프랑스군이 쏜 포탄이 웰링턴의 군대 가까이에 떨어질 수는 있지만, 그래봤자 진흙탕에 박힌 채 '꾸르륵' 소리만 내며 불발탄이 되거나 폭발한다고 해도 적군에게 진흙을 튀기는 정도의 위력밖에 발휘하지 못할 공산이 큰 것이다. 나폴레옹이 작전 개시 시간을 미룬 것도 그런 계산 때문이었다.

11시 30분경, 드디어 공격 개시 명령이 떨어졌다. 양측 모두 수많은 사상자들이 속출하는 치열한 사투였다. 하지만 승리는 나폴레옹 편에 조금 더 가까이 다가와 있었다. 나중에 웰링턴 장군은 그렇게까지 패배를 코앞에 둔 적은 처음이었다고 고백하기도 했다. 그런데 오후 4시쯤 프랑스군 우측에 기마병들이 나타났다. 나폴레옹은 망원경으로 기마병들이 입고 있는 군복이 진청색인 것을 확인하고서는 그루시 장군의 부대가 합류하는 것으로 착각했다. 하지만 그들이 입은 군복은 사실 진청색이 아니라 검은색이었고, 그루시의 부대원이 아니라 프로이센군이었다. 전세를 뒤집어 줄 블뤼허 장군이 제때에 워털루에 도착한 것이었다.

결국 나폴레옹은 충성심 깊은 친위대들이 자신을 위해 진흙탕 속에서 사투를 벌이며 죽어가는 동안 홀로 전장을 빠져나갔다. 비록 전쟁에서 목숨은 구했지만, 그의 정치적 생명은 그것으로 끝이 났다.

불타는 백악관 위로
쏟아진 폭우

미국 제4대 대통령 제임스 매디슨은 늘 펜이 검보다 더 강하다고
믿었다. 호사가들은 그런 매디슨을 두고 "책벌레 같다(bookish)"며
놀리기도 했다. 매디슨은 작은 체구에 늘 검은 옷만 입는, 타고난
소심한 성격에 늘 약간 그늘진 표정을 짓고 있는 인물이었다. 하지
만 그는 1787~1788년 필라델피아에서 열린 헌법제정회의에 주요
집필자 자격으로 참가했고, 그때 매디슨이 작성한 문장들은 미국
헌법에 그대로 반영됐다.

  그런데 1812년 6월 18일, 매디슨은 헌법과는 완전히 다른 성격
의 문건에 서명을 했다. 그것은 전쟁 선포문이었다. 인류가 지금까
지 치른 무수한 전쟁들 중 영국과 미국이 1812년 치렀던 전쟁만큼
불필요한 전쟁도 드물 것이다. 게다가 변덕스러운 날씨만 아니었다
면 이제 막 탄생한 신생국의 수도는 완전히 파괴됐을 것이고, 그 무

덥던 여름날의 토네이도와 폭우가 없었다면 지금도 전 세계 최대 강국의 수도는 이름 없는 도시였던 워싱턴 D.C.가 아니라 필라델피아나 세인트루이스였을 것이다.

그런데 선전포고를 할 당시 미 하원에서는 찬성표가 79, 반대표가 49였고, 상원에서는 19:13으로 찬성표가 조금 더 많았다. 그 비율부터가 어쩌면 불길한 징조였는지도 모른다. 미국 역사상 그 어떤 선전포고에도 그토록 많은 반대표가 나온 적은 없었기 때문이다. 하지만 미국은 다시 한 번 무력 충돌도 불사하겠다는 결정을 내렸다. 전쟁 상대는 첫 번째 전쟁인 독립전쟁 때와 마찬가지로 영국이었다.

미국과 영국의 관계는 이미 수년째 위기 상태에 놓여 있었다. 그런데 그 위태로운 상태가 실제 전쟁으로 비화한 데에는 여러 가지 이유가 있었다. 미국은 영국 해군이 자신들의 대유럽 무역을 방해하는 것이 마음에 들지 않았다. 당시 영국은 20년째 프랑스와 대전을 치르고 있었다. 처음에는 프랑스 혁명군과 싸워야 했고, 나중에는 스스로 황제 자리에 오른 나폴레옹에 대항해서 싸워야 했다. 참고로 나폴레옹은 미국이 한때 자신의 모국이었던 영국에 전쟁을 선포한 바로 그날, 대규모 군사를 이끌고 러시아 침공을 단행했다. 어쨌든 수많은 전쟁을 치르는 과정에서 영국 왕립 해군은 '리바이어던Leviathan', 즉 바다 속의 거대한 괴수로 성장했다. 해상을 완전히 장악한 것이다. 600척에 이르는 함선을 보유한 영국 해군은 대양을 주름잡으며 나폴레옹의 세계 제패를 방해했다. 물론 그 과정에서 다양한 경제적 이익을 보기도 했다.

대규모 영국 해군에게 무엇보다 필요했던 것은 바로 인력이었다. 15만 명에 달하는 선원들이 정규 함선이나 소형 구축함을 비롯한 많은 선박 위에서 왕실과 조국을 위해 충성을 바쳤다. 하지만 비인간적인 여건에서 일해야 하는 이들이 많았고, 그들 입장에서는 늘 탈영을 생각할 수밖에 없었다. 영국 왕립 해군을 등지려는 이들이 꿈꾸는 탈영지는 바로 미국의 상선이었다. 같은 언어를 사용하고 보수는 훨씬 더 높았으니 그럴 만도 했다. 실제로 꽤 많은 이들이 미국 편으로 돌아섰다.

그러자 영국 왕립 해군 소속 함선들은 지나가는 미국 배들을 세워서 수색하기 시작했고, 영국인처럼 보이거나 영국 억양으로 말하는 이들은 그길로 당장 끌려갔다. '운이 좋으면' 다시 영국 해군 소속으로 일해야 했고, 운이 나쁘면 바로 교수형에 처해졌다. 미국인들은 영국군의 강제 징용 행위를 보며 분노에 치를 떨었다. 하지만 미국 배나 중립국의 선박들을 포탄으로 위협하며 바다 한가운데에 세워놓고 수색 작업을 벌이던 영국군 장교들의 머릿속에는 오직 한 가지 신념만이 들어 있었다. "한 번 영국인은 영원한 영국인 (Once a Britisher, always a Britisher)"이라는 구호가 바로 그것이었다.

매디슨의 전임자인 제3대 대통령 토머스 제퍼슨은 영국에 대해 금수 조치를 단행했다. 그러자 영국은 1807년 11월, 미국을 포함한 모든 중립국과 프랑스와의 교역을 완전히 금하는 긴급 칙령을 발동했다. 미국도 당시 흉년이 들어 기근에 시달리던 터라 긴장은 더 고조됐고, 영토 확장을 지지하는 정치가들은 영국 식민지인 캐나다에 눈독을 들였다. 매디슨 대통령도 확고한 결단은 내리지 못한 채 어떻게든 갈등을 완화하려고 애를 썼다. 스스로 의견을 내놓기도 하고, 때로는 남들의 의견에 끌려가기도 하는 식이었다.

그리고 드디어 선전포고문에 서명을 했다. 하지만 당시의 통신 기술은 아직 제대로 발달되어 있지 않았고, 그러면서 일이 꼬였다. 1812년 6월 23일, 영국 총리 리버풀 백작이 긴급 칙령을 철회한 것이었다. 《타임》은 이에 "미국과의 적대 관계의 기반이 이제 제거된 만큼 적대 관계 역시 바닥으로 가라앉게 될 것"이라며 매우 희망적인 기사를 보도했다. 이 반가운 소식을 전달하기 위해 파견된 영국의 선박은 대서양을 건너 서쪽으로 향했다. 하지만 그와 동시에 미국의 선전포고문을 실은 배가 대서양 동편으로 전진 중이었다.

미국은 전쟁에서 큰 재미를 보지 못한 나라에 속한다. 캐나다 침략도 실패로 돌아갔다. 영국군 소속 소형 구축함과의 전쟁에서 미 해군이 약간의 성공을 거둔 게 그나마 최고의 성과였다. 그러던 중 정세를 완전히 뒤집어 놓는 사건이 하나 벌어졌다. 미국 입장에서는 달갑지 않은 사건이었다. 1814년 4월, 나폴레옹이 엘바 섬으로 유배됨으로써 그간 프랑스군과의 전투에 묶여 있던 영국의 손발이 풀린 것이었다. 물론 영국은 아직 자신들이 가진 전력 전부를 미국과의 싸움에 쏟아 부을 수 있는 입장이 아니었다. 유배지에서 탈출한 나폴레옹이 다시금 군대를 조직했기 때문이었다. 결국 나폴레옹은 '백일천하'를 맛보다가 워털루 전쟁에서 패배하면서 권력을 잃었지만, 어쨌든 나폴레옹이 잠시 자리를 비운 사이, 영국은 대 미국 전투에 약간의 전력을 더 보강할 수 있었다.

1814년 8월, 영국군은 당시로서는 그야말로 엄청난 규모의 함대를 이끌고 체사피크 만에 당도했다. 선실에는 유럽 전쟁터에서 잔뼈가 굵은 베테랑 지휘관과 주황빛 제복을 입은 정규군, 그리고 왕립 해군 4천 명 이상이 타고 있었다. 미국은 전투 경험 면에서 그들과 상대가 되지 않았다. 체사피크 만에 입항하여 육지를 밟은 영국군의 목적지는 아직 완성되지 않은 미국의 수도 워싱턴이었다. 1814년 8월 24일 점심때를 기해 미국은 워싱턴에서 동쪽으로 몇 킬로미터 떨어진 블래던스버그에 침략자들보다 더 큰 규모의 부대를 배치했다. 하지만 훈련된 직업군인의 숫자는 얼마 되지 않았고, 절반 이상이 전투 실력이 의심스러운 민병대원들이었다.

한낮의 온도는 37도에 달했다. 병사들의 전열 뒤에서 내각 회의가 열렸다. 매디슨 대통령과 제임스 먼로 외무부 장관, 존 암스트롱 국방부 장관, 리처드 러시 법무부 장관이 말에 올라탄 채 현재 상황과 앞으로의 계획에 대해 논의한 것이었는데, 전장에서 이런 식으로 개최된 내각 회의는 아마도 전무후무하지 않을까 싶다. 미군의 전열은 오래 버티지 못하고 흩어졌다. 미국은 훨씬 더 많은 대포를 보유하고 있었고 몇몇 부대가 용감하게 적군과 맞서 싸웠지만, 영국의 노련한 직업군인들의 전진을 막기에는 역부족이었다.

매디슨 내각은 즉시 다른 곳으로 몸을 피했다. 퍼스트레이디인 돌리 매디슨도 그로부터 몇 시간 만에 서둘러 대통령 관저를 떠났다. 1814년 8월 24일, 무덥고 푹푹 찌는 저녁 열기 속에서 영국군 소속 최초의 부대가 워싱턴에 입성했다. 영국의 조지 콕번 제독은 모두들 피난을 가는 바람에 워싱턴이 텅 비어 있다는 사실을 확인했다. 많은 건물들이 한창 건축 중이었다. 국회의사당도 아직 완공

되지 않은 상태였다. 콕번 제독은 의사당으로 들어가 책 한 권만 기념으로 간직하고, 나머지 모든 집기들을 의사당 건물 내의 방 하나에 끌어 모았다. 목재로 된 가구, 땔감용 나무, 커튼 등 불에 잘 타는 것들도 함께였다. 의사당 안에서는 금세 커다란 불길이 일었고, 최초의 의회도서관 역시 불에 타 잿더미로 변했다.

그 사이에 영국군은 펜실베이니아 애비뉴를 따라 남쪽으로 이동했다. 영국 편에 서서 싸운 아일랜드 출신의 로버트 로스 장군은 콕번 제독과 함께 대통령 관저에서 마데이라 와인을 한 잔씩 들이켰다. 콕번은 "제미Jemmy를 위하여!"라며 농담조의 건배사를 읊었다. 제미는 제임스 매디슨의 어린 시절 애칭이다. 포도주를 나눠 마신 두 장군은 대통령 관저도 불태웠다. 그다음 순서는 재무부 건물이었다. 불길이 얼마나 환했는지, 그 자리에 있던 영국 병사는 한밤중인데도 불구하고 옆 병사의 얼굴을 똑똑히 볼 수 있을 정도였다고 회고했다.

그런데 그때, 날씨의 자비로운 손길이 불타는 수도 워싱턴을 보듬기 시작했다. 하늘이 베푼 자비 때문에 부분적으로는 피해가 더 커진 바도 있지만, 대체로 그날의 날씨는 미국에 도움이 됐다. 천둥 번개가 하늘을 뒤덮는가 싶더니 영국군으로서는 난생처음 보는 광경이 펼쳐졌다. 토네이도가 발생한 것이다. 그 광경에 매우 놀란 영국군 소속 병사는 이렇게 기록했다.

"그 바람이 지닌 끔찍한 위력은 아마 상상조차 못할 것이다. 집 지붕이 날아가더니 마치 가벼운 종잇장처럼 바람을 타고 소용돌이쳤다. 게

날씨가 바꾼 세계의 역사

때 마침 찾아온 비구름은 불타고 있는 백악관 위로 물폭탄을 쏟아부었다.

다가 비까지 왔는데, 거대한 폭포수처럼 쏟아지는 폭우였다. 흔히 보는 일상적인 비가 아니었다. 해가 이미 져서 땅거미가 내려앉으려는 것처럼 사방이 깜깜했다. 번개가 칠 때 희미한 빛줄기가 좀 더 강하게 드러날 뿐이었다. 바람과 천둥소리, 건물들이 무너지는 소리, 공중에서 소용돌이치는 지붕에서 나는 소리는 그야말로 공포감을 자아냈다. 난생처음 보는 광경이었고, 앞으로도 다시는 그런 장면을 볼 수 없을 것 같다. 그 상황이 두 시간 동안 쉴 새 없이 계속됐고, 우리가 불태우지 않은 집들마저 우르르 무너져 내렸다. 우리 측 병사 서른 명과 주민들이 건물 잔해에 깔렸다. 우리 부대는 마치 전쟁에서 완패한 것처럼 흩어져 버렸다. (중략) 언덕에 세워 놓았던 대포 두 대가 요동을 치더니 뒤로 몇 미터 밀려나기도 했다."[1]

그로부터 나흘 뒤, 워싱턴으로 돌아온 매디슨 대통령은 의사당과 정부 청사의 모든 의자들이 그을려 새까맣게 변해 버린 모습을 보고 망연자실했고, 불에 탄 자국을 감추기 위해 흰색 페인트로 건물을 도색했다. 그 이후부터 미합중국의 대통령 관저가 '백악관'이라 불리게 됐다는 설이 있지만, 그것은 어디까지나 전해 내려오는 소문일 뿐 역사적으로 검증된 것은 아니다.

한편 영국의 한 신문은 독자들에게 1814년 러시아군이 프랑스의 수도 파리를 파괴하지 않았던 것을 상기시키며 "하지만 우리는 미국의 수도를 지켜주지 않았다"라는 심각한 어조의 기사를 싣기도 했다. 그런 가운데 영국은 미국을 다시 한 번 공격하기로 결정했다. 이번 목적지는 남부의 뉴올리언스였다. 그러나 그 공격은 대실패로 돌아갔다. 1815년 1월 8일, 훗날 대통령에 당선된 유능한 지휘관 앤드루 잭슨이 이끄는 부대가 영국군에게 참패를 안겨준 것이었다. 당시 영국군 사망자가 300명, 미국군 사망자가 70명이었는데, 그야말로 아무 의미 없는 헛된 희생이었다.

1812년, 전쟁을 시작할 당시 그랬던 것처럼 전쟁이 종국으로 치닫고 있는 상황에서도 대서양 이편과 저편 사이의 느린 커뮤니케이션은 저주로 작용했다. 그로부터 약 3주 전인 1814년 12월 24일, 벨기에의 겐트에서 미국과 영국 사이에 전쟁을 중단한다는 휴전 협정이 체결됐는데, 그 사실을 모른 채 양국의 수많은 병사들이 쓸데없는 희생을 치른 것이었다.

하지만 결국 전쟁도 1815년에 끝이 났고, 대서양을 사이에 두고 같은 언어를 구사하는 두 강대국은 돈독한 교류를 시작했다. 이후 영국과 미국은 동맹을 맺었고, 같은 편에 서서 두 차례의 세계 대전을 함께 치렀으며, 냉전 시대도 함께 겪으며 군건한 동맹국으로 남아 있다.

날씨가 바꾼 세계의 역사

여름이 없는 해

해가 지기 직전, 저 멀리서 굉음이 들려왔다. 영국의 식민지 통치관 토머스 스탬포드 래플스는 그 소리를 포탄 소리로 착각했다. 4년 전, 영국 왕립 해군과 육군은 네덜란드령이던 열대 지방의 자바 섬을 영국령으로 둔갑시켰다. 자바 섬의 부총독이었던 래플스 경은 그때 들린 포화 소리가 지금 다시 들려오고 있다고 믿었던 것이다. 오늘날 인도네시아 영토 중 큰 부분을 차지하고 있는 자바 섬의 관리자였던 래플스는 진정한 평화란 존재하지 않고, 전쟁은 언제든지 터질 수 있다고 믿었다. 즉, 래플스의 입장에서는 1815년 4월 5일에 들려온 그 소리를 전쟁의 신호탄으로 충분히 착각할 수 있었던 것이다.

참고로 그날은 엘바 섬으로 유배된 나폴레옹이 다시 돌아와 그 유명한 '백일천하' 통치를 개시한 날이기도 했다. 100일 동안 나폴레옹은 세계 전쟁사에 길이 남을 워털루 전투를 치렀고, 유럽 대륙을 굴리고 있던 운명의 수레바퀴의 방향을 바꾸어 놓았다. 동남아에 파견되어 있던 래플스 경과 유럽인들은 몇 주 후에야 나폴레옹의 복귀 소식을 접할 수 있었다.

1815년 4월 5일 관저에서 쉬고 있던 래플스를 깜짝 놀라게 만든 그 굉음은 포화 소리가 아니었다. 800킬로미터나 떨어진 곳에서 들려온 소리의 정체는 바로 화산이 폭발하는 소리였다. 그날 저녁, 영국령 자바 섬에 속하는 숨바와Sumbawa 섬에 위치한 탐보라 화산은 처음으로 폭발을 일으켰다. 그날의 폭발은 계속 이어질, 유례없는 대폭발을 예고하는 전령이었다. 1816년에 기사 작위를 수여받은 래플스 경은 그 당시의 기억을 자신의 회고록에 담았다. 참고로 래플스는 이후 싱가포르로 건너가 영국의 식민 통치에 본격적으로 참여하게 되었고, 그 후 다시 고국인 영국으로 돌아가 지금도 수많은 런던 시민들과 관광객들의 발길을 이끌고 있는 런던 동물원 설립에 큰 공을 세웠다.

최초의 폭발로부터 닷새 후, 그러니까 1815년 4월 10일 저녁 7시경 탐보라 화산은 다시 한 번 폭발을 일으켰다. 이번 폭발의 규모는 처음과는 비교가 되지 않을 정도로 거대했다(현재 탐보라 화산의 높이는 폭발 이전의 절반밖에 되지 않는다). 마그마와 각종 암석, 가스가 3시간 가까이 분출됐고, 그 양도 인간의 머리로 상상하기 힘들 정도로 엄청났다. 영국군 장교 오웬 필립스는 당시의 기억을 이렇게 기록했다.

"탐보라 화산에서 뻗어 나온 3개의 불기둥이 매우 높이 솟아오르더니 공중에서 매우 불길하고도 혼란스럽게 하나로 합쳐졌다. 9시부터 10시 사이에는 화산재가 비처럼 쏟아졌고, 강한 회오리바람이 불더니 산기르Sang'ir 마을의 집들을 모조리 휩쓸어 버렸으며, 뿌리가 뽑힌 거목들이 바람에 실려 공중에서 빙글빙글 돌았다. 회오리바람은 사람과 말, 소 등 닥치는 대로 모든 것을 집어삼켰다. 회오리바람은 약 1시간 정도 지속됐는데, 그 사이에는 화산이 폭발하는 소리가 들리지 않았다. 하지만 그날 밤 자정부터 11일 저녁까지 다시금 화산이 쉴 새 없이 폭발했다. 비록 강도는 약해졌지만 폭발은 끊이지 않았다. 7월 15일까지도 폭발은 완전히 끝나지 않았다."[1]

20세기 들어 각종 분석 기술과 도구가 발달되면서 탐보라 화산 폭발의 위력이 얼마나 엄청났는지가 입증됐다. 그린란드나 남극에서 채취한 얼음 기둥을 분석하는 방법도 동원됐다. 빙핵 분석법을 활용하면 어느 시대에 어떤 가스 성분이 대기에 포함되어 있었는지를 알 수 있고, 거기에 나이테 분석법을 추가하여 시대별 연평균 온도도 추정할 수 있다. 얼음 기둥이나 나이테 같은 대용 자료들은 특정 시대의 기후나 기후변화를 예측할 수 있는 간접 증거로 작용한다. 거기에 다시 역사적 기록물들을 조합하면 정확도가 꽤 높은 그림 하나를 완성할 수 있는 것이다. 그렇게 제작된 탐보라의 '초상화'에서는 탐보라 화산 폭발이 11~20세기 사이에 일어난 인류 최대의 기후 재앙이었다는 사실을 알 수 있다.

탐보라 화산의 폭발 규모는 그야말로 '폭발적'이었다. 가스와 화산재가 고도 43킬로미터까지, 다시 말해 성층권까지 치솟았다. 당시 분출된 물질들의 전체 합이 100입방킬로미터에 달할 정도였으니, 그 규모가 어느 정도였는지 가히 짐작이 간다. 케임브리지 대학교의 화산학자 클라이브 오펜하이머는 지난 2천 년 동안의 화산 폭발에서 분출물의 도달 고도가 탐보라보다 높았던 화산 폭발은 단한 건밖에 없었다고 말한다. 뉴질랜드의 타우포Taupo 화산 폭발이 그것인데, 당시 분출물이 무려 51킬로미터 고도까지 치솟았다. 타우포 화산 폭발은 181년, 로마제국이 황금기를 맞고 있던 바로 그 시기에 일어났다.

당시 로마제국의 어느 현명한 학자 한 명이 후세의 화산학자들에게 중대한 자료를 남겼다. 소小 플리니우스Gaius Plinius Secundus가 바로 그 주인공이다. 소 플리니우스는 79년에 일어난 베수비오 화산 폭발과 폼페이의 멸망 과정을 직접 관찰하고 기록으로 남겼다. 오늘날 화산학자들은 소 플리니우스의 공로를 기리는 의미에서 강력한 화산 폭발을 '플리니언 폭발plinian eruption'이라 부르고, 그보다 강도가 더 높은 파국적인 폭발은 '울트라 플리니언 폭발ultra plinian eruption'이라 부른다. 1815년 탐보라 화산의 폭발 강도가 얼마나 엄청났는지는 8단계로 구분되는 화산폭발지수VEI, Volcanic Explosivity Index를 보면 알 수 있다. 베수비오 화산 폭발의 강도는 5였고, 1883년 크라카타우 화산 폭발의 강도는 6이었다. 탐보라의 강도는 7이었는데, 인류 역사상 강도 7의 화산 폭발은 탐보라를 포함해 총 5건밖에 존재하지 않는다. 최고 강도인 8에 도달한 폭발도 2건이 있었다. 하지만 이 2건은 모두 역사 이전의 선사 시대에 일어난 것들이다.

탐보라 화산 폭발로 인해 인근 지역은 며칠 동안 어둠에 잠겼고, 많은 시설들이 파괴됐다. 4월 10일 자정에는 폭발로 인해 발생한 쓰나미가 자바 섬 동쪽 해안을 강타했고, 쓰나미로 인한 직접적인 사망자 수만 해도 7만 1천 명에서 10만 명으로 추정된다. 이후 몇 달 동안 기근과 역병이 이어지면서 희생자 수는 불어났다. 한편, 당시 사람들은 아시아에서 일어난 기상이변이 19세기에 발생한 대표적 역병의 원인이라는 사실을 알지 못했다. 파키스탄, 인도, 방글라데시, 미얀마, 스리랑카 등이 속한 인도 아대륙Indian subcontinent에서는 계절풍이 중단되는 등 다양한 기상이변이 일어나면서 그때까지 현지에서 자주 발생하던 벵골 콜레라의 변종 역병이 대두됐다. 1817년부터는 이 변종 콜레라가 전 세계로 널리 퍼졌다.

유명 인사들도 그 병으로 목숨을 잃었다. 프로이센의 군사 전문가 카를 폰 클라우제비츠도 그중 한 명이었고, 위대한 철학자 헤겔도 콜레라로 인해 사망한 것으로 알려져 있다. 물론 화산 폭발이 일어난 1815년 당시에는 이런 커다란 여파가 발생하리라고는 누구도 예상하지 못했다. 하지만 탐보라 화산의 폭발은 유럽이나 북미 대륙처럼 지리적으로 상당히 떨어진 지역에까지 간접적인 영향을 미쳤다. 문명이 구축된 이래 한 번도 겪어 보지 못한 극단적이고 급작스러운 기상이변이 일어난 것이었다.

탐보라가 속해 있는 동남아시아가 화산 폭발과 쓰나미, 화산재로 인해 직접적인 피해를 입은 반면 지리적으로 멀리 떨어져 있는 세계의 각 대륙, 각 나라들은 성층권까지 뚫고 들어간 분출물들로 인한 간접적 피해를 겪었다. 위로 치솟은 유황 가스는 성층권의 습기와 결합하면서 200테라그램(=메가톤)에 달하는 황산 에어로졸을 생성했다. 그린란드에서 채취한 빙핵을 분석한 결과, 지난 2천 년 동안 발생한 화산 폭발들 중 황산염 농도가 더 높게 나타난 폭발은 1258년에 일어난 화산 폭발 단 1건밖에 없었다고 한다.

하지만 당시 대폭발을 일으킨 화산이 어느 대륙, 어느 산이었는지는 아직도 밝혀지지 않았다. 사람이 살지 않는 지역이었을 가능성이 매우 높다고 추정할 뿐이다. 어쩌면 폭발로 인해 모두가 몰살되는 바람에 기록이 전혀 남아 있지 않을 수도 있다. 어쨌든 탐보라 화산은 적도 가까이에 위치해 있어 분출로 인해 형성된 에어로졸층이 전 세계로 퍼져 나갔다. 에어로졸이 태양빛을 다 흡수해 일조량이 급격히 줄어들기도 했다. 1815년의 탐보라 화산 폭발은 그 이듬해인 1816년, 근세 들어 처음 보는 현상을 초래했다. '여름이 없는 해'[2]가 바로 그 현상이었다.

모든 기상이변이 그렇듯 이번에도 전 지역이 고르게, 전 지역이 동시에 이상기후를 맞이한 것은 아니었다. 유럽 안에서만 보더라도 동구권 국가들에서는 대체로 정상적인 날씨가 유지됐다. 하지만 서구 사회 대부분 국가들은 자연이 분노하면 어떤 일들이 일어나는지를 생생히 체험해야 했다. 당시 작성된 회고록이나 주고받은 서신들, 신문 기사들을 보면 기상이변의 정도가 얼마나 심각했는지를 알 수 있다. 이를테면 미국의 전직 대통령이자 아마추어 기상학자인 토머스 제퍼슨은 1816년 1월 몬티첼로의 사저에서 "추위 때문에 온몸이 덜덜 떨리고 오그라든다"라고 기록했다.

당시 북미인들은 맹추위를 동반한 겨울이 어서 지나가고 따뜻

날씨가 바꾼 세계의 역사

한 여름이 오기만을 고대했다. 하지만 여름은커녕 다시 한 번 겨울이 닥쳤다. 그해 6월 18일자 퀘벡의 《가제트》는 "집과 거리, 시내 광장들이 완전히 눈으로 뒤덮였고, 주변 지역들 역시 똑같은 상황이다. 12월을 방불케 하는 풍경이다"[3]라는 기사를 내보냈다. 동북부 뉴잉글랜드 지역에 속하는 연방주들에는 폭설이 쏟아졌고, 버몬트 주의 댄빌에서 발행되는 신문 《노스스타》는 "이 나라 국민들 중 아무도 이런 날씨를 경험해 보지 못했을 것이다. 이런 날씨가 이만큼 오래 지속되는 현상은 더더욱 경험해 보지 못했을 것이다"[4]라는 기사를 썼다.

하지만 그 당시 학자들은 한 해 전에 일어난 탐보라 화산 폭발과 자신들이 지금 겪고 있는 기상이변 사이의 연관성을 찾지 못했다. 태양의 흑점 활동이 줄어든 것이 갑작스런 기상이변의 원인일 것이라고만 추정했다. 학자들은 자신들에게 지식과 정보가 너무 부족하다는 것을 깨달았고, 미국의 일간지 《알바니 데일리 애드버타이저》에 시민들의 참여를 촉구하는 지면 광고를 실었다. 그 내용은 다음과 같았다. "기후와 계절을 둘러싼 유용한 정보가 많이 필요합니다. 거기에 적합한 도구를 가지고 계신 신사분들께서는 매일 몇 분 정도를 할애해서 날씨와 대기 온도를 측정하여 기록해 주시기 바랍니다."[5]

한편, 폭설보다 더 심하게 유럽인들을 괴롭힌 것은 절대 사라지지 않을 것 같은 먹장구름이었다. 먹구름은 스칸디나비아 반도로부터 독일과 스위스를 지나 스페인의 하늘까지 깜깜하게 뒤덮었다. 영국 신문 《노포크크로니클》은 "이 계절과 어울리지 않는 높은 습도로 인해 대륙 내 각처에서 우울한 소식들이 들려오고 있다. 홍수로 인해 각종 시설들이 휩쓸려 내려갔고, 포도밭과 곡식을 키우는 논밭도 추정이 불가능할 만큼 큰 피해를 입었다"[6]라고 보도했다. 네덜란드에서도 홍수가 줄을 이었고, 독일 바이에른 주 서북부의 운터프랑켄 지역의 어느 주민은 "쉴 새 없이 비가 내린다. 지금까지 단 한 번도 보지 못했던, 노아의 홍수를 방불케 하는 폭우인데, 폭우 뒤에는 우박까지 쏟아진다"[7]라고 기록했다.

독일어권 국가들 내 모든 지역에서 흉년이 일어났다. 시선을 어디로 향하든 똑같은 풍경이 펼쳐졌다. 그해 늦여름의 어느 날, 프로이센을 통과 중이던 귀족 출신의 어느 여행객은 "드넓은 독일 땅은 왜 이리도 춥고 음울한가!"라며 한탄하기도 했다. 이후 드레스덴에 도착한 그는 "정말이지 끔찍하게 춥다. 비는 끊임없이 쏟아지고 어딜 가도 축축하다"[8]라고 썼다.

1816년 여름, 중서부 유럽의 낮 평균 기온은 1810~1819년 기온에 비해 1~2도가량 낮았는데, 1810~1819년은 근대에 접어든 이후 가장 추운 10년이었다. 1951~1970년과 비교해도 1816년 여름의 기온이 3도나 낮았다. '3도 정도야'라고 생각할 수 있겠지만, 기상학 분야에서는 엄청나게 큰 차이다. 1816년, 북반구는 1400년 이후 두 번째로 추웠다. 1400년 이래 1816년보다 더 추웠던 해는 1601년 단 한 해뿐이었다.

1816년의 평균 기온은 1801~1830년의 평균 기온과도 큰 차이를 보였다. 당시 유럽 북부의 에든버러와 상트페테르부르크에서 남부의 밀라노와 팔레르모에 이르기까지 15개의 관측소에서 기온을 측정했는데, 그 결과 대부분 지역에서 1816년의 평균 온도가 더 낮게 나왔다. 1816년 파리의 여름은 1771~1990년 사이에 가장 추운 여름이었고, 독일 카를스루에의 여름 역시 1801~1930년 사이에 가장 추운 여름으로 기록됐다. 반면, 스칸디나비아 반도에서는 여름 기온이 평년과 큰 차이를 보이지 않았다.

여름이 없는 해, 1816년은 유럽 정세가 특히나 더 불안정한 시기였기에 더더욱 많은 이들이 큰 고통을 겪어야 했다. 당시 유럽은 거의 25년 동안 쉼 없이 전쟁을 치르고 있었고, 사회적으로도 큰 변혁이 일고 있었다. 나폴레옹 전쟁으로 폐허가 된 땅들이 그대로 방치되어 있었고, 특히 프랑스를 중심으로 젊은 퇴역 군인들이 빵과 일자리를 찾아 헤매고 있었다. 그러나 빵은 턱없이 부족했다.

역사가들의 주장에 따르면 1816~1817년이야말로 유럽 대륙에서 최후의 장기간 기근이 일어난 해였다고 한다. 하지만 예외도 있었다. 그로부터 30년 뒤 아일랜드는 끔찍한 대기근을 겪게 되고, 100만 명에 가까운 희생자가 발생했다. 먹을 것을 찾아 이민을 떠나는 이들도 많았는데, 목적지는 대개 미국이었다. 영국의 이스트 앵글리아 지방의 작은 도시 일리Ely에서는 시위대가 "빵이 아니면 죽음을(Bread or Blood)"이라는 구호가 적힌 팻말을 들고 거리로 나섰고, 당국은 책임자를 체포한 뒤 용병들과 몸싸움을 벌였다.

프랑스에서는 나폴레옹의 최종 실각 이후 왕위에 오른 부르봉 왕가 출신의 루이 18세가 파리 시내의 빵값 인상을 막기 위해 쓸 수 있는 정책이란 정책은 모두 다 동원했다. 몇 년째 흉년이 이어지자 프랑스 정부는 1789년의 혁명을 떠올렸고, 그때의 경험을 거울

삼아 위기를 막기 위해 온 힘을 기울였던 것이다. 하지만 그 덕분에 파리 시내의 물가는 잡았을지 몰라도 지방의 물가는 중앙 정부의 세력권 밖에 있었고, 결국 시위의 중심을 파리에서 지방으로 옮기는 정도의 효과만 낳았을 뿐이었다.

하지만 그런 가운데에도 한 가지 희망은 있었다. 사회적 약자를 돕고 그들과의 연대의식을 발휘하는 움직임들이 관찰되기 시작한 것이었다. 뒤셀도르프나 엘버펠트, 프랑크푸르트 등 몇몇 독일 도시에서는 부유한 시민 계층들 사이에서 일종의 '식량 연합' 같은 단체들이 결성됐다. 외국으로부터 식량을 수입해 가난한 이들에게 빵을 제공하는 단체들이었다. 기존의 자선 단체 및 복지 단체들도 거기에 합류했다.

여름이 없는 해 1816년은 당연히 인류에게 혜택보다는 고통을 더 많이 안겨 주었다. 하지만 장점이 전혀 없었던 것은 아니었다. 대기 상층부의 에어로졸 덕분에 비나 눈이 내리지 않는 날이면 형형색색의 일몰 광경이 펼쳐졌던 것이다. 영국 출신의 윌리엄 터너는 그 화려한 장관과 땅이 품은 생동감 넘치는 색감, 금방이라도 무너질 것 같은 세상 속에서 저녁이 품은 특별한 분위기를 화폭에 담은 대표적인 화가다. 런던 테이트 모던에 소장 중인 풍부한 색감의 〈치체스터 운하Chichester Canal〉를 감상하고 있노라면 당시 사람들이 비록 기상이변 때문에 고통 받기는 했지만 그 와중에도 대자연이 빚어내는 아름다운 풍경을 조금은 즐기지 않았을까 하는 생각이 든다.

그런가 하면 유럽 내에서도 특히 더 추운 여름을 보내야 했던 카를스루에에서는 카를 폰 드라이스 남작이 획기적인 제품을 고안해 냈다. 사료 부족으로 인해 수많은 말들이 굶어 죽으면서 마차를 끌 말이 부족해지자 그는 시대의 필요에 부응해 새로운 이동 수단을 개발했다. 남작은 이듬해 자신의 이름을 딴 '드라이지네Draisine', 오늘날 우리가 즐겨 타는 자전거의 전신에 대해 특허 출원을 신청했다. 한편, 그 당시 오늘날과는 전혀 다른 형편에 놓여 있던 한 나라는 특히 더 큰 피해를 입었다. 그 피해자는 스위스였다. 수개월 동안 지속되는 장마와 홍수, 흉작과 드넓은 지역으로 확산된 기근 등으로 인해 스위스에는 집을 잃고 거리를 헤매는 이들의 수가 급속도로 늘어났다. 그런데 그것을 계기로 '여름이 없는 해'를 기념하는 문학 작품 하나가 탄생했다.

1816년 영국 작가, 메리 울스턴크래프트 고드윈은 자신의 애인인 시인 퍼시 셸리와 두 사람 사이에서 낳은 아들 윌리엄, 자신의 이복여동생 클레어와 함께 유럽 본토를 여행했다. 하지만 프랑스령 알프스 지역을 지나면서부터 이미 여행의 재미는 반감되고 말았다. "그야말로 극심한 추위다. 계곡에 갇혀 있는 우리를 향해 비를 뿌리던 바로 그 먹구름이 산을 오를 때쯤에는 강한 함박눈을 퍼부었다."9

메리 일행은 제네바 호수 주변의 "황량한" 광경에 놀라 외딴 곳에 위치한 메종 샤퓌Maison Chapuis라는 이름의 별장 하나를 빌렸다. 그해 6월 메리는 "쉴 틈 없이 쏟아지는 비 때문에 우리는 불행히도 집 안에 갇혀 있어야 했다. 머리 위로 쏟아지던 뇌우는 지금까지 내가 보아 온 그 어떤 것보다 더 거대하고 끔찍했다"10라고 기록했다.

극심한 추위가 몰아친 1816년, 스위스 알프스에 머무르면서
작가 메리 셸리(위)는 불후의 캐릭터 프랑켄슈타인을 상상해냈다.

제임스 웨일, 〈프랑켄슈타인〉, 1931년

이후 또 다른 영국 출신의 위대한 시인인 바이런 경이 그들의 대열에 합류했고, 그러면서 메종 샤퓌에서 그들이 보낸 시간들은 긴장과 창의력으로 채워졌다.

메리는 그 시간들에 대해 "한 계절이 지나가는 내내 추운 날씨와 비가 이어졌고, 그래서 우리는 저녁이면 치직 소리를 내며 타는 난로 앞에 모여 앉아 독일 유령 이야기들을 나누며 즐거운 시간을 보냈다"[11]라고 기록했다. 메리는 유럽 본토를 여행하는 동안 이미 집을 잃은 사람, 고향을 잃은 사람, 기근에 시달리는 사람, 그리고 그 모든 이유로 인해 도처를 떠돌면서 많은 이들의 혐오 대상이 된 사람들의 표정을 관찰했고, 메종 샤퓌에 머무르는 동안 그 만남의 기억들을 모아 캐릭터 하나를 빚어냈다.

추운 계절의 무자비함보다는 인간의 야만성으로 인해 더 큰 고통을 겪는 캐릭터, 메리 자신이 느끼고 겪었던 모든 감정들을 한 몸에 담고 있는 그런 캐릭터였다. 그 캐릭터를 주인공으로 하는 소설에 메리는 '프랑켄슈타인'이라는 제목을 붙였다. 창조 과정을 직접 주관하겠다는, 대담하다 못해 오만한 인간의 만행을 고발한 이 소설은 수많은 언어로 번역되어 지금도 지구라는 행성 곳곳에서 널리 읽히고 있다.

히틀러의 목숨을 살린
그날의 안개

1930년대는 민간 항공 분야가 유사 이래 최초로 맞이한 황금기였다. 미국의 포드 트라이모터나 유럽의 융커스 Ju-52 등 이제 막 개발된 소형 수송기들은 20~30명의 부유한 승객들을 실어 나르며 오늘날 대형 항공기에 탑승한 퍼스트클래스 고객들에게나 제공될 법한 최고급 서비스를 제공했다. 비행기라는 이동 수단은 이제 거의 누구나 이따금씩 탈 수 있을 만큼 대중화됐지만 당시에는 그렇지 않았다.

1939년 운항을 개시한 팬암의 양키 클리퍼Yankee Clipper 항로는 그야말로 구름 위의 '럭셔리 라이프'를 대표하는 것이었다. 널찍한 실내에 바까지 갖춘 양키 클리퍼는 우아하게 북대서양을 가로질렀다. 게다가 양키 클리퍼의 최초 운항이 찰스 린드버그가 '세인트루이스의 정신Spirit of St. Louis'이라는 이름의 비행기를 타고 뉴욕 롱아일랜드에서 파리까지 무착륙으로 대서양을 최초로 횡단한 지 12년 밖에 되지 않아 이루어졌다는 점에서 더더욱 의미하는 바가 컸다.

하지만 제아무리 돈과 권력이 있다 하더라도 언제든지 비행기를 탈 수는 없었다. 당시만 하더라도 제대로 된 항공 안전 규정이 마련되어 있지 않았고, 레이더 시스템은 이제 겨우 군사 차원에서 비밀리에 개발 중인 단계였다. 즉, 이륙 결정과 안전 운항이 전적으로 날씨에 좌우됐다 해도 과언이 아니었던 것이다. 조종사의 시야나 판단이 아니라 계기로 모든 것을 조정하는 이른바 '맹목 비행 blind flight' 역시 이제 막 개발 단계에 놓여 있었기 때문에 천둥번개가 치거나 강한 바람이 불 때면 비행을 포기하는 편이 안전했다.

특히 안개가 짙게 끼어 있을 때에는 '운항 절대 불가'가 원칙이었다. 노련하고 책임감 있는 조종사라면 시야가 확보되지 않은 상태에서 절대 비행기를 띄우지 않았다. 사실 당시에는 항공기의 운항 횟수가 그다지 많지 않아서 이착륙 허가를 받기가 쉬운 편이었지만, 짙게 낀 안개 앞에서는 무작정 기다리는 것 외에는 달리 방도가 없었다. 1939년 9월의 어느 저녁에도 이제 막 문을 연 뮌헨의 림 공항 주변에 안개가 잔뜩 끼면서 비행기들의 발이 완전히 묶여버렸다. 착륙도 이륙도 불가능할 만큼 짙은 안개였다. 그리고 그날의 짙은 안개는 다가올 5년 동안 수백만 명의 삶과 죽음을 결정지었다.

비행기로 단시간에 장거리를 이동하는 분야의 얼리어답터들은 앞서 말했듯 주로 부유층이나 권력층이었다. 그중에는 우리가 잘 아는 정치가 한 명도 포함되어 있었다. 바로《나의 투쟁Mein Kampf》이 수백만 부 팔리면서 인세 수입으로 큰돈을 거머쥔 아돌프 히틀러다. 1932년 선거 당시 히틀러는 비행기를 애용했다. 어떤 날은 서로 멀리 떨어진 세 개의 도시를 오가는 빡빡한 일정을 소화하기도 했는데, 거기에는 나치당이 얼마나 현대적이고 얼마나 역동적인지를 선전하려는 의도도 담겨 있었다. 실제로 나치당의 선전 기관들은 "독일 전역을 누비는 히틀러(Hitler über Deutschland)"라는 구호를 내세우며 나치당을 극렬히 홍보하기도 했다. 1933년 1월 30일, 제국 총리 자리에 오른 뒤부터 히틀러는 융커스 Ju-52를 특히 더 애용했다. 나치 정권을 홍보해야 할 필요가 있을 때마다 융커스 Ju-52를 타고 화려하게 나타나 대중들 앞에서 인상 깊은 연설을 한 것이었다. 집권 이후 처음으로 뮌헨에 모습을 드러냈을 때에도 융커스 Ju-52는 히틀러와 함께했다.

당시 히틀러는 실패로 돌아간 1923년의 뮌헨 봉기를 기념하기 위해 함께 투쟁한 옛 동지들 앞에 다시 섰다. 십여 년 전 봉기를 개시했던 바로 그날인 11월 8일 저녁, 히틀러는 반정부 폭동이 시작된 장소인 뮌헨의 맥주홀에서 동지들과 거사를 단행했다. 하지만 바로 다음 날인 11월 9일, 경찰의 빗발치는 총성 속에서 반란은 실패로 돌아가고 말았다. 그로부터 15년 뒤인 1938년 11월 8일, 히틀러는 그들 앞에 다시 서서 강렬한 메시지를 전달했다. 그날의 연설은 그야말로 대성공이었다. 게다가 시기상 분위기가 한껏 고조되기도 했다.

그로부터 불과 몇 주 전, 서구 강대국들은 뮌헨에 모여 조약을 체결했다. 조약의 내용은 회유 정책의 일환으로 수데텐 지방을 독일 제국에 할양한다는 것이었다. 서구 열강들 입장에서는 역사적 수치가 아닐 수 없는 합의였다. 영국, 프랑스를 비롯한 민주주의 체제가 폭군과 폭력에 무릎을 꿇은 형국이었기 때문이다. 히틀러가 단상에 오르자 3천 명에 가까운 지지자들이 구호를 외치고 환호성을 질렀다. 맥주홀은 그 정도로 많은 인원을 수용할 만큼 넓었다. 하지만 그 가운데 "히틀러 만세Heil Hitler!"를 외치지 않는 이가 한 명 있었다. 그의 이름은 게오르크 엘저Georg Elser였다. 엘저는 구호를 외치는 대신 한 가지 계획을 구상했다.

쾨니히스브론 출신인 엘저는 원래 목공이자 독일공산당KDP 산하 조직인 적색전선전사동맹RFB의 회원이었다. 조용한 성격의 청년 엘저는 나치당의 집권 초기부터 독재 체제에 반대했고, "히틀러 만세"라는 경례를 거부했으며, 노동시장 악화와 신 정권의 공격적 대외 정책을 주시하며 점점 더 큰 불안감에 빠져 들었다. 결국 엘저는 행동하기로 결심했다. 그 어떤 단체나 조직의 도움도 없이, 오직 혼자서, 철저한 사전 준비와 목표 의식을 가지고 거사를 단행하기로 결심을 굳힌 것이었다.

1938년 뮌헨의 대형 맥주홀 '뷔르거브로이켈러Bürgerbräukeller'를 답사한 뒤 그곳이 거사를 치르기에 적절한 장소라는 확신은 더더욱 확고해졌다. 엘저는 그로부터 정확히 1년 뒤 히틀러가 다시 그곳에서 수많은 이들의 환호를 받으며 무대에 오르리라는 사실을 잘 알고 있었다. 히틀러가 분명 1년 뒤에도 똑같은 장소, 즉 지붕을 받치고 있는 거대한 기둥 옆에 설치된 연단에 서 있을 것이라 확신한 것이다. 이후 엘저는 뇌관을 조달했고, 쾨니히스브론 인근 소도시인

슈타인브루흐의 어느 군수 공장에 위장 취업해 폭약을 빼돌리는 데에 성공했다.

1939년 여름, 엘저는 뮌헨으로 향했다. 그는 매일 밤 맥주홀 밖에서 마지막 손님이 집으로 돌아가기를 기다렸다가 몰래 안으로 잠입했다. 8~11월 사이, 엘저는 약 30번을 뷔르거브로이켈러로 숨어들어 히틀러가 서게 될 연단 주변의 기둥 내부를 청소했다. 거기에서 나온 재와 먼지들은 가방에 담아 다음 날 몰래 갖고 나왔다. 다음 작업은 빈 기둥 안에 폭발물을 채워 넣고 타이머 시스템을 설치하는 것이었다.

엘저가 직접 제작한 타이머는 현대 기술자들도 감탄할 정도로 정교했다고 한다. 타이머의 최대 작동 대기 시간은 6일이었다. 엘저는 11월 6일 아침, 폭발 시간을 설정했다. 그로부터 이틀하고도 반나절 후인 1939년 11월 8일 21시 20분이 엘저가 설정한 정확한 폭발 예정 시각이었다. 11월 8일 밤, 엘저는 다시 한 번 텅 빈 맥주홀로 숨어 들어가 자신이 설치한 폭탄의 상태를 마지막으로 점검했다. 결과는 만족스러웠다. 폭탄은 엘저가 생각하고 있는 바로 그 시각에 터지도록 되어 있었다. 이후 엘저는 뮌헨을 떠나 스위스로 향했다.

당시 히틀러를 암살해야겠다는 엘저의 결의는 그 어느 때보다 강했다. 거사 예정일로부터 약 3개월 전, 히틀러는 오래전부터 계획해 온 전쟁에 돌입했다. 독일은 원래 공산주의를 표방하는 러시아와 이념을 달리하는 적대적 관계였지만, 폴란드를 분할하는 문제가 닥치자 갑자기 '히틀러-스탈린 협약'을 맺는 외교적 우애를 발휘하며 기꺼이 손을 잡았다. 그로부터 1주일여가 흐른 뒤인 1939년 9월 1일, 독일이 폴란드를 침공하자 영국과 프랑스가 전쟁을 선포했다. 엘저는 히틀러의 죽음만이 갈등의 확산과 대량 학살을 막는 유일한 방법이라 확신했다. 영국의 위대한 역사가이자 히틀러 전기 작가인 이언 커쇼는 36세의 젊은, 혈혈단신의 투쟁가 엘저에 대해 이렇게 평했다.

"장군들과 국가의 녹을 먹고 사는 고위직들이 행동할까 말까를 '고민' 하기도 했지만 그들에게는 의지와 결단력이 부족했다. 반면, 권력의 통로에 접근할 수 없고 정치적 연관성이나 특정한 이데올로기조차 없는 게오르크 엘저라는 목공은 그것을 '실천'으로 옮겼다. 1939년 11월 초, 엘저는 그 누구보다도 히틀러라는 목표물을 파괴하는 데에 더 가까이 다가갔다. 1944년 7월이 되기까지 엘저보다 히틀러 암살에 더 가까이 접근한 인물은 아무도 없었다. 독재자가 그 위기를 넘긴 것은 어디까지나 운이 따라 주었기 때문이었다. 엘저의 동기는 학식과 지식 높은 자들이 느끼는 고통스러운 양심의 가책보다는 순수한 기본적 감정에 기반을 둔 것이었다. 그 순수한 감정이 고급 저택에 사는 이들의 이익을 대변하지는 못했을 것이다. 그러나 그 감정 속에 당시 수많은 독일의 평범한 보통 사람들이 느꼈던 우려가 반영됐다는 데에는 의심의 여지가 없다."[1]

치밀하고 철저한 엘저가 미처 계산하지 못한 것은 히틀러의 변덕과 날씨의 예측 불가성이었다. 히틀러는 원래부터 뮌헨 연설을

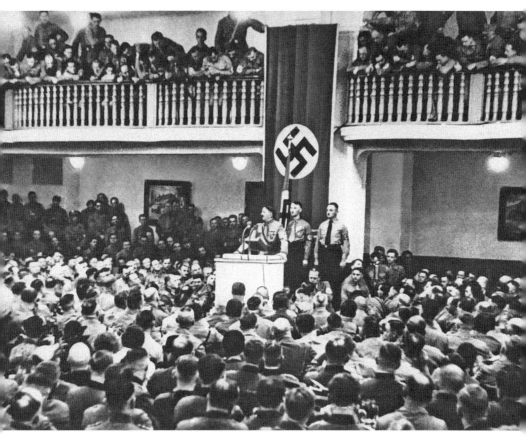

1939년 11월 8일, 뮌헨 맥주홀에서 연설을 마친 히틀러는
13분 먼저 자리를 뜨는 바람에 암살을 모면했다.
짙은 안개로 인해 출발 시간을 앞당겼기 때문이다.

직접 할 계획이 아니었다. 나라가 전쟁 중이었고, 나치당의 수장이자 독일군 통수권자인 자신이 베를린에 남아 이제 곧 시작될 서방 침공에 대한 계획을 짜고 명령을 내려야 한다고 생각했던 것이다. 따라서 뮌헨 맥주홀에는 자신의 부관인 루돌프 헤스를 보낼 작정이었다.[2]

하지만 변덕이 죽 끓듯 했던 히틀러는 그날도 갑자기 계획을 바꿔 자신이 직접 마이크를 잡겠다고 결정했다. 단, 연설이 끝난 뒤에는 곧장 베를린으로 돌아올 계획이었다. 그러나 그날 저녁, 뮌헨에 짙은 안개가 낀다는 예보가 있었다. 즉, 연설을 마친 뒤 다시 Ju-52를 타고 베를린으로 돌아올 수는 없다는 뜻이었다. 이에 히틀러는 열차를 선택했다. 그가 탈 뮌헨발 베를린행 열차의 출발 예정 시각은 그날 밤 9시 30분이었다.

시간이 촉박했기에 히틀러는 평소보다 연설을 짧게 했다. 풍자와 조롱이 가득한 히틀러의 연설을 들으며 수많은 옛 동지들은 한편으로는 맥주를 들이켜고 한편으로는 폭소를 터뜨리며 한껏 고조된 분위기를 즐겼다. 그날 연설에서의 주요 공격 대상은 영국이었다. 히틀러의 연설은 저녁 8시 10분경에 시작됐고, 연설을 마무리한 뒤 히틀러가 바라본 맥주홀의 시계는 9시 7분을 가리키고 있었다.

그는 연설을 마친 뒤 동지들과 나누는 악수 시간도 최소한으로 줄였다. 누가 봐도 히틀러가 시간에 쫓기고 있다는 사실을 알 수 있었다. 9시 20분쯤에는 히틀러와 수행원들뿐 아니라 2천~3천 명으로 추정되는 청중들 대부분도 이미 맥주홀을 떠난 뒤였다. 폭탄은 엘저가 원했던 바로 그 시각인 9시 20분 정각에 지축을 뒤흔드는 육중한 굉음과 함께 터졌다. 폭탄은 히틀러가 몇 분 전까지 서 있던 연단 주변을 초토화시켰고, 나아가 거대한 맥주홀의 지붕까지 무너뜨렸다.

만약 그해 11월 8일에 히틀러가 열차 대신 비행기를 탈 수 있었다면, 그래서 출발 시각을 굳이 앞당길 필요가 없었다면 어땠을까? 그랬다면 나치 정권은 권력자의 갑작스러운 빈자리를 채울 후계자를 못 찾지 않았을까? 이언 커쇼는 나치 휘하의 장교들 중에 저항하고자 하는 마음은 있었으나 결단력이 부족했던 이들이 많았다고 했는데, 히틀러가 사라진 뒤라면 그들도 결연한 행동을 취하지 않았을까? 그랬다면 2차 대전은 몇 주 만에 종전되고, 홀로코스트와 같은 아픈 역사는 아예 존재하지 않았을 수도 있다.

하지만 역사에 가정은 존재하지 않고, 엘저의 암살 계획이 실패로 돌아갔다는 사실만 남아 있을 뿐이다. 한편 엘저는 스위스로 도주하던 중 국경 인접 지역인 콘스탄츠에서 체포되고 말았다. 적색전선전사동맹 배지를 달고 있고, 가방에는 뇌관 하나와 뷔르거브로이켈러 맥주홀의 기념엽서가 들어 있었으니 국경 수비대의 의심을 살 수밖에 없었다. 체포된 엘저는 고문 끝에 결국 범행을 자백했고, 그 후 몇 년 동안 여러 곳의 강제수용소에 감금된 채 목숨을 이어 갔다.

그리고 1945년 4월 9일, 그토록 바라마지 않았던 종전을 정확히 한 달 앞둔 시점에, 엘저는 다카우 강제수용소에서 나치 친위대 장교에게 살해당하고 말았다. 오늘날 독일에는 이 고독한 암살자를 기리기 위한 동상들이 여기저기에 세워져 있다. 《슈피겔》은 엘저를

"위대한 독일인"이라 칭했고, 슈투트가르트의 연방주 정부는 그를 "바덴-뷔르템베르크 주가 낳은 가장 위대한 아들들 중 하나"라고 기념하고 있다.

엘저의 암살 시도로 인해 목숨을 잃은 사망자는 총 8명이었는데, 개중에는 어린 자녀 둘을 두고 눈을 감은 맥주홀 파트타임 여종업원도 포함되어 있었다. 하지만 그 희생자들을 추모하는 기념물은 존재하지 않는다. 오래전 철거된 뷔르거브로이켈러 맥주홀 자리에는 추모글을 새긴 현판이 하나 걸려 있지만, 거기에도 폭발로 사망한 8명과 부상자 60명에 대해서는 언급되어 있지 않다. 한편 나치 정권은 실패로 돌아간 엘저의 암살 시도를 "영도자의 탁월한 예지력"을 홍보하는 수단으로 적극 활용했다. 그렇다. 그들에게 영도자는 늘 탁월한 인물이고, 뛰어난 인물로 남아 있어야 했다. 적어도 비참한 최후를 맞기 전까지는 말이다.

독재자의 야망을 꺾은
혹독한 추위

스웨덴 북부 노를란드 지역의 작은 마을 말고빅의 한 초등학교 교사는 교내 관측대에서 기온을 측정 중이었다. 해당 교사는 아마도 그날의 측정값이 기록적 온도라는 사실을 짐작했을 것이다. 알코올 온도계를 이용해 측정한 값을 수은온도계의 값으로 환산해 보니 결과는 더더욱 놀라웠다. 무려 영하 53도라는 값이 나온 것이다. 그렇게 혹한이 들이닥친 그날, 1941년 12월 13일은 '루시아의 날Lucia's Day'이었다. 루시아 축제는 크리스마스 이전에 열리는 것으로, 그날이 되면 젊은 여성과 어린 소녀들이 밝은 색 옷을 입고, 손에는 촛불을 들며, 머리에는 불을 밝힌 화환을 쓴 채, 거리로 나가 행인들에게 달콤한 과자와 따뜻한 음료를 나누어 준다.

　그해 루시아 축일은 그야말로 빛과 위안을 주는 축제였다. 혹독한 추위와 마주한 축제 참가자들의 대화 주제 1순위는 단연코 날씨였다. 하지만 스웨덴인들은 그날의 추위를 저주하기보다는 지금까지 스웨덴이 다른 곳보다 훨씬 덜 추웠던 것이 신의 축복이라며 감사 기도를 올렸다. 물론 위기의 기운을 느끼지 못한 것은 아니었다. 전쟁이 이미 3년째에 접어들었고, 1주일 전에는 일본이 미국 함대의 전진 기지인 진주만을 공습하면서 미국이 참전 선언을 했으며, 이로써 1939년 시작된 전쟁은 또 한 번의 세계 대전으로 확대됐다. 하지만 그 모두가 스웨덴인들에게는 아직은 신문 기사에서나 볼 수 있는 먼 나라 이야기였다. 그런데 무력의 소용돌이와는 전혀 다른 위기가 스웨덴을 덮쳤다.

수도 스톡홀름의 1942년 1월의 평균 기온은 영하 10.6도를 기록했는데(그달의 최저 온도는 무려 영하 28.2도였다), 1901~1930년 사이의 1월 평균 기온이 영하 2.5도였다는 점을 감안하면 기온이 그야말로 밑바닥까지 떨어진 것이었다. 다른 지역들에서도 사상 최저 기온이 기록됐다. 말뫼 시의 경우, 20세기 초반 30년간 1월 평균이 0.3도로 아직은 영상에 머물러 있었던 반면, 1942년 1월의 평균 기온은 영하 7.5도, 1월 최저 기온은 무려 영하 25도였다.[1]

1941~1942년 유럽의 겨울이 20세기 전체를 통틀어 가장 추운 겨울은 아니었다. 하지만 유럽 전 지역에서 20세기 동안 가장 추웠던 겨울에 손꼽힐 정도로 혹한이 기승을 부렸던 것만큼은 분명하다. 한파는 스웨덴이나 스위스 같은 비참전 중립국들에게는 식량난 등 일상생활과 관련된 고통을 안겨 주었고, 전쟁의 주범인 히틀러에게는 그보다 더 쓰라린 치명타를 날렸다. 1939년 9월 전쟁이 시작된 이래 히틀러 휘하의 독일군은 '전격전Blitzkrieg'이라는 전투 방

식으로 유럽 내 많은 영토들을 거침없이 집어 삼키고 있었다. 하지만 갑자기 몰아닥친 한파는 독일군에게 치명적인 영향을 미쳤다. 전쟁을 완전히 종식시킬 정도의 위력은 아니었지만, 승승장구하던 독일군의 위세를 단번에 꺾어 놓기에는 충분했다.

히틀러는 똑같은 실수를 되풀이하지 않으려면 역사를 알아야 한다는 교훈을 완전히 묵살했다. 나폴레옹의 러시아 침공이 실패로 돌아갔던 사실을 모르는 바 아니었지만, 그 사례를 거울삼아 자신의 야망을 포기할 마음은 눈곱만큼도 없었다. 오히려 나폴레옹보다 더 큰 규모의 군대를 조직한 뒤 나폴레옹의 러시아 침공일과 거의 비슷한 날짜에 러시아 정복 작전을 개시했다. 1941년 6월 22일 일요일, 먼동이 트기도 전인 3시 15분경, 약 7천 문(포나 기관총 따위를 세는 단위)의 포탄에서 발사된 불꽃이 발트 해부터 흑해까지 총 2천 킬로미터에 달하는 국경 지역을 환히 밝혔다. 공중에서는 2천 기가 넘는 전투기들이 굉음을 울려 대고 있었다.

'바르바로사' 작전의 개시

· · ·

히틀러의 전술은 적의 전투기가 이륙하기도 전에 미리 지상에서 파괴해 버리는 것이었다. 독일 전투기들은 최초 공격에서 소련의 전투기 비행장 66곳을 공략했고 붉은 별 마크를 단 전투기 약 1,200대를 파괴시켰다. 하지만 독일 측 지휘관들은 적군의 규모를 지나치게 과소평가하는 실수를 범했다. 물론 독일군의 규모도 무시할 수준은 결코 아니었다. 날이 밝자 암회색 군복을 입은 독일 병사 약

300만 명이 행군을 시작했고, 그 뒤 며칠 동안 이탈리아, 헝가리, 핀란드, 루마니아 등의 동맹국에서 파견한 50만 명의 병사가 합류했다. '바르바로사 작전Operation Barbarossa'이 개시된 것이다.

광기 어린 인종주의자였던 히틀러에게 있어 소련 침공은 이념을 달리하는 적들을 처단하기 위한 투쟁의 하이라이트였다. 장교들을 모아 놓은 자리에서 "이번 전쟁은 두 개의 서로 다른 세계관 사이의 싸움"이라는 말을 직접 하기도 했다. 자신이 그렇게나 증오하는 유대인들의 볼셰비키 이념을 근절시키기 위한 최후의 쇼다운showdown이라는 뜻이었다. 러시아 침공의 목적은 처음부터 정복과 파괴, 그리고 점령지 내의 모든 공산당 간부와 유대인들을 남김없이 제거하는 것이었다. 약탈은 말할 것도 없이 곳곳에서 자행됐다. 한때 대부대를 이끌고 러시아를 침공한 나폴레옹의 속셈이 그러했듯 히틀러 역시 몇 백만 대군이 먹을 식량을 현지에서 조달하겠다는 방침을 고수했다. 또, 1812년 나폴레옹의 부대처럼 히틀러의 부대에도 기병이 포함되어 있었다.

당시 독일군이 끌고 간 가축은 60만 마리에 달했지만 그 많은 인원과 가축을 먹여 살리려면 정복지 주민들의 희생은 불가피했다. 그 결과, 수백만에 달하는 '운터멘쉬Untermensch', 즉 나치 정권이 주장하는 '열등민들'이 굶어 죽는 사태가 벌어졌다. 나치는 전쟁이 끝나고 나면 자신들의 인종주의 이념에 따라 독일군 출신의 농부들에게 그 땅을 나누어 주고, 그 '야만의 땅'에 독일의 위대한 문화를 뿌리내려야 한다고 굳게 믿었다.

독일이 특히 눈독을 들인 지역은 우크라이나의 비옥한 땅과 석유가 풍부한 코카서스 지역이었다. 그 지역들만 손에 넣으면 독일은 더 이상 식량난이나 천연자원 부족 사태를 걱정하지 않아도 됐기 때문이다. 독일군 작전 지휘부는 또 러시아 북부의 아르한겔스크에서부터 볼가 강이 카스피 해로 흘러들어가는 아스트라한까지 이어지는 선까지만 장악하면 영국, 그리고 조만간 참전하게 될 미국과의 전쟁에서 최후의 승자가 될 수 있다고 믿었다.

독일이 소련을 침공할 예정이라는 소식이 각종 통신사들을 통해 타전됐고, 바르바로사 작전이 시작되기 몇 시간 전 국경 지역 주둔군들에게 경계경보가 떨어졌다. 그럼에도 불구하고 실제로 코앞까지 전진해 온 독일군을 보며 소련군 부대들은 놀라움과 두려움을 감추지 못했다. 각종 기록물에 따르면 스탈린마저도 큰 충격을 받았다고 한다. 소련의 독재자 스탈린은 그로부터 2주 뒤, 국민들에게 강력히 호소했다. 이번 연설의 주제는 공산주의 이념이 아니라 애국심과 조국애였다. 스탈린은 또 자국민들에게 이번 전쟁이 "침략자들에 대항하는 위대한 전쟁"임을 강조했다. 그 전쟁은 지금도 러시아인들의 정체성에 커다란 영향을 미친 중대한 사건으로 간주되고 있다.

초반에는 방어하는 측에 불리한 양상이 전개됐다. 소련군의 전열 곳곳이 무너진 것이다. 탱크로 무장한 독일군은 날씨가 온화한 여름을 이용해 신속하게 전진했다. 몇몇 부대는 하루에 무려 80킬로미터를 이동하기도 했다. 당시 독일군은 자신들의 트레이드마크라고 할 수 있는 이른바 '포위섬멸전Kesselschlacht'이라는 전법을 이용해 승리에 승리를 거듭했고, 독일 제국 라디오에서는 팡파르와 함께 승전보가 울려 퍼졌다. 아나운서들은 승리에 도취된 목소리로 100명, 200명, 300명의 포로가 늘어났다는 소식을 전하면서 지도자의 위대함을 청취자들에게 일깨워 주었다. 이에 독재자 히틀러는 소련이 망해가고 있고 곧 완전히 붕괴될 것이라는 '희소식'을 전달했다.

독일군의 진군 속도는 실로 신속했고, 헤아릴 수 없을 만큼 많은 포로들이 먼지 날리는 비포장도로를 걸어 서쪽으로 이동했다. 그럼에도 독일군 소속 몇몇 지휘관들은 긴장의 끈을 풀지 못했다. 나폴레옹의 러시아 침공 당시 콜랭쿠르의 후작도 승전을 거듭하며 러시아 땅 깊은 곳까지 전진했지만 결국에는 결과가 좋지 않았던 점을 기억하고 있었던 것이다. 하지만 어쨌든 나폴레옹은 1812년 9월 중순경 모스크바에 성공적으로 입성했다. 1941년 여름, 비슷한 처지에 놓인 독일군으로서는 자신들에게도 그런 상황이 오기를 그저 꿈꿀 뿐이었다.

한편, 독일군 책임자들은 전쟁 초반 적국이 보유한 병사의 수와 물자의 양에 입을 다물지 못할 정도로 충격을 받았다. 군수 산업체들을 우랄 산맥 뒤편으로 이전시켜 놓은 덕분에 소련 측은 무기와 보급품, 식량 등을 충분히 확보하고 있었고, 이후 미국과 영국에서 보내온 엄청난 양의 구호물자와 병사들 덕분에 그 총량이 더더욱 늘어난 것이었다. 독일군 총참모장이었던 프란츠 할더는 8월 11일, 이렇게 썼다. "전쟁 초반에는 우리가 상대해야 할 적군이 200개 사단 정도였는데 지금은 이미 360개로 늘어났다. 그중 여남은 부대를 제압하면 러시아는 그 자리를 또 다른 여남은 사단으로 채웠다."[2]

나폴레옹 때 그랬던 것처럼 이번에도 모스크바 입성은 소련의 패망을 의미한다는 상징성을 지니고 있었다. 적어도 소련 입장에서는 그랬다. 이에 소련군은 사력을 다해 싸우면서 수도를 철통같이 지켰다. 그에 반해 히틀러는 모스크바를 별것 아닌 것으로 치부해 버렸다. 이미 정복하여 약탈 행위를 벌이고 있는 레닌그라드 역시 히틀러에게는 큰 의미를 지닌 고지가 아니었다. 그런데 앞서 적군의 물자와 병사의 수를 우려했던 할더 참모가 그 내용을 윗선에 보고했고, 그 보고를 받은 히틀러는 갑자기 중부 집단군의 진로를 모스크바가 아닌 우크라이나로 변경했다. 하인츠 구데리안을 비롯한 독일군 기갑부대 지휘관들은 통수권자의 명령에 당황하고 분노했지만, 결국 9월 말경 독일군은 다시 한 번 우크라이나의 키예프에서 포위섬멸전을 치렀고, 60만 명에 달하는 소련군을 포로로 잡아들이는 쾌거를 이루었다. 하지만 아직도 소련군을 완전히 제압한 것은 아니었다.

10월 초가 되자 히틀러는 다시 한 번 계획을 수정했다. '태풍 작전Operation Typhoon'이라는 이름으로 모스크바 침공을 명령한 것이었다. 독일 제국의 라디오에서는 다시 한 번 팡파르와 함께 희망적인 소식들이 전파됐다. 뱌지마와 브랸스크에서 두 차례 전투가 치러졌는데, 소련의 붉은 군대는 브랸스크 포위섬멸전에서만 70만 병사를 잃었다. 독일을 중심으로 한 주축군이 다시금 상상하기 힘들 정도의 쾌거를 올린 것이었다. 하지만 최종 승리를 누가 거머쥘 지는 여전히 오리무중인 상태였다.

승리까지는 아직도 갈 길이 먼데 날씨가 급변했다. 갑자기 내리기 시작한 비는 하루, 이틀, 일주일 내내 이어졌다. 몇몇 지역에서는 10월 초에 눈도 내렸지만, 이내 날이 풀렸다. 결과는 나폴레옹 때와 비슷했다. 침략군이 질척해진 땅 속으로 빠져들어야 했던 것이다. 소련의 작가이자 저널리스트였던 바실리 그로스만은 전쟁 개시 후 처음으로 날씨가 스탈린의 군대를 도와주고 있다는 사실을 깨달았다. 그로스만의 다음 기사를 보면 알 수 있다.

"비와 함박눈 그리고 싸락눈이 모든 것들을 늪으로, 검은 반죽으로 둔갑시켜 버렸고, 그 반죽이 수천 켤레의 군화와 마차 바퀴, 전차 바퀴들을 주무르고 있다. 독일이 우리의 지옥 같은 가을 속으로 잠기고 있다는 사실에 모두가 다시금 기뻐하고 있다"[3]

독일군은 가을 진흙에도, 다가올 한겨울 엄동설한에도 제대로 대비하지 않았다. 병사들이 여전히 여름 군복을 입고 있을 정도였다. 위대하신 지도자께서 소비에트연합 침공 작전이 몇 주 만에 끝날 것이라 선포한 마당이었으니, 겨울용 장구나 의복에 대한 요구는 패배주의적 마인드나 나약함으로 치부됐다.

비록 속도는 느려졌지만 독일군은 전진을 멈추지는 않았다. 페도르 폰 보크 사령관이 이끄는 중부집중군은 열악한 여건에서도 모스크바로의 행군을 감행했다. 그 소식을 접한 모스크바 시민들은 패닉 상태에 빠졌고, 수많은 주민들이 모스크바를 버리고 피난길에 올랐다. 정부 부처 일부도 쿠이비셰프의 임시 청사로 자리를 옮겼고, 미라 상태로 보관 중이던 혁명가 레닌의 시신도 안전한 시베리아로 이동시켰다. 하지만 스탈린은 모스크바에 남았다.

스탈린은 모스크바에 세계의 이목이 집중되고 있다는 사실을 잘 알고 있었다. 11월 6일 저녁, 스탈린은 마야콥스카야^{Mayakovskaya} 지하철역에서 "파시스트들이 모스크바를 접수하게 내버려 두지 않겠다"며 국민들을 안심시키는 매우 유명한 연설을 남겼다. 다음날에는 크렘린 궁 앞에서 10월 혁명을 기념하는 연례행사인 군대의 퍼레이드가 열렸다. 하지만 행진에 참가한 연대 소속 병사들은 행사가 끝나는 즉시 다시 전선으로 향했다. 시시각각 모스크바를 향해 다가오는 적군과 싸우기 위해서였다.

11월 초부터 시작된 쌀쌀한 날씨 덕분에 땅이 굳었고, 이에 독일군 전차는 드디어 좀 편하게 전진할 수 있게 됐다. 하지만 독일군 지휘부는 연료와 무기 보급로가 막혀 결코 희망적인 상황이 아니라는 사실을 오래전부터 알고 있었다. 보병들에게는 상상조차 할 수 없을 정도의 큰 시련이 다가왔다. 도저히 견딜 수 없을 정도로 추운 날씨가 고통의 주범이었다. 병사들은 추위를 조금이라도 견딜 수 있는 물건이라면 닥치는 대로 활용했다. 오래전에 이미 낡아서 너덜거리는 군화에는 볏짚을 채웠고, 사망한 동료의 외투를 덧입는 병사들도 적지 않았다. 하지만 추위는 여전히 견딜 수 없었다. 11월 5일, 페도르 폰 보크 사령관은 바깥 온도가 영하 28도인 것을 확인했다. 더 괴로운 것은, 그런 날이 한두 번이 아니라는 것이었다.

12월 초반 며칠 동안에는 수은주가 무려 영하 35도까지 떨어지기도 했다. 그러던 중 12월 2일, 독일군 기갑정찰대 하나가 모스크바 서북부 경계 지역에 위치한 힘키에 당도했다. 개전 이래 독일군이 모스크바에 가장 가까이 접근한 순간이었다. 야전 쌍안경을 이용하면 크렘린 궁의 탑들도 관찰할 수 있을 만큼 가까운 거리였다. 그런데 다음 날 밤, 기온이 영하 40도까지 떨어졌다. 러시아 군의관들은 그해 겨울, 동상에 걸린 신체 부위를 절단하는 수술을 약 1만 건이나 치러야 했다. 노출된 부상 부위에서 흐르는 피는 단 몇 초 만에 얼어붙었고, 탱크와 전투기는 맹추위로 출발조차 할 수 없었다.

12월 6일과 7일에는 폭설이 쏟아졌다. 나중에 깨달은 사실이지만, 독일군에게 있어 폭설은 차라리 사소한 문제였다. 하루 전, 그러니까 1941년 12월 5일까지만 하더라도 독일 라디오에서는 러시아 군이 패전을 코앞에 두고 있다는 내용의 보도가 매일 같이 울려 퍼졌다. 그러나 붉은 군대는 12월 6일, 갑자기 대공세를 펼치며 침략군을 무력화시켜 버렸다. 독일군 23보병사단 소속의 어느 일병은 집으로 보내는 편지에 이렇게 썼다.

"이게 대체 무슨 일인지 도저히 말로 설명할 수가 없습니다. 처음에는 끔찍한 추위와 폭설이 우리를 덮쳤습니다. 군화가 속까지 완전히 축축해졌지만 벗을 수도 없었습니다. 그러더니 러시아인들이 우리를 시험대에 올렸습니다."[4] 당시 독일군이 실제로 겪었던 현실에 비하면 '시험대'는 너무 약한 표현이었다. 소련군은 100만에 달하는 예비군을 소집했고, 게오르기 슈코프 장군의 명령 아래 독일군의 대열을 완전히 망가뜨려 놓았다. 이후 슈코프는 1945년 봄, 베를린 정복이 있기까지 소련군 최고위직에 머물렀고, 그해 5월 9일에는 독일의 무조건적 항복을 승인하는 업무까지 수행하게 된다.

소련군의 무장 상태는 그야말로 완벽했다. 무기뿐 아니라 추위를 충분히 견딜 수 있는 군복도 갖추고 있었다. 1939~1940년 핀란드와 치른 동계 전쟁에서 뼈아픈 교훈을 얻은 것이었다. 당시 소련군은 준비가 부실했고, 그로 인해 약체라 판단했던 핀란드군에게 일부 전장을 속수무책으로 내어주는 수모를 당했다. 영국의 역사학자 앤터니 비버가 쓴 《제2차 세계대전》에는 이런 글이 나온다.

"시베리아의 스키 대대가 얼어붙은 안개를 뚫고 나타나서 혼란에 빠진 적군을 공격했다. 적군을 무자비하게 공격하던 중 소련군은 독일군의 복장이 너무 부실하다는 것을 깨달았다. 손에는 벙어리장갑을 끼고 있었고 목에는 노부인들이 두르는 스카프 같은 것을 두르고 있었는데, 모두 다 그들이 점령한 마을에서 약탈하거나 죽은 자의 몸에서 탈취한 것들이었다."[5]

나치 정권은 군인들에게 보낼 방한 의복 수집에 동참하라며 목청을 높였다. 그러자 독일인들은 괴벨스를 수장으로 하는 나치 선전부에서 비록 긍정적인 말들을 쏟아내고 있지만 실제 전선에서는 뭔가 불길한 조짐이 일고 있다는 사실을 직감했다. 그래도 어쨌든 꽤 많은 양의 방한복이 모이기는 했다. 개중에는 귀부인들이 내놓은 밍크코트도 포함되어 있었다. 하지만 그 물자들은 2월에 접어든 이후에야 전선에 배치된 독일군들에게 전달될 수 있었다.

독일군들은 폭설을 저주했다. 일부 전선에서는 눈이 1.5미터 높이까지 쌓였다. 하지만 아이러니하게도 폭설이 오히려 독일군의 목숨을 지켜 준 사례가 더 많았다. 방어에서 적극 공격으로 태도를 바꾼 소련군이 폭설로 인해 생각했던 것만큼 빨리 적군의 진영에 접근할 수 없었던 것이다. 독일군 소속의 어느 장군은 훗날 "데만스크 지역에 꼼짝없이 갇힌 독일군의 완패를 막아 준 것은 바로 폭설이었다. 쌓인 눈 때문에 러시아 보병들이 공격을 개시할 수 없었던 것"[6]이라 회고했다.

그 전쟁에서 독일군은 수많은 사상자를 냈다. 부상자들 중에는 소련군의 포로로 잡히느니 총으로 자결한 이들도 적지 않았다. 그러나 독일군은 완전히 무너지지 않았다. 129년 전, 나폴레옹이 이끄는 프랑스 대육군(La Grande Armée)의 퇴각 시 벌어진 것과 같은 재앙은 다시 일어나지 않았다. 끔찍했던 겨울이 지나가면서 독일군들 사이에 희망도 싹텄다. 예상보다 강하기는 하지만 아직도 소련군을 제압할 수 있다는 희망을 완전히 버리지는 않은 것이었다.

하지만 1942년 벌어진 전투에서 독일 제6군은 눈과 얼음으로 뒤덮인 폐허의 도시 스탈린그라드에서 최후를 맞이해야 했다. 1941년 12월에 벌어진 전투에서와는 달리 스탈린그라드 전투에서 독일군이 패배한 원인은 날씨가 아니었다. 이번 패전의 원인은 더 강하게 무장한, 더 강력한 지휘관을 둔, 더 강한 동기의식과 사기에 불타는 소련군 병사들이었다.

연합군에 허용된 단 '하루'의 맑은 날씨 노르망디 상륙작전

드와이트 아이젠하워Dwight Eisenhower는 전 세계를 뒤흔드는 전란의 불지옥 속에서 모든 힘을 손에 쥔 인물이었다. 당시 53세이던 미국 텍사스 출신의 아이젠하워는 유럽 주둔 미군사령관이자 유럽연합군 최고사령관이었다. 1944년 여름, 아이젠하워는 그야말로 세계사의 대전환점이 될 만한 중대한 과제를 목전에 두고 있었다. 영국과 미국, 캐나다를 비롯한 연합군이 그토록 기다려 온 작전, 즉 4년째 나치 독일군이 점령 중인 프랑스에 상륙하는 작전이 바로 그것이었다.

최고사령관은 몇 달을 두고 작전 계획을 짰다. 군사 암호로는 '오버로드 작전Operation Overlord'이라 불렸고 역사에는 '디데이D-day'라는 이름으로 기록된 그 작전에 아이젠하워는 온 힘을 쏟았다. 실제로 그 작전은 세계사의 중대한 변곡점이 됐다. 그 작전 덕분에 서

유럽이 비로소 히틀러의 지배에서 벗어났기 때문이다. 나아가 그 작전은 히틀러 폭정의 종말을 예고하는 신호탄으로 작용하기도 했다.

1943년 12월, 미합중국 대통령 루스벨트는 아이젠하워를 유럽 연합군 총사령관에 임명했다. 많은 이들이 조지 C. 마셜 장군이 그 자리를 차지할 것이라 보고 있던 터였기 때문에 이는 조금은 놀라운 인사였다. 하지만 루스벨트는 미 육군참모총장이던 마셜을 워싱턴이 아닌 다른 곳으로 보내고 싶지 않았다. 종전 이후 마셜은 미 국무부 장관직에 올랐고, 자신의 이름을 딴 '마셜 플랜'이라는 프로젝트를 통해 폐허가 된 서유럽의 재건에 혁혁한 기여를 하기도 했다. 1942년, 연합군의 북아프리카 상륙을 위한 '횃불 작전Operation Torch'의 총지휘관이기도 했던 아이젠하워는 무엇보다 행정 업무 수행 능력과 외교 능력 덕분에 연합군 사령관직에 선출됐는데, 연합군 측 지휘관이나 책략가, 정치가들의 마음을 움직이는 데에 반드시 필요한 능력들이었다.

특히 아집덩어리로 소문난 영국군 총사령관 버나드 로 몽고메리나 자유프랑스군의 총지휘관 샤를 드골 같은 인물들과의 관계에서 그의 능력은 더더욱 빛을 발했다. 참고로 드골 장군은 미국과 영국의 정치가들 사이에서 '피곤한 스타일(pain in the ass)'로 통하는 인물이기도 했다. 아이젠하워의 권력은 그야말로 무소불위였다. 각국의 국왕과 대통령, 총리가 그를 초대해 만찬을 나누면서 조언을 구할 정도였다. 심지어 영국에서는 총리 바로 다음의 실세를 누려 영국 정부가 남부 해안의 드넓은 지역을 오버로드 작전 수행을 위

날씨가 바꾼 세계의 역사

한 군사 훈련지로 내어주기도 했다.

당시 상륙 작전을 위해 연합군이 조직한 군대의 규모는 실로 엄청났다. 한 단위의 부대가 그토록 많은 화력을 보유한 것은 아마도 전례가 없었을 것이다. 아이젠하워에게는 200만 명의 군인과 7천 척의 함선이 있었다. 게다가 7천 척 중 약 1,200척은 오로지 노르망디 해안 상륙만을 위해 대기 중이었다. 그뿐만 아니라 전투기도 약 1만 1천 대가 있었다. 그 모두가 독일군의 방어 거점을 공략하기 위한 폭격기와 연합군 측 공군의 안전을 보장하기 위한 추격기, 나아가 지상군이 상륙하기에 앞서 노르망디에 도착할 2만 4천 명의 낙하산 부대원들을 실어 나를 활공기들이었다.

하지만 그렇게 막강한 힘을 지닌 아이젠하워도 날씨에 대한 명령권은 지니고 있지 않았다. 연합군의 프랑스 해안 상륙은 연합군 측 지휘관뿐 아니라 독일군, 나아가 참전국 모두가 예측하고 있던 사실이었다. 1941년 12월, 산업화 진전에 따른 거대 자본을 내세운 미국이 참전함으로써 전쟁의 저울은 이미 히틀러에게 불리한 쪽으로 기울고 있었다. 영국 입장에서 미국의 참전은 당연히 대환영이었다. 영국은 1940년 6월부터 1941년 6월까지 1년 동안, 다시 말해 히틀러가 소련을 침공할 때까지 유럽 대륙을 차츰차츰 잠식하고 있는 나치 정권에 홀로 맞서 싸우고 있었다. 하지만 영국군 통수권자, 영국의 총리인 윈스턴 처칠은 전세가 불리하게 기우는 상황에서도 프랑스를 비롯한 독일군 점령지들이 언젠가는 해방되리라는 희망의 끈을 놓지 않았다.

하지만 노르망디 상륙 작전은 생각만큼 쉽지 않았다. 도저히 극복할 수 없을 것만 같은 문제들이 여기저기에 산재해 있었던 것이다. 그 결과 작전 감행 시점은 자꾸만 미루어졌고, 이에 화가 난 스탈린은 어서 빨리 제2의 전선을 구축해서 소련군의 부담을 덜어 달라며 영국과 미국을 재촉했다. 연합군은 스탈린의 요구에 부응했다. 1942년에는 또 다른 전선을 열어 놓겠노라고 약속한 것인데, 당시 정황상 매우 지키기 힘든 약속이었다. 하지만 1942~1943년 겨울의 스탈린그라드 전투와 1943년 6월의 쿠르스크 전투에서 대승을 거두면서 붉은 군대는 독일군보다 훨씬 더 유리한 고지를 점령했고, 1944년에는 동부 전선에 배치되어 있던 독일군 대부분이 퇴각하기에 이르렀다.

그런데 상륙 작전의 성공을 위해서는 화력과 병력면에서의 우위를 점하는 것과 더불어 몇 가지 물리적 요인의 협조가 절실했다. 우선, 목표 지점에 구름이 전혀 없거나, 있다 하더라도 아주 조금만 있어야 했다. 그래야 낙하산 부대원들을 원하는 지점에 정확히 투하할 수 있었다. 구름이 있다 하더라도 최소 약 1킬로미터 상공보다 높은 곳에 떠 있어야 하고, 전투기와 수송기의 원활한 비행과 착륙을 위해서는 적절한 조명도 필요했다. 즉, 보름달처럼 환한 달빛이 필요했던 것이다. 노르망디 해안은 밀물 때여도, 썰물 때여도 안 됐다. 수심이 지나치게 높지도, 지나치게 낮지도 않아야 비로소 배들이 안전하게 진입해 병사들을 뭍에 내려줄 수 있기 때문이었다.

그 외에도 주의해야 할 점은 첫째, 병사들을 내려 준 뒤 철수하는 보트들의 길을 가로막기 위해 독일군이 특별히 설치해 놓은 장치가 없는지를 확인할 것, 둘째, 병사들을 뭍에서 너무 멀리 떨어진 곳에 내리게 하지 말 것이었다. 대군의 이동 거리가 길어질수록 독일군의 감시망에 걸릴 확률이 높고, 그럴수록 희생자의 수도 늘어날 게 뻔했다. 참고로 노르망디 상륙 작전을 배경으로 한 스티븐 스필버그의 영화 〈라이언 일병 구하기〉의 초반부 20분에는 영국, 미국, 캐나다 등으로 구성된 연합군이 수송선에서 내린 뒤 어떤 포화를 견뎌야 했는지가 잘 묘사되어 있다. 노르망디 상륙 작전의 성공을 위한 또 한 가지 전제 조건은 바람이었다. 상륙 시점의 풍속은 시속 20킬로미터를 넘어서는 안 됐다. 나아가 최소한 약 5킬로미터의 시야도 확보되어야 했다. 작전 성공을 위한 마지막 조건은 땅이 너무 젖어 있어도 안 된다는 것이었다. 장마로 인해 지반이 약해져 있을 경우, 미군과 영국군의 탱크와 지프, 트럭 등 각종 이동 수단을 세우기가 마땅찮았다.

'배달 사고'를 방지할 책임을 맡은 이는 영국의 제임스 마틴 스태그 대위였다. 1900년에 스코틀랜드 동남부의 댈키스에서 태어나고 자란 스태그는 노르망디 상륙 작전의 성공을 위한 기상분석팀 책임자로 임명됐다. 노르망디 상륙 작전을 담당하는 모든 분야의 책임자들이 그랬듯 스태그 역시 최적의 기상 조건을 가리는 과정에서 연합군 내부의 기상 전문가들과의 충돌을 피할 수 없었다. 더욱이 스태그는 민간인 신분이어서 군 소속 전문가들과의 논의에서 목소리조차 제대로 낼 수 없었다.

이에 영국은 스태그에게 영국 왕립 공군의 예비군 대위 자격을 부여했다. 이후 스태그 대위는 다양한 국가의 서로 다른 이해관계와 자기주장만 고집하는 각국 지휘관들 사이에서 조정자 역할을 훌륭히 수행했고, 이로써 작전 총사령관 아이젠하워의 신임을 얻었다. 하지만 각국 지휘관들이 원하는 날씨와 조명과 풍랑에 관한 조건들 사이에서 합의점을 찾기란 한마디로 불가능했다. 이와 관련해 스태그는 이렇게 말한다. "그들이 내게 제시한 모든 조건들을 받아들였다면 오버로드 작전은 100년 혹은 그보다 더 긴 세월이 지나도 절대 실행할 수 없었을 것이다."[1]

때는 1944년 여름, 기상학이 이미 상당 수준으로 진보한 무렵이었다. 영국 기상청은 1854년에 이미 설립됐고, 이후 기상경보체계까지 구축했다. 기상경보체계를 구축한 이유는 폭풍우를 미리 예상하지 못해 겪은 대형 선박 사고들 때문이었다. 그중에서도 1859년 10월, 로열차터 사가 운행하는 여객선이 웨일스 서북 해안에서 폭풍우를 맞아 침몰하면서 459명이 사망한 사건이 기상경보체계 구축에 결정적 계기가 되었다. 2차 대전이 시작되기 전, 강대국 영국은 이미 세계 곳곳에 유니언잭 깃발을 단 관측소를 설치했다.

영국 본토는 물론이고 캐나다와 인도, 호주, 나아가 기상이변이 잦은 포클랜드 제도나 세인트헬레나 섬과 같은 대서양 한가운데에도 영국의 기상관측소가 설치됐다. 기온, 풍향, 풍속, 기압 등 각 관측소에서 측정된 기상 관련 데이터들은 케이블이나 무선을 이용해 전송됐다. 하지만 당시 스태그의 기상분석팀이 보유한 기술은 위성 네트워크까지 동원하는 지금의 기술과는 비교할 것이 못 됐다. 스태그는 "몇몇 측정값이나 일상적 관측의 신뢰도가 잘해야 하루 혹은 이틀 정도밖에 내다보지 못한다는 사실을 뼈저린 경험을 통해 배웠다"[2] 라고 말하기도 했다.

그렇다. 스태그가 확보한 데이터의 신뢰도는 그다지 높지 않았다. 하지만 스태그는 적국의 기상분석팀과 비교할 때 매우 중대한 교두보를 확보하고 있었다. 영국, 아일랜드, 아이슬란드의 관측소에서 보내오는 데이터뿐 아니라 대서양의 각종 지점을 오가는 선박들이 전송하는 데이터까지 입수할 수 있었던 것이다. 연합군 측 해군이 이미 대서양을 장악했기 때문에 가능한 일이었다.

반면 독일 측 기상분석팀의 한계는 독일 해군의 잠수함U-Boot 기지인 프랑스 서부의 항구도시 브레스트까지였다. 당시 대서양에서 연합군과 전투를 치르는 과정 중 독일군 잠수함은 해상에서나 해저에서나, 레이더 기술면에서나 수중음파탐지기 기술면에서나 성능이 그다지 뛰어나지 않다는 사실이 이미 입증된 터였다. 즉, 독일군으로서는 대서양 상공 어디에서 저기압과 고기압이 만나 유럽 대륙을 향하고 있다는 식의 정보를 파악할 길이 없었던 것이다. 아프리카 서부의 카보베르데나 포르투갈 인근의 아조레스 제도에 대한 기상 정보도 입수할 수 없었다. 하지만 연합군은 그 지역에도 관측소를 두고 있었고, 각 관측소에서 수집한 데이터들은 영국 왕립 해군의 본부이자 스태그의 기상분석팀이 위치한 포츠머스의 사우스윅 하우스로 타전됐다.

한편, 5월 중에는 작전 실행이 불가능하다는 판단이 나오자 아이젠하워는 오버로드 작전의 개시 일자를 6월 5일로 정했다. 하지만 예정일이 다가오면서 지휘 본부의 분위기는 점점 더 어두워졌다. 기상 상황이 너무나도 험했기 때문이었다. 대서양과 영국 해협에는 폭풍우가 몰아치고 있었다. 특히 영국 해협의 파고가 너무 높아 병사들은 소형 수송선에 안전하게 승선할 수도, 하선할 수도 없었다. 낮게 내려앉은 먹구름 때문에 전투기 출정 계획도 백지화해야 할 상황이었다. 연합국의 기상분석팀과 군 수뇌부는 하루에도 몇 번씩 회의를 열었다. 그런 가운데 스태그는 작전 개시일을 나흘 앞둔 6월 1일, 군 지휘관들에게 매우 절망적인 등압선 지도를 제출했다. 작전 성공을 위한 전략적 요충지 네 곳이 모두 저기압으로 뒤덮여 있었던 것이다. 지도상 우측 하단, 그러니까 아조레스 제도는 본디 고기압의 활동이 왕성한 곳이었지만 그날은 온통 저기압으로 뒤덮여 있었고, 저기압대는 스태그의 손가락을 따라 이어졌다. 당시 스태그의 손가락은 아조레스 제도와 거기에서 동북쪽 방향에 위치한 스페인 북부의 비스카야 지방을 향하고 있었다.

하루에 담배 40~60개비를 태우는 애연가 아이젠하워는 강력한 압박 속에서 속절없이 줄담배만 피웠다. 6월 2일에 개최된 회의에서 아이젠하워는 서론을 생략하고 바로 본론으로 들어갔다. 이와 관련해 스태그는 이렇게 기록했다.

"아이젠하워는 그 어떤 인사말이나 미사여구도 없이 방으로 들어오자마자 회의에 돌입하며 '스태그 대위, 시작해 보게'라고 말했다. 나는 '어제 제가 얘기한 내용이 옳다는 말씀부터 드리겠습니다. 영국제도에서 뉴펀들랜드에 이르는 전 지역에 위험이 도사리고 있습니다. 지난 24시간 동안 관측을 했지만, 상황이 나아질지 악화될지에 관해 확실한 정보를 드릴 수가 없는 상황입니다. 지금으로선 심지어 상황이

날씨가 바꾼 세계의 역사

우리에게 최대한 유리한 쪽으로 변한다 하더라도 앞으로 사나흘 동안 영국 해협의 기상 상황은 우리가 바라는 것과는 거리가 멀 것 같습니다. 하늘은 때때로 완전히 먹구름으로 뒤덮일 것으로 예측되고, 바람의 강도도 4 내지 5단계에 달할 것으로 생각하고 있습니다'라고 대답했다."[3]

작전 개시일이 임박해 오면서 기상관측팀은 피로가 누적된 상태에서도 밤을 새워 회의를 지속할 수밖에 없었다. 6월 4일 일요일 새벽 3시에도 회의는 계속됐지만, 상황이 오히려 악화됐다는 결론밖에 나오지 않았다. 이에 아이젠하워는 상륙 일자를 24시간 늦추었다. 사실 계획 자체를 취소해야 할 정도로 상황이 나빴지만, 만약 그랬다면 역사의 나침반은 지금과는 아주 다른 방향을 향했을 것이다.

그날 밤, 10만 명의 선발대는 승선 대기 중이거나 이미 대형 수송선에 타고 있었다. 밤 10시에 다시 회의가 소집됐다. 당시 상황을 기록한 어느 작가는 이렇게 말했다. "그때 기상관측팀을 이끌고 있던 스태그가 엷은 미소를 지으며 아이젠하워에게, '한 줄기 서광이 비치고 있는 듯합니다. 대서양에서 시작된 기상 전선이 예상했던 것보다 빨리 이동하고 있습니다. 이에 따라 6월 5일 저녁부터 다음 날인 6월 6일 아침까지 상황이 우리 측에 꽤 유리해질 것 같습니다'라고 말했다."[4]

사실 스태그는 악천후가 계속 이어질 것이라는 데에 대해 일말의 의심도 없었다. 하지만 모든 데이터가 잠시 잠깐 동안 기상 상황이 호전되리라는 것을 예고하고 있었다. 바람이 완전히 잦아든 것은 아니었지만 강도가 확실히 약해졌고, 구름의 양도 훨씬 더 줄어들었기 때문이었다. 스태그의 발표를 들은 아이젠하워는 세기적 결단을 내렸다. 노르망디 상륙 작전 실행 일자를 6월 5일에서 6일로 넘어가는 날 밤으로 최종 결정한 것이다. 회의를 마친 뒤 아이젠하워는 스태그에게 이렇게 말했다. "흠, 그렇게 하도록 하겠네. 신께서 자네가 우리에게 알려준 날씨를 유지해 주길 바랄 뿐일세. 우리에게 더 이상 그 어떤 비보도 전하지 말게나."[5]

작전이 개시되고 어마어마한 규모의 대이동이 시작됐다. 스태그와 기상관측팀은 마지막으로 다시 한 번 회의를 열었다. 그날 스태그는 이런 글을 남겼다. "우리는 마지막으로 다시 한 번 막사에 모였다. 6월 6일 새벽 1시였다. 포츠머스 상공에는 여전히 구름이 끼어 있었지만 이동 속도가 빠르지 않았고 구름의 양도 그다지 많지 않았다. 그때 유럽 본토 출정을 앞둔 전투기들의 엔진 소리가 들려왔다."[6]

연합군은 독일군에 비해 훨씬 더 큰 규모의 병력을 보유하고 있었고, 앞서 말했듯 확보한 기상 정보의 양도 훨씬 더 많았다. 물론 안심할 수는 없었다. 아이젠하워는 작전이 실패로 돌아갈 경우 모든 책임이 자신에게 있다는 내용의 편지를 미리 작성해 두었다. 그 정도로 연합군의 불안감은 엄청났다. 1944년 6월 6일, 영국의 윈스턴 처칠도 잠자리에 들면서 아내 클레멘타인에게 이렇게 물었다. "내일 아침 눈을 뜬 순간, 2천 명이 전사했다는 소식을 들어야 하는 상황이 상상이나 되시오?"[7]

날씨가 바꾼 세계의 역사

한편, 독일군은 연합군이 영국 해협이 아니라 도버 해협을 통해 유럽 본토에 상륙할 것이라 예상하고 있었다. 특히 독일군 통수권자인 히틀러는 그 정도 규모의 군대가 도버 해협의 7배에 달하는 거리의 영국 해협을 통해 본토에 상륙하리라고는 예상조차 하지 못했다. 스스로 군통수권자의 지위에 오른 히틀러는 해상과 육지에서 동시에 진행되는 전쟁에 익숙하지 않았고, 특히 해전술에 대한 지식은 전무했기 때문이다.

6월 3일에서 4일, 주말 내내 이어진 악천후에 독일군 수뇌부는 안심했고 방심했다. 제아무리 날고 기는 연합군이라 해도 그런 조건에서는 감히 공격을 감행할 수 없다고 본 것이었다. 독일군은 6월 5일에서 6일로 넘어가던 날 밤에 날씨가 잠시 호전되리라는 정보도 입수하지 못한 상태였다. 게다가 노르망디 해안의 방어를 책임지고 있던 독일의 B집단군Heeresgruppe B 사령관 에르빈 롬멜 장군은 그 정도 악천후에서는 그 어떤 일도 일어날 수 없다고 굳게 믿으며 노르망디에서 900킬로미터 넘게 떨어진 자신의 집으로 향했다. 생일을 맞은 아내에게 직접 축하의 말을 전하고 싶었던 것이다.

상륙 작전은 계획대로 무리 없이 진행됐다. 물론 독일 측의 저항이 전혀 없었던 것은 아니다. 저항의 강도는 상륙 지점, 상륙 구역마다 달랐다. 연합군들에게 있어 가장 힘들었던 곳은 오마하 해변이었다. 이른 오후까지 접전이 계속됐기 때문이다. 하지만 미군은 조금씩 상황을 장악했고, 결국 상륙에 성공했다. 6월 6일, 총 16만 명에 달하는 연합군 병사가 영국 해협을 건넜고, 영국 본토에도 10만 명이 바다를 건너기 위해 대기 중이었다. 오마하 해안에서의 접전은 양측 모두에게 큰 손실을 입혔지만 연합군 측 피해가 더 컸다. 연합군 사망자는 4천 명에 달했고, 독일군에서는 1천 명 이상의 사망자가 발생했다.

연합군이 그보다 더 큰 피해를 입을 수도 있었지만, 스태그의 기상분석팀이 내놓은 예측이 정확히 맞아떨어진 덕분에 최악의 상황을 막을 수 있었던 것이다. 스태그가 말한 대로 상륙 작전 당일은 풍속이 비교적 느렸다. 상륙 작전을 감행하기에 최적의 조건은 아니었지만, 당시 상황을 감안할 때 그날이 최선이었다. 게다가 독일군 수뇌부는 히틀러의 최종 승인이 떨어질 때까지 발만 동동 굴렸다. 더 많은 군사를 노르망디 쪽으로 이동시키고 싶었지만, 그 어떤 장군도 감히 히틀러의 동의 없이 군대를 이동시킬 배포가 없었다. 그렇게 상황은 미국의 아이젠하워와 영국의 몽고메리 장군에게 유리한 쪽으로 기울었다.

사실 아이젠하워는 상륙 작전 기일을 다시 한 번 미룰까도 고민했는데, 그랬다면 작전 개시일은 아마도 6월 19일이 됐을 것이다. 6월 19일쯤이면 프랑스 해안에 상륙을 위한 교두보도 이미 구축됐을 테니 결코 나쁜 조건이 아니었다. 하지만 그날, 스태그의 기상분석팀조차 예측하지 못한 대규모 돌풍이 일었고, 연합군의 예상 상륙 지점 인근은 모두 바람에 휩쓸려 초토화됐다. 파고가 심지어 6미터에 달할 때도 있었다.

높은 파도는 연합군이 인공적으로 가설한 멀버리 항도 완전히 파괴해 버렸다. 영국 총리의 이름을 따 '윈스턴 항구Port Winston'라 불리던 인공 항구로, 연합군의 물자 수송에 있어 반드시 필요한 곳

역사상 가장 중요했던 기상예측에 따라
D-데이는 1944년 6월 5일 저녁부터 6월 6일 아침까지로 잡혔다.
결과는 작전 성공이었다.

이었다. 이로 인해 연합군은 계획을 수정해야 했다. 몽고메리 장군을 사령탑으로 하는 캉Caen 전투도 뒤로 미룰 수밖에 없었다. 만약 연합군이 노르망디 상륙 작전을 6월 19일로 미루었다면 갑작스러운 돌풍으로 인해 아비규환 상태에 빠졌을 것이고, 작전을 중단해야 하는 사태까지 내몰렸을 것이다. 상륙을 다시 시도해 볼 수는 있었겠지만, 그랬다면 독일군은 이미 더 굳건한 방어선을 구축하고 있을 터였다.

또한 상륙 시점이 늦춰졌다면 전후 유럽의 지도도 달라졌을 것이다. 소련의 붉은 군대가 독일과 유럽 내 드넓은 지역을 이미 점령한 상태였을 것이라는 뜻이다. 나아가 만약 그랬다면 '철의 장막'의 위치도 달라졌을 것이다.

만약 연합군의 상륙 작전이 지연됐다면 철의 장막은 원래의 위치가 아니라 라인 강 유역이나 해협 인근에 세워졌을 것이다. 그리고 전후 유럽의 상황은 프랑스의 샤를 드골, 미국의 조지 마셜이나 트루먼, 아이젠하워, 독일의 아데나워가 아닌 스탈린의 지휘봉에 따라 요동쳤을 것이다. 그런 의미에서 1944년 6월 5~6일의 노르망디 상륙 작전을 성공으로 이끈 잠잠한 날씨와 스태그의 정확한 예측은 유럽 대륙에 내린 신의 축복이었다고 해도 과언이 아니다.

날씨가 바꾼 세계의 역사

안개에 가로막힌
히틀러 최후의 반격

미군과 영국군 지휘부는 노르망디 상륙 작전의 성공으로 사기가 한껏 충천됐다. 퇴각 중인 독일군의 극렬한 저항이 군데군데서 벌어지고 있었음에도 불구하고 연합군들 사이에서는 이제 거침없는 진격만 남았다는 낙관론이 솔솔 고개를 들기 시작했다. 1944년 8월 25일, 파리까지 탈환하고 나자 모두들 전쟁을 그해 안으로, 아마도 크리스마스 이전에 끝낼 수 있을 것으로 점쳤다.

하지만 반전이 일어났다. 네덜란드 아른헴에 공수부대를 투입하려던 작전이 대실패로 돌아가고 만 것이었다. 그 내용은 〈머나먼 다리〉라는 영화에 잘 묘사되어 있다. 로에르 강 유역을 장악하려던 미국의 공세 역시 독일군의 필사적인 저항에 부딪치며 큰 성과를 내지 못하고 있었다. 이번에도 가장 큰 문제는 군사와 물자의 이동이었다. 최신 무기로 단단히 무장한 미군은 수십만에 달하는 병사들이 먹고 마실 식량을 구하는 동시에, 1만 대가 넘는 전투용 차량을 이동시켜야 했는데 도로가 잘 정비되어 있지 않은데다 모든 것이 파괴된 상태여서 이동이 쉽지 않았다. 물론 개중에는 연합군의 폭격에 의해 파괴된 시설도 상당히 많았다. 전략적 요충지인 앤트워프 탈환도 예상보다 지연됐고, 보급 물자를 실은 첫 배는 11월 28일에야 도착했다. 그때까지 연합군은 무기, 화포, 연료, 그리고 '위圓로써 진군하는' 병사들에게 배급할 식량 대부분을 노르망디 인근의 비행장에서 각 지역으로 실어 날라야 했다.

당시 독일 국경을 따라 주둔하고 있던 병사의 수를 감안하면 그야말로 대규모 물류 이동이었다. 프랑스 북부의 항구도시 됭케르크가 훨씬 더 가까웠지만, 그 지역은 1945년 5월 9일 독일이 항복 선언문에 서명하던 그날까지도 독일군 점령 아래 놓여 있었다. 따라서 연합군은 됭케르크를 물류 기지로 활용할 수 없었다. 물자 부족으로 인해 가장 큰 고통을 받은 이는 아마도 조지 S. 패튼 미군 제3군단장이었을 것이다. 패튼 장군은 히틀러가 미국 장군들 중 최고의 지휘관이라 칭찬했을 만큼 뛰어난 군인이었다. 하지만 패튼 장군이 이끄는 제3육군은 라인란트-팔츠로의 진격을 중단해야 했다. 필요한 150만 리터의 연료 중 지급된 것은 12만 리터뿐이었기 때문이다.

연합군의 진군은 그렇게 잠시 중단됐지만, 아이젠하워 측 지휘관들 중 장차 그보다 심각한 문제가 발생할 것이라 믿는 이는 아무도 없었다. 특히 독일군의 강력한 반격은 없을 것이라고, 있다고 해봤자 바늘로 콕콕 찌르는 정도밖에 되지 않을 것이라고 내다보았

날씨가 바꾼 세계의 역사

다. 1944년 12월, 눈으로 뒤덮인 아르덴 숲에서 전투를 치르게 될 것이라는 예상은 아무도 하지 못했던 것이다. 프랑스 동북부와 벨기에 동부의 언덕 지형에 걸쳐 있는 아르덴 숲은 빽빽한 삼림을 자랑하지만, 궂은 기상 상황으로도 악명이 높은 곳이었다.

그러니 연합군 측에서는 더더욱 독일군의 대규모 보병 부대가 아르덴 숲과 그 뒤의 아이펠 산맥을 그 시기에 통과하리라고는 짐작조차 하지 못했다. 4년 반 전에 바로 그 언덕에서 전격전이 벌어졌고 1940년 5~6월에도 독일이 프랑스군을 기습 공격했던 곳이었지만, 그때의 뼈저린 교훈을 망각해 버린 것이었다. 당시 아르덴 숲에는 독일 국경 지역에서 다시 프랑스로 되돌아온 부대원들과 로에르 강 인근에서 일전을 치른 연합군 병사들이 휴식을 취하며 재충전을 하고 있었고, 그러다 보니 전선 관리가 소홀한 지역이 더러 있었다. 해당 지역 주둔군들 중 최장거리 전선의 방어를 책임지고 있던 부대는 미국의 집단군이었다. 총 32킬로미터의 연장선을 책임지고 있었는데, 1킬로미터당 배치된 병력의 수가 400명도 채 되지 않았다.

한편, 공중전과 지상전의 긴밀한 조합을 중시하던 통수권자 아이젠하워는 우선 폭격을 통해 적군을 당황시킨 다음 곧이어 폭격과 함께 지상부대 공습을 동시에 활용하는 전법을 자주 활용하곤 했다. 그런데 악천후에 최고의 효율을 발휘할 수 있는 전술이나 전략에 대한 지식은 매우 부족했다. 사실 군사학적으로 보더라도 열악한 기상 상황에서 전투를 치러야 할 때 참고가 될 만한 모범 사례는 그다지 많지 않았다.

그 반대편에 서 있던 결정권자, 히틀러는 적군의 예상을 완전히 뒤엎는 전략을 선택했다. 독일군 지휘관들은 히틀러의 결정이 옳지 않을 수 있다며 매우 조심스럽게 조언했지만, 어차피 참모들 중 히틀러의 결정에 정면으로 반기를 들 만큼의 배짱을 지닌 이는 아무도 없었다. 어쩌다 반론을 제기할 때에도 모깃소리로 의견을 피력할 뿐이었다. 히틀러는 그런 충고들을 깡그리 묵살한 채 서부 전선에 모든 것을 걸겠노라는 독단적 결정을 내렸다. 자신의 '예지력'에 모든 판단을 맡긴 것이었다. 그런데 인종차별주의에 사로잡힌 히틀러는 미군, 그중에서도 피부색이 어두운 미군을 얕잡아 봐도 너무 얕잡아 봤고, 미군이 구축한 전선을 한방에 무너뜨릴 수 있다는 비현실적인 착각에 빠졌다. 히틀러는 아르덴 숲이야말로 프로이센의 군사 전문가 클라우제비츠가 말한 결정전의 무대가 되어줄 것이라 믿었다.

그런 선택을 한 이유는 첫째, 그곳의 전선 방어가 허술하다는 점 때문이었다. 앞서도 언급했듯 실제로 연합군의 아르덴 숲 전선 방어 상태는 꽤 허술한 편이었다. 둘째, 아르덴 숲 북쪽을 칠 경우 미군과 영국군을 분리할 수 있다는 장점이 있었다. 셋째, 대공세의 최종 목적지인 앤트워프에서 160킬로미터밖에 떨어져 있지 않는다는 장점이 있었다. 게다가 아이펠 산맥과 아르덴 숲은 나무가 많아서 연합군의 폭격이 쉽지 않았다. 그 상황에서 히틀러에게 무엇보다 필요한 것은 악천후였다. 전투 개시 이전은 물론이요, 몇 날 며칠이 되든 몇 주가 되든 대공세가 진행되는 내내 악천후가 계속되어 준다면 더 이상 바랄 것이 없었다. 미군과 영국군의 폭격기가

날씨가 바꾼 세계의 역사

뜰 수조차 없을 것이기 때문이었다.

히틀러는 아르덴 숲의 가을 날씨가 상당히 궂은 것을 잘 알고 있었고, 기상분석팀의 브리핑을 들은 후 공격 일자를 11월 25일로 결정했다. 하지만 병력 소집과 물자 확보 때문에 결국 12월 중순으로 날짜를 미루어야 했다. 전투 초반부터 독일군을 끝까지 괴롭힌 최대 난제는 연료였다. 연합군이 대규모 공습을 통해 독일 내 휘발유 생산 시설이나 연료 운반에 필요한 각종 장비와 시설들을 대부분 파괴해 버렸기 때문이었다. 아르덴 숲 대공세 때 가장 중요한 목표 지점 중 하나가 미국의 연료 저장고였던 것도 그런 배경에서 나온 결정이었다. 독일군이 확보한 연료로는 앤트워프까지 도저히 도달할 수 없는 상황이었다.

독일군은 5개의 기갑사단과 12개의 보병사단으로 구성되어 있었고, 병력 규모는 약 20만 명이었다. 아르덴 숲 대공세는 '헤르프스트네벨Herbstnebel', 즉 '가을 안개'라는 작전명 아래 진행됐다. 상황에 딱 들어맞는 작전명이었다. 두텁고 짙은 안개는 아르덴 숲 전체를 휘감고 있었고, 낮게 드리워진 먹구름 때문에 시야 확보는 거의 불가능했다. 영국 정찰대 소속 전투기들은 아예 뜨지 못하거나, 떴다 하더라도 독일군의 준비 상황을 제대로 감시하지 못했다.

작전 관련 기밀이 새어나가지 않았던 데에는 한 가지 이유가 더 있었다. 독일군이 '무선 침묵radio silence' 상태를 유지한 것, 즉 전파가 송수신되는 그 어떤 장비도 보안상의 이유로 사용하지 않았던 것이다. 전쟁 초반에 이미 영국군은 '울트라Ultra'라는 작전명으로 독일군의 암호를 해독해 내는 데에 성공한 바 있었다. 전쟁의 흐름을 연합군에 유리한 방향으로 움직이는 데 혁혁한 공을 세운 쾌거였다. 독일도 물론 자신들의 암호가 새어나가고 있다는 사실을 감지했고, 가을 안개 작전이 벌어진 그해 12월에는 오직 인편으로만 소식을 주고받았다.

공격은 1944년 12월 16일, 이른 아침에 시작됐다. 서부 전선 드넓은 지역에는 눈이 무릎까지 쌓여 있었고, 안개가 얼마나 짙었던지 연합군은 인근에 독일군 행렬이 지나가고 있다는 사실조차 몰랐다. 뒤늦게 그 사실을 눈치 챈 연합군은 낮게 드리운 구름 사이로 야간 행군 중인 독일군들을 위협하기 위해 각종 조명을 동원했다. 하지만 낮 내내 얼음처럼 차가운 비가 내리면서 안개는 더더욱 세력을 확장해 나갔다. 북쪽으로는 독일 노르트라인-베스트팔렌 주의 몬샤우부터 남쪽으로는 룩셈부르크 동부의 에히터나흐에 이르기까지 안개가 온 지역을 뒤덮고 있었다.

독일군의 공격에 맞설 미군 병력은 약 8만 3천 명이었다. 독일군의 전진 속도는 미군의 경험과 전투력에 좌우됐다. 예컨대 전체 전선 중 중부 지역에서는 독일군이 빠른 속도로 영토를 장악해 나갔고, 혼비백산이 된 미숙한 미군들을 무차별적으로 공격했다.

하지만 중부를 제외한 다른 지역에서는 독일군이 큰 성공을 거두지 못했다. 북부에서는 2개의 독일 척탄사단의 공격이 미군 99사단의 강력한 반격으로 인해 실패로 돌아갔다. 결론적으로 독일군은 진격 초반, 서부 전선 중부에서만 어느 정도 전진을 한 상태였던 것이다. 그 결과, 연합군 참모들의 지도에는 폭 60킬로미터에 깊이 80킬로미터 가량의 불룩한 혹 하나가 서쪽으로 튀어나와 있었다.

독일군은 아르덴 숲의 짙은 안개를 틈타 기습에 성공했으나
안개가 걷히면서 전열을 다듬은 연합군의 반격에 속수무책 무너졌다.

아르덴 숲 대공세에 '벌지 전투Battle of Bulge', 즉 '혹 전투'라는 별명
이 붙은 것도 그 때문이었다.

도주에 실패했거나 도주 시도 자체를 아예 포기해 버린 미군
병사들은 직접 참호를 판 뒤 그 안에서 지원 병력이 오기만을 기다
렸다. 한 병사는 훗날 이렇게 회고했다. "바람이 폭풍처럼 강했고,
눈보라가 총알처럼 뺨을 때렸다. 전선을 따라 따뜻한 식량을 조달
하는 것이 불가능했기 때문에 우리는 물이 필요 없는 배급 식량인
K 레이션만으로 끼니를 때워야 했다. 축축하고 차가운 참호 속에서
꼼짝도 하지 못하게 되면서 동상의 일종인 참호족塹壕足에 걸리는
병사들도 속출했다. 또, 시간이 지나면서 추위와 피로, 지루함이 겹

치면서 미쳐버릴 것 같다는 생각이 들기도 했다. 구토를 하는 동료도 있었고, 자기도 모르게 오줌을 지리거나, 울음을 터뜨리는 등 각종 증상들이 발생했다."[1]

당시 독일군이 연합군에 비해 확실한 우위를 차지한 분야가 하나 있었다. 바로 두터운 겨울 외투였다. 소련과 치른 4년간의 전투에서 얻은 값진 교훈인 것이다.

전투가 개시된 바로 다음 날, 미군은 전력 보강의 필요성을 깨닫고 6만 명의 병력과 1만 1천 대의 차량을 전투지로 파병했다. 미군 측의 전력상 우세는 금세 효과를 발휘했다. 거기에 가장 큰 공을 세운 부대는 패튼 장군이 이끄는 3군단이었다. 3군단은 아이젠하워의 지시에 따라 북쪽으로 진격 방향을 돌려야 하는 상황이었다.

진군에 앞서 패튼 장군은 룩셈부르크의 어느 교회에서 이렇게 기도한다. "주님, 저는 패튼입니다. 어느 편에 서실지 이제는 결정하셔야 합니다. 저를 도와 독일군을 완전히 몰아내 주십시오. 그것은 아마도 주님의 아들이신 평화의 왕자에게 바치는 생일 선물이 될 것입니다."[2] 패튼은 또 병사들에게 메시지가 인쇄된 카드를 돌리기도 했는데, 거기에는 병사들이 무엇을 위해 기도해야 할지가 적혀 있었다. 기도 제목은 바로 '더 좋은 날씨'였다.

실제로 신께서 패튼 장군의 경건한 기도에 응답을 한 것인지 아닌지는 알 수 없지만, 상황은 조금씩 연합군에게 유리하게 돌아갔다. 12월 19~21일까지만 하더라도 안개는 여전히 짙었고, 지역에 따라서는 가시거리가 100미터 이하인 곳도 있었으며, 안개 때문에 미군이 쏜 포탄이 목표 지점을 빗나가기 일쑤였다. 벨기에의 생비트 인근에서는 12월 19일 8천 명의 미군이 한꺼번에 투항하는 사태가 벌어지기도 했다. 이는 1861년에서 1865년까지 이어진 미국의 남북전쟁 이후 최대 규모로 미군 병사가 스스로 항복을 선언한 사건이었다. 악천후는 12월 22일에도 이어졌다. 가시거리가 150미터 이하였고, 눈과 비까지 쏟아졌다.

하지만 12월 23일, 상황은 급반전을 맞았다. 시베리아 고기압대의 끝자락이 아르덴 숲에 도달한 것이었다. 아침까지만 하더라도 450~900미터에 불과하던 가시거리가 늦은 오후가 되면서 5킬로미터까지 늘어났다. 살을 에는 듯 춥지만 청명한 날씨가 시작된 것이다. 연합군은 그 즉시 전투기를 띄웠다. 악천후 때문에 무려 아흐레 동안 비행장에 갇힌 신세였던 전투기들이 드디어 294회의 출정을 소화하는 순간이었다. 연합군은 다음 날인 12월 24일에는 전투기 출격 횟수를 무려 2,381회로 늘렸다.

전투기의 정찰과 지원 사격을 등에 업은 패튼의 부대는 교통요충지인 바스토뉴Bastogne에서 독일군을 몰아냈고, 바스토뉴의 방어를 책임지고 있던 제101공수사단의 지휘관 앤서니 C. 맥컬리프 준장은 독일군이 보내온 항복 권고문을 손에 쥔 채 "엿이나 먹어라Nuts!"라며 한마디의 욕설을 남김으로써 훗날 전설적 영웅 대열에 합류했다. 달라진 기상 상황에 축제 분위기에 빠진 패튼 장군은 그날의 기억을 나중에 이렇게 기록으로 남겼다. "청명하고 추운 크리스마스이자 독일군을 죽이기에 매우 멋진 날씨다. 하지만 오늘이 누구의 생일인지를 생각하면 기묘한 느낌이 들기도 한다."[3]

춥지만 맑은 날씨가 계속되면서 독일군의 시름은 더 깊어졌다.

연합군의 늘어난 폭격 때문만은 아니었다. 벌지 전투 기간 동안의 날씨에 대해 미군은 이런 분석을 내놓았다.

"23일, 차갑고 건조한 동풍이 극적으로 불어닥치면서 독일군은 공중전으로부터 자신들을 보호해 주던 커다란 방호막을 잃어 버렸는데, 그게 전부가 아니었다. 아이펠 산맥 주변으로 강풍과 더불어 눈보라까지 몰아쳤고, 이로 인해 라인 강 서쪽으로 이어지는 주요 도로들이 마비되면서 보급 물자 공급도 중단되다시피 했다. 말들이 이끄는 제설용 쟁기들은 그다지 효과적이지 못했고, 땔감이 절실하게 필요했던 독일 병사들은 눈이 쌓이는 것을 막기 위해 설치해 두었던 울타리마저 해체해 버렸다. 이후 제설 차량들이 아이펠 산맥에 도착했지만 미국의 폭격기들이 이동 중인 모든 차량을 눈에 띄는 족족 폭파해 버렸다."[4]

맑은 날씨가 이어진 나흘 동안 연합군의 전투기는 총 1만 5천 회 이상 출정했다. 연합군의 압승으로 끝난 공중전과 아이젠하워가 파견한 대규모 병력은 히틀러 최후의 대공세를 실패하게 만든 원동력이었다. 독일 서부군 최고사령관 게르트 폰 룬트슈테트는 공중전에서는 독일이 연합국의 상대가 되지 않는다는 사실을 절감했고, 종전 후 진행된 신문訊問에서 가을 안개 작전이 실패로 돌아간 원인을 다음 세 가지로 꼽았다.

"첫째, 그들의 공중전 능력이 믿을 수 없으리만치 우세했고, 그로 인해 우리는 낮 동안 꼼짝도 하지 못했다. 둘째, 연료가 부족해서 우리 측 탱크와 전투기가 작전을 거의 수행할 수 없었다. 셋째,

날씨가 바꾼 세계의 역사

열차 궤도를 체계적으로 파괴한 탓에 우리는 단 한 량의 열차도 라인 강 너머로 보낼 수 없었다."[5]

12월 28일, 사라졌던 안개가 원래 자리로 되돌아왔다. 크리스마스를 전후해 독일군의 탱크와 전투기, 참호 등을 정확하게 타격하면서 적국에 악몽과 같은 시련을 안겨 주었던 미군의 폭격기 B17과 B26, 나아가 저고도 비행에 적합한 P47 '선더볼트'와 P38 '라이트닝' 등은 나빠진 기상 상황 때문에 다시금 개점휴업 상태에 들어가야 했다. 하지만 독일군은 이미 심한 타격을 입었고 물자까지 부족하던 터라 적국기가 뜰 수 없는 상황을 자신들에게 유리하게 활용할 수 없었다.

참고로 당시 날씨를 추적한 미국의 어느 논문에는 다음과 같은 내용이 실려 있다. "12월 28일, 하늘은 낮게 깔린 층운으로 덮여 있었다. 그다음 날에는 스칸디나비아에서 불어닥친 북극의 차가운 공기가 대거 몰려오더니 눈폭풍과 강력한 블리자드로 이어졌고, 이로 인해 지상에서의 가시거리가 극도로 줄어들었다. 차량들은 매우 느린 속도로 전진할 수밖에 없었고, 보병들은 발이 푹푹 빠지도록 높이 쌓인 눈 사이를 행군하다가 이내 지쳐 버렸다. 쇼크 상태에 빠진 부상병들은 눈 속에 30분 넘게 방치되어 있다가 그대로 사망했다."[6]

악화된 기상 상황은 그 후에도 몇 주 동안 지속됐다. 하지만 독일군의 피해가 워낙 커서 미군은 전투기를 띄우지 않고도 쉽게 진격할 수 있었고, 이듬해 1월 28일에는 앞서 지도상에 튀어나와 있다고 말했던 혹, 즉 벌지 전체를 탈환하는 데 성공했다.

그 이후부터는 서방 연합군의 앞길을 가로막는 심각한 난관은 발생하지 않았다. 1945년 3월 24일, 패튼 장군은 자신의 부대가 직접 설치한 부교를 건넜다. 그 다리는 히틀러의 제3제국을 완전히 무너뜨리고 라인 강 지역을 탈환하러 가는 길에 놓인 마지막 장벽이었다. 패튼 장군은 잠시 그 다리에 멈춰 서서 군복 바지의 지퍼를 내리고 강물에 소변을 보았다. 역사적 순간을 자기만의 독특한 방식으로 기념한 것이었다.

모래 폭풍 속의 최후,
독수리 발톱 작전

그 사건이 일어나기 전까지 미 대통령 지미 카터는 '하부브^{Haboob}'라는 단어를 아마 들어본 일조차 없었을 것이다. 하부브란 사막 지역에 부는 일종의 모래 폭풍으로, 계절풍이 건조한 공기층과 만나면서 발생하고, 회오리 형태로 엄청난 양의 모래와 먼지를 동반하는 것이 특징이다. 실제로 하부브를 체험해 본 이들의 증언에 따르면 거대한 '먼지 벽' 하나가 자신을 향해 다가오는 것 같고, 얼른 대피해야겠다는 생각밖에 들지 않는다고 한다. 모래 폭풍의 풍속은 시속 80킬로미터 이상으로, 폭풍이 잠잠해질 무렵이면 으레 뇌우가 시작된다. 하부브는 좁은 지역에 국한된 바람이 아니다. 먼지와 모래덩어리들은 무려 100킬로미터까지 이동하고, 회오리바람의 높이도 수 킬로미터에 달한다.

1980년 4월 24일, 지미 카터 대통령도 하부브의 위력을 확인했다. 조지아 출신의 땅콩 농장 경영인이던 카터는 공화당 출신의 리처드 닉슨이 워터게이트 사건으로 물러난 지 2년 뒤인 1976년, 미합중국 최고의 자리에 선출됐다. 카터가 현직 대통령이던 제럴드 포드를 누르고 대통령에 당선될 수 있었던 원동력은 버지니아 주를 제외한 남부의 모든 주에서 승리했기 때문이었다. 참고로 카터 이후, 민주당 출신 후보가 그 정도의 승리를 다시 거두기까지는 매우 긴 세월이 걸렸다. 집권 초반 2년 동안 카터의 실적은 대체로 무난했다. 1978년 캠프 데이비드에서 이스라엘과 이집트 사이에 평화 협정이 맺어지도록 중재한 것이 아마도 가장 큰 치적이었을 것이다.

하지만 1979년 에너지 위기가 발생하면서 주유소마다 기름을 넣으려는 기나긴 행렬이 줄을 잇고 두 자릿수 인플레이션까지 기록하면서 내정은 커다란 위기에 빠졌다. 1979년 7월, 카터는 어느 연설에서 '무력감(malaise)'이라는 단어를 언급하면서 국민들을 더더욱 큰 불안에 빠뜨렸다. 실제로 미국의 상황은 좋지 않았다. 게다가 그 나쁜 상황이 더 나빠질 것이라는 전망까지 나왔다. 베트남 전쟁과 워터게이트 사건으로 큰 충격에 빠진 강대국 미국 앞에 지금껏 겪어 보지 못한 절망감이 놓여 있었던 것이다.

1979년 11월 4일, 한 무리의 '학생들'이 테헤란 주재 미국 대사관을 습격했다(각자의 정치적 견해에 따라 그들을 '학생'이라 부르는 이들도 있고, '테러리스트'라 부르는 이도 있다). 혁명을 통해 이란의 최고 지도자 자리에 오른 아야톨라 호메이니를 따르는 이들이었다. 당시 미 대사관을 지키던 해병들은 일체의 무력 대응을 자제하라는 윗선

날씨가 바꾼 세계의 역사

의 명령에 따라 아무런 행동도 취하지 않았고, 이에 따라 학생들은 공관에 무혈 입성한 뒤 대사관 직원들을 손쉽게 인질로 붙잡았다. 처음 미 대사관에 난입한 이들 대부분은 학생이었지만, 그 후 며칠에 걸쳐 도저히 학생으로 보이지 않는 무장 세력들이 가세했다.

대사관 점령자들의 요구는 1년 전, 이란을 탈출한 뒤 암 치료를 빌미로 미국에 머무르고 있는 전 국왕 무함마드 레자 팔레비의 신병을 인도하라는 것이었다. 또한 테러리스트들은 과거 미국이 이란에 자행한 각종 부당한 행위에 대해 진정한 사과를 해야 한다고 촉구했다. 며칠 뒤 인질범들은 대사관 직원들 중 유색인과 여성 몇 명을 풀어 주었다. 테러범들이 몇몇 인질을 풀어 준 이유에 대해서는 여러 가지 뒷이야기가 있는데, 미국에서 차별받고 있는 이들에 대한 자비심을 보여 주는 동시에 이슬람 교리가 얼마나 여성을 존중하는지를 보여 주기 위한 쇼였다는 이론이 가장 설득력을 지닌 듯하다.

미국 외교관 6명은 캐나다 대사관의 도움으로 탈출에 성공하기도 했는데, 이 내용은 벤 에플렉 주연의 영화 〈아르고Argo〉에 잘 나와 있다. 하지만 대사관 안에는 여전히 52명의 미국인들이 인질로 잡혀 있었다. 그들을 기다리고 있는 것은 절망과 공포, 고문과 살해 위협으로 점철된 끔찍한 시간들이었다.

미국 정부는 처음부터 해당 사태를 외교적으로 해결하겠다는 취지를 밝혔지만, 이란 측에서는 자신들의 입장을 대변할 외교협상가를 찾기가 쉽지 않았다. 그러자 카터는 미국 내 이란의 자금을 동결시키는 조치를 취했다. 하지만 그 조치는 테헤란의 미 대사관을 점령 중이던 학생들에게는 별 효력이 없었다. 이란 미 대사관 인질 사건은 미국 내 그 어떤 사건보다 더 중대한 이슈로 부상했다. 하루하루 흐를수록 미국인들의 분노와 절망감은 점점 더 커져 갔다. 뉴스가 방영될 때면 앵커의 뒤편에는 늘 "31일째……, 64일째……, 122일째……"라는 식으로 인질 사건이 일어난 날로부터 며칠째인지를 알리는 자막이 표시됐다.

몇몇 지역에서는 나무에 노란 리본을 매달기도 했다. 노란 리본은 오랫동안 고대해 온 귀향을 상징하는 것이었다. 성조기가 달린 깃발을 땅에 꽂기도 했다. 하지만 수많은 미국인들의 애타는 염원과는 달리 아무런 진전도 없이 시간만 흘렀다. 인질 구출을 위한 미국의 제안들은 대부분 호메이니의 지시에 의해 무위로 돌아가고 말았다. 카터는 남은 집권 기간 동안 그 사태를 해결하는 것이 자신의 최대 과제라는 사실을, 나아가 시간이 흐를수록 지도자로서의 자신의 능력에 대한 미국인들의 불신이 커져 가고 있다는 사실을 절감했다.

1980년 봄, 카터는 드디어 군대를 동원하겠다는 결단을 내린다. 미 육군 특수부대인 델타포스를 투입해서 인질을 구출하겠다는 계획이었다. 이에 따라 미 군부는 미국 전투 역사상 가장 대담한 계획 중 하나라 할 수 있는 작전을 세웠다. 작전 성공을 위해서는 여러 개의 톱니바퀴들이 제대로 맞물려 일사불란하게 돌아가야 했고, 일말의 실수도 허용되지 않았다. 그 외에도 날씨의 적극적인 협조가 필요했다. 작전에 투입될 부대원들은 애리조나 주 남서부의 유마Yuma 시에서 훈련을 받았다. 사막 지대인 유마가 이란과 비슷한 지형을 지니고 있었기에 그곳이 훈련지로 선택된 것이었다. 작전 성공을 위한 또 다른 중대 요건은 들키지 않고 병사와 수송기들을 실어 나르는 것, 나아가 수송기들이 제대로 작동해야 한다는 사실이었다.

1980년 4월 초, 미 공군 소속 장교 한 명이 이란의 사막지대에 몰래 착륙한 뒤 외딴 지역에 착륙용 활주로를 열고 랜딩 지역을 표시하는 랜딩 라이트도 설치했다. 착륙로 안내용 램프들은 비행 중인 전투기 조종사가 무선으로 켤 수 있는 방식으로 고안된 것이었는데, 빛의 강도는 매우 약했지만 활주로를 희미하게나마 알아차릴 수 있는 정도는 됐다. 테헤란에서 동남쪽으로 300킬로미터 이상 떨어진 그 임시 기지에는 '데저트 원Desert One'이라는 이름이 붙었다. 데저트 원에 도착한 미군 헬기들은 기름 탱크를 가득 채운 뒤 수도 테헤란과 좀 더 가까운 곳에 위치한 '데저트 투Desert Two'로 날아가 델타포스 요원들을 내려 줄 계획이었다. 그러면 부대원들은 낮 동안 최대한 몸을 감추고 숨어 있다가 인질 구출 작전을 개시할 예정이었다. 그것이 바로 '독수리 발톱 작전Operation Eagle Claw'이었다.

1980년 4월 24일, 6대의 C-130 허큘리스 수송기가 오만의 어느 섬 기지를 출발했다. 수송기들은 어둠 속에서 일체의 전파 장비를 사용하지 않은 채 데저트 원을 향해 날아갔다. 조종사들은 이란의 레이더 감시망 성능이 낮은 편이었기 때문에 활주로를 찾고 착륙하는 데에 큰 무리가 없을 것으로 판단했다. 그날 이륙한 6대의 수송기 중 3대에는 군인들과 각종 장비, 무기들이 실려 있었고, 나머지 3대에는 나중에 헬기에 급유할 기름을 담은 연료탱크들이 실려 있었다.

한편, RH-53D 시스텔리온 헬기 8대도 미 항공모함 니미츠 호를 떠나 이륙했다. 테헤란 대사관에 갇혀 있는 인질들과 구조요원들 모두를 싣고 빠져 나오기 위해서는 최소 6대의 헬기가 필요했다. 그런 상황이다 보니 8대는 그리 여유 있는 수량은 아니었다. 어쨌든 미군의 계획은 이란 측 공군 기지 하나를 확보한 뒤, 헬기로 수송된 인질들을 그보다 더 큰 C-141 스타리프터 수송기에 옮겨 태운 후 탈출시키는 것이었다.

하지만 중간에 뜻밖의 사고가 발생했다. 8대의 시스텔리온 헬기 중 1대가 로터roter에 손상이 발생하면서 이란 영토에 비상 착륙을 해야 했던 것이다. 거기에 타고 있던 요원들은 다른 헬기로 옮겨탔고, 헬기는 8대 중 7대가 남았다. 그런데 C-130 허큘리스 수송기 중 한 대에 타고 있던 누군가가 자정 직전 지평선 위로 안개가 자욱한 것을 발견했다. 3주 전, 비밀리에 랜딩 라이트를 설치한 존 T. 카니 소령이었다. 카니는 하부브가 다가오고 있다는 사실을 직감했다. 그 지역을 통과할 때 즈음하여 수송기 내부의 온도가 심각하게 상승했기 때문이었다. 다행히 4기의 엔진을 장착하고 있던 거대 수송기 허큘리스는 모래 폭풍을 견딜 힘이 있었다.

그러나 헬기의 상황은 달랐다. 이번 작전에서 비행 분야를 책임지고 있던 공군 대령 제임스 H. 카일은 '무선 침묵' 명령에도 불구하고 즉각 본부에 연락을 취했다. 카일의 메시지는 헬기 조종사들에게 하부브 경고를 전달하라는 것이었다. 하지만 하부브라는 암호명은 존재하지 않았고, 카일 대령의 메시지는 헬기 조종사들에게 전달되지 않았다. 시스텔리온 헬기들은 폭풍 속에서 시야를 전혀 확보하지 못했고, 대열은 흐트러졌으며, 기체가 극심하게 요동치는 가운데 보이지 않는 곳을 향해 불안한 비행을 계속했다. 그러던 중 헬기 한 대의 내비게이션 시스템이 폭풍 한가운데에서 작동을 멈춰 버렸다. 탑승자들은 안전을 위해 니미츠 항모로의 귀환을 결정했다. 이로써 독수리 발톱 작전에 투입될 헬기는 6대로 줄어들었다.

6대의 허큘리스 수송기는 칠흑 같은 어둠 속에서도 계획된 시간에 맞춰 안전하게 착륙했다. 그런데 수송기에서 내린 군인들의 눈앞에 펼쳐진 광경은 지휘부에서 말했던 것과는 조금 달랐다. 텅 비어 있을 것이라던 사막에 몇 대의 차량이 지나다니고 있었던 것이다. 데저트 원 기지의 임시 활주로 위를 달리던 차량 두 대 중 한 대는 연료탱크를 실은 트럭이었고, 나머지 한 대는 승객을 실은 버스였다. 델타포스 팀은 버스 기사에게 정지 명령을 내렸다. 하지만 이란 국적의 빈민들로 추정되는 그 승객들을 어떻게 처리해야 좋을지 몰랐다.

당시 카터 대통령은 워싱턴 작전지휘본부에서 시시각각 상황 보고를 받고 있었다. 세부 사항까지 직접 꼼꼼하게 지시를 내리는 타입인 카터 대통령은 승객들을 수송기에 태워 안전한 곳으로 대피시켰다가 작전 종료 후 다시 이란으로 돌려보내라는 명령을 내렸다. 연료탱크 트럭은 대전차포로 파괴해 버렸다. 트럭 운전수는 때마침 지나가는 다른 트럭으로 몸을 피해 간신히 목숨을 건졌다. 개미 한 마리 없을 것이라 생각했던 사막 한가운데에 차량이 총 세 대나 지나간 것이었다. 연료를 가득 실은 트럭이 커다란 불길을 내뿜으며 활활 타올랐다. 불길이 얼마나 강했던지, 기지를 향해 날아오던 시스텔리온 헬기의 조종사들은 모두 허큘리스 수송기 중 한 대가 추락한 것으로 착각할 정도였다.

예기치 못한 하부브로 인해 작전 수행 시간과 관련된 계획도 뒤틀어졌다. 게다가 차량을 세 대나 만났으니 절대로 들켜서는 안 된다는 원칙도 무너져 버렸다. 그럼에도 불구하고 지휘부로부터 작전을 계속하라는 명령이 떨어졌다. 문제는 또 있었다. 활주로의 상태가 모래 폭풍으로 인해 달라진 것이었다. 카니 소령이 그 지역을 점검했을 때만 하더라도 활주로는 단단했지만, 이제는 그 위에 두터운 먼지와 모래가 쌓여 있었다. 요원들의 발목이 잠길 정도로 모래층이 두터운 곳도 있었다. 수송기가 다시 이륙할 수 있을지조차 불투명했다. 게다가 헬기 중 한 대의 유압 장치마저 고장이 나서 비행이 불가능해졌다. 이제 남은 헬기는 5대.

작전 책임 장교들은 델타 팀의 규모를 축소해서 5대의 헬기만으로 작전을 지속하면 어떻겠느냐고 물었다. 요원들의 사기와 의욕도 하늘을 찌를 듯 높았다. 하지만 워싱턴에서는 작전을 중단하라는 명령을 내렸다. 카터는 "제길, 제기랄!"만 반복했고, 이란에서 희소식이 날아오기만을 기다리는 부통령 월터 먼데일과 대통령의 최측근 자문위원인 워런 크리스토퍼, 해밀튼 조던, 조디 파웰에게 사태의 긍정적인 면을 바라보자고 호소했다. 적어도 미군 측 사상자도, 이란의 민간인 피해도 없었다는 점에서 위안을 찾으려 했던 것이었다. 참고로 국무부 장관이었던 사이러스 밴스는 군사 투입 작전 대신 외교적으로 사태를 해결하자고 주장하다가 결국 자진

사막에서 불어오는 모래폭풍 하부브(위)의 위력에
미 구조대의 헬기는 제기능을 못했고,
독수리 발톱 작전을 '대실패'로 몰고 갔다.

사퇴해 그 자리에 없었다.

하지만 상황은 이내 달라졌다. 두꺼운 모래층에 박혀 있던 헬기를 억지로 이륙시키는 과정에서 너무 많은 모래가 휘날렸고, 조종사들의 시계 확보가 어려워졌다. 그 상태에서 헬기의 로터블레이드가 허큘리스 수송기 한 대를 건드려 수송기가 추락하고 말았다. 기름 탱크를 가득 싣고 있던 C-130 허큘리스는 굉음을 내며 폭발했고, 사막 한가운데서 일어난 불지옥 속에서 미군 병사 8명이 목숨을 잃었고, 수많은 요원들이 중화상을 입었다.

그 소식이 백악관에 전달된 순간, 카터의 얼굴은 순식간에 창백해졌다. 카터의 자문위원이었던 조던은 구토를 했다. 이란 인질 구출작전에 대한 기사를 쓴 마크 보든은 해당 작전에 대해 이렇게 평했다. "미국의 최정예 구출 부대는 8명의 요원과 7대의 헬리콥터, 그리고 C-130 1대를 잃었고, 적들과는 접촉조차 하지 못했다. 그것은 대실패였다. '대실패debacle'라는 단어의 정의를 정확히 보여주는 상황이었다."[1]

다음 날 저녁, 카터는 이란에서 발생한 대참사와 작전 실패의 원인을 설명하는 대국민 성명을 발표했다. 미국인들은 작전 실패의 가장 큰 원인이 하부브였다는 데에는 동의했다. 하지만 정치적, 군사적 무능 역시 큰 몫을 차지하지 않았을까 하는 의심이 제기됐다. 전 세계 최고의 군사 강국인 미국이 왜 그토록 위험한 작전에 헬기를 단 8대밖에 투입하지 않았는지를 아무도 이해하지 못했던 것이다. 독수리 발톱 작전의 실패는 카터 정권의 생명에도 종지부를 찍었다.

작전이 실패로 돌아가고 나서 약 반년 후, 공화당 출신의 로널드 레이건이 압승을 거두며 백악관에 '연착륙'했다. 사막 한가운데에서 벌어진 대실패는 미국의 선거판을 '우향우'로 돌려놓았고, 그러한 추세는 오늘날까지도 지속되고 있다. 당시 카터가 대승을 거두었던 남부의 주들 역시 지금은 공화당의 손아귀에 놓여 있다.

잠깐, 그런데 그 인질들의 운명은 어떻게 됐을까? 인질들은 1981년 1월 20일, 레이건이 취임하던 날 444일 간의 기나긴 억류 끝에 다시 자유의 몸이 됐다!

기억하기 싫은 이름,
카트리나

현재 진행 중인 지구온난화가 초래할 여파에 관해서는 논란이 분분하다. 극단적 기상 악화를 불러온 원인에 대한 각종 이론도 쏟아지고 있다. 몇몇 기상 전문가들은 기온 상승, 특히 수온 상승과 열대성 폭풍(대서양과 남태평양의 허리케인, 태평양의 드넓은 지역에 걸쳐 빈번하게 발생하는 태풍, 인도양 근처의 사이클론 등) 사이에 모종의 연관성이 있다고 주장한다. 하지만 그러한 연관관계를 부정하거나 아예 정면으로 반박하는 학자들도 있다. 기온이 높아질수록 폭풍 발생 빈도가 낮아진다는 것이다. 확실히 입증된 이론이 부재하는 가운데 언론과 정계에서는 각종 추측과 억측과 이념을 앞세운 주장들이 판치고 있다.

열대성 폭풍이 발생하기 위해서는 해수면의 온도가 26도 이상이어야 한다. 그런데 지난 20~30년간 대양의 온도는 전 지구에 걸쳐 고르게 상승하지 않았다. 국지적으로 상승한 경우라 하더라도 그 폭이 최대 0.5도밖에 되지 않았다. 열대성 저기압 전문가들은 열대성 폭풍우의 강도를 측정할 때 '축적 사이클론 에너지(ACE, Accumulated Cyclone Energy)'라는 단위를 사용한다. ACE를 활용해 열대성 폭풍우 발생 빈도가 가장 높았던 해의 순위도를 작성했는데, 그 결과 지난 20년간 공식적으로 발표된 평균 온도와 열대성 폭풍우의 발생 빈도 사이에 연관성이 거의 없는 것으로 나타났다.

단, 대서양에 역사상 가장 강도 높은 허리케인이 불어닥친 해는 2005년이었다. 그 이름도 유명한 '카트리나Katrina'가 바로 그것이다. 하지만 2위는 1950년도, 3위는 1893년도에 있었다. 또, ACE 순위도에서 '태평양 지역에 가장 폭풍이 빈번했던 해' 분야의 1~10위에 마크된 해들 중 21세기에 속하는 해는 하나도 없었다.

물론, 북대서양 지역에 허리케인 발생 횟수가 지난 20년 사이에 늘어났다는 데에는 논란의 여지가 없다. 1980년대만 하더라도 6~11월에 이르는 허리케인 시즌에 발생한, '별명'이 붙을 만큼 강력한 회오리바람의 발생 횟수가 10차례였던 것에 반해 2010년 이후에는 12~14건이나 출현했다. 그런 강력한 허리케인에는 대개 남자나 여자 이름이 붙는데, 시간이 지나다 보면 같은 이름이 반복되는 경우도 더러 있다.

하지만 앞으로 기상학자들이 열대성 폭풍에 절대로 붙이지 않게 될 이름이 하나 있다. 바로 카트리나다. 카트리나는 매우 극단적인 사례였다. 세계 최대의 기술 강국인 미국조차도 카트리나라는 무시무시한 도마 위에서는 속수무책으로 난도질당하고 말았다. 특히 미국 내에서 가장 긴 전통을 자랑하는 도시 중 하나이자 전 세계적으로도 명성이 높은 도시 뉴올리언스는 카트리나로 인해 완전히 초토화되다시피 했다.

초승달 형태로 되어 있어 크레센트 시티Crescent city라는 별명을 지니고 있는 뉴올리언스는 미국 내에서도 매우 특별한 곳이다. 우선, 미국 내 다른 대도시와는 달리 열대성의 후텁지근한 날씨에 자기만의 고유한 분위기를 꾸준히 유지하고 있다는 점이 뉴올리언스만의 특징이라 할 수 있다.

나아가 뉴욕이나 보스턴, 필라델피아 등과는 달리 영국의 식민 개척 시대에 발달된 도시가 아니라는 점, 영국의 철천지원수인 프랑스의 부르봉 왕가와 나폴레옹 시대에 뿌리를 두고 있다는 점에서 뉴올리언스는 더더욱 미국의 다른 대도시들과 차별성이 있다. 1803년, 나폴레옹은 뉴올리언스를 비롯해 미시시피 강 서쪽의 프랑스 통치 지구 전체를 미국에 팔았다. 그 지역에 프랑스 깃발이 꽂힌 지 100년에 가까운 세월이 흐른 시점이었다. 뉴올리언스는 또 '1812년 전쟁', 즉 영미 전쟁이 막바지로 치닫던 1815년, 미국 민병대가 영국군에게 대승을 거둔 지역이기도 했다.

다양한 문화가 공존하는 도시 뉴올리언스는 재즈의 요람이자 범죄의 소굴 같은 분위기를 띠고 있는 곳이기도 하다. 포크 발라드의 고전으로 간주되고 있는 〈하우스 오브 라이징 선House of Rising Sun〉은 그러한 분위기를 기리는 음악적 기념비라 할 수 있다. 처음에는 디 애니멀스에 의해 발표됐다가 나중에 프리지드 핑크, 돌리 파튼에 의해 리메이크되기도 한 이 곡은 미국 내 곳곳을 지배하던 금욕

주의나 성을 금기시하는 문화를 전면적으로 반박하는 상징과도 같은 곡이었다. 뉴올리언스는 그렇게 즐겁고 북적이는, 늘 재미난 무언가로 가득 찬 도시였다.

하지만 뉴올리언스 시민들은 일요일마다 교회에 가서 예배를 드리는 독실한 기독교 신자이든 몸을 팔아 생계를 유지하는 성매매 여성이든 자신들이 홍수라는 '다모클레스의 검The Sword of Damocles' 아래에 놓여 있다는 것을 잘 알고 있었다. 뉴올리언스는 도시 내 많은 지역의 고도가 해수면보다 낮았다. 특히 폰처트레인 호수의 해수면보다 낮다는 것이 매우 큰 문제였다. 뉴올리언스가 호수의 바로 남쪽에 위치해 있기 때문이었다. 제방과 운하, 펌프 등 홍수를 막기 위한 각종 시설과 장비들은 이미 갖추어 놓았지만, 그것만으로는 역부족일 때도 있었다.

예컨대 1947년, 이름이 붙여지지 않은 허리케인 하나가 불어닥치면서 도시 곳곳이 물에 잠겼고, 1965년 9월에는 더 심각한 위기를 맞이했다. 강도 4등급의 초강력 허리케인 벳시Betsy가 불어 닥친 것이었다. 2005년 늦여름 뉴올리언스와 걸프포트 시 주변 해안을 휩쓴 카트리나는 허리케인 중에서는 최고 등급인 5등급으로, 미국 역사상 가장 큰 피해를 입힌 3대 허리케인 중 하나로 기록됐다.

8월 23일, 기상학자들은 바하마 제도 동남쪽 끝자락에서 발달하는 열대성 저기압을 확인했다. 저기압대는 이튿날이 되자 열대성 폭풍으로 돌변했고, 이에 기상학자들은 그 허리케인에 카트리나라는 이름을 붙여 주었다. 이후 카트리나는 이라크 전쟁이나 아프가니스탄 전쟁 같은 테마들을 제치고 몇 주 동안 미국의 각종 매체를

날씨가 바꾼 세계의 역사

2005년 8월 28일 허리케인 카트리나를 관측한 위성사진.

도배했다.

8월 28일 아침, 카트리나의 풍속이 시속 280킬로미터에 달하면서 등급은 4에서 5로 조정됐다. 그 초대형 괴물은 걸프포트를 따라 플로리다, 앨라배마, 미시시피, 루이지애나를 종횡무진 달렸고, 지나간 모든 지역에 심각한 피해를 입혔다. 뉴올리언스 시민들은 카트리나로 인해 심지어 생존의 위협마저 느껴야 할 정도였다.

8월 28일 오전 10시, 미국 기상청은 뉴올리언스 시에 재난 경보를 발동했다. 평소에 잠잠하던 폰처트레인 호수가 카트리나로 인해 호반이 유실되면서 2미터에 가까운 풍랑이 일 것이라는 예보도 있었다. 기상학자들은 당국과 고위 정치가들에게 카트리나가 품고 있는 위험성에 대해 보고했으나 적절한 조치는 취해지지 않았다. 부시 대통령이 중앙 정부의 지원을 제안했지만, 루이지애나 주지사

캐슬린 블랑코는 이를 거절했다. 훗날 뇌물 수수 혐의로 유죄 판결을 받은 뉴올리언스 레이 내긴 시장은 대피 명령을 마련해 놓고도 선뜻 발동하지 못하다가 8월 28일 오전이 되어서야 도시 전역에 퇴거령을 내렸다. 뉴올리언스 역사상 최초로 발동된 퇴거령이었다.

그런데 뉴올리언스 전체 시민 중 약 3분의 1은 차가 없었다. 그들 대부분은 가난한 흑인들이었다. 수십만 명을 실어 나를 대중교통 수단도 마련되어 있지 않았다. 뉴올리언스뿐 아니라 미국 내 대부분의 대도시에는 자가용 위주의 생활방식이 정착돼 있었기 때문에 그 어디에도 그 정도 인원을 감당할 만큼의 교통 인프라는 구축되어 있지 않았다.

2005년 8월 29일 월요일 아침 카트리나가 뉴올리언스를 강타했을 때까지도 시내에는 10만 명이 남아 있었다. 그중 대부분은 약간 높은 지형에 위치해 있는 루이지애나의 다목적 경기장 '슈퍼돔'으로 피신한 상태였다. 미식축구나 야구 경기가 열릴 때면 7만 5천 명의 관중을 수용할 수 있는 거대한 스타디움인 슈퍼돔은 대규모 피난처로 둔갑했고, 사람이 워낙 많다 보니 위생 상태는 금세 나빠졌다. 그곳에 천막을 치고 임시로 거주하던 이재민들은 나중에 다시 텍사스 주 휴스턴으로 이동했는데, 당시 휴스턴의 범죄율이 확연히 증가하고 말았다. 범죄율 높은 도시 뉴올리언스가 자신들의 사회적 문제를 휴스턴으로 '수출'한 것이었다. 참고로 뉴올리언스의 살인율은 미국 전체 평균의 무려 10배에 달한다.

8월 29일, 뉴올리언스의 제방 50군데가 무너졌다. 허리케인 자체로 인한 피해였다기보다는 홍수로 인해 무너진 것이었다. 초토

날씨가 바꾼 세계의 역사

화된 뉴올리언스의 이재민들의 모습이 24시간 라이브로 전 세계에 중계됐다. 흔히 볼 수 없는 풍경에 전 세계인들의 관심과 우려가 쏟아졌다. 세계 최강대국 미국이 기상 재난 앞에서 속수무책으로 당하는 모습, 나아가 미 연방 재난관리청의 뒤늦은 지원으로 인해 약탈과 폭력이 자행되는 모습에 모두들 아연실색할 수밖에 없었다.

카트리나로 인해 뉴올리언스에서만 1,400명이 희생됐다. 걸프 해안 지역 전체 주들의 인명 피해는 무려 1,800명에 달했다. 경제적 피해 역시 1,000억 달러 이상으로 추산됐다. 전 세계 곳곳에서 애도와 연대의식의 물결이 일었다. 방글라데시나 파키스탄 등 지원을 하기보다는 지원을 받는 데 더 익숙한 나라들에서도 구호품들이 속속들이 도착했다. 가장 많은 액수를 기부한 국가는 부자나라 쿠웨이트였다. 쿠웨이트는 앞서 사담 후세인의 침공을 받고 영토 일부를 빼앗겼지만, 부시 대통령(아들 부시)의 명령으로 투입된 미군 덕분에 해당 영토를 탈환한 적이 있었다.

카트리나 발생으로부터 10여 년이 지난 후, 뉴올리언스는 재난을 딛고 다시 일어섰다. 제방 시스템도 강화됐다. 물론 아직도 관광객들이 기피하는 슬럼가는 존재한다. 다시 한 번 허리케인과 같은 재난이 발생한다면 이번에도 자력으로는 목숨을 구제할 수 없을 만큼 가난한 이들이 살고 있는 지역들이다. 하지만 그 사이 뉴올리언스는 생명과학 분야의 기업들을 유치했고, 멋진 바와 부티크호텔들도 문을 열었다. 허리케인 카트리나는 강대국 미국인들의 의식을 바꾸어 놓았다. 그 어떤 첨단 기술과 인간의 노력으로도 대자연의 분노를 잠재울 수 없다는 사실을 깨달은 것이다.

에필로그

지구온난화에 관한
짧은 고찰

기상학자들 대다수는 인류가 기상 재난을 향해 돌진하고 있고 그 주범이 바로 인간 스스로 방출한 유해가스 때문이라고 입을 모으고 있다. 학자들은 또 이 유해가스들이 대기 성분에 지속적 영향을 미쳐서 결국 사회 불안과 인구 대이동, 부족한 천연자원을 둘러싼 전쟁 등이 일어날 것이라는 끔찍한 시나리오도 함께 제시했다.《함부르거 아벤트블라트》는 "'돌이킬 수 없는 지점'을 통과하고 나면 오염된 공기가 기상에 지속적인 영향을 미칠 수밖에 없게 될 것이라며 많은 기상학자들이 우려하고 있다"[1]고 보도하기도 했다. 그 외에도 각종 언론 매체들은 기상 재난이라는 끔찍한 드라마가 비록 이번 세대는 아니라 하더라도 다음 세대, 혹은 그다음 세대에는 반드시 현실화될 것이라며 독자와 시청자들을 공포에 떨게 만들었다.

《슈피겔》도 세계 종말을 그린 시나리오를 내놓았다. 그 내용은 다음과 같았다. "많은 기상학자들이 지금까지 제시된 각종 불안한 자료의 조각들을 종합하고 분석해 본 결과, 20세기 초반에는 지구인들이 오랜 기다림 끝에 '기상 축복'을 맞이했으나 이제 그 추이가 방향을 홱 꺾어 버렸다. 위스콘신 대학교 환경연구소 소장을 지낸 미국의 기상학자 리드 브리슨은 지금과 같은 추세로 기상 악화가 계속된다면 '얼마 지나지 않아 인류 전체가 고통을 받게 되고, 10억에 달하는 이들이 기근으로 사망할 것이며, 이미 그 여파가 극단적 형태로 나타나고 있다'며 경고하기도 했다."[2]

우리는 이미 오래전부터 정확히 예측할 수는 없지만 분명 최악의 상황이 다가올 것이라는 경고를 들어 왔다. 1960년대 후반부터 1970년대 초반까지 독일 언론에서도 이와 비슷한 의견들이 봇물처럼 쏟아졌다. 당시 학자들은 신빙하기의 도래를 점쳤다. 기후와 관련한 각종 국제회의에서는 다가올 위협과 재난을 막기 위한 대책에 대한 논의가 진행됐다. 그때 나온 대책들 중에는 '알베도 효과albedo effect'를 줄이기 위해 양극 지방을 검은 비닐로 덮자는 의견도 있었다. 알베도란 태양광선의 총 입사량 중 지구에 들어오지 않고 외부로 반사된 빛의 양이 차지하는 비율을 뜻하는 것으로, 양극 지방처럼 드넓은 지역에서 알베도를 줄일 경우 기온 하락을 어느 정도 막을 수 있다고 본 것이다.

온실가스 그 자체라고 할 수 있는 이산화탄소의 배출량을 의도적으로 늘려서 빙하기를 막자는 제안에 대해서도 진지한 논의가 진행됐다. 온실효과로 인한 기후 상승을 재앙이 아닌 축복으로 보는 관점이었다. 당시 이 제안은 각국 정부나 공식적 기관에 의해 받아들여지지 않았다. 하지만 모두들 잘 알다시피 그 후 약 40여 년 동안 석탄 발전소나 공장의 굴뚝, 수십 억 대의 차량, 수십 억 마리의 소의 내장에서 어마어마한 양의 이산화탄소가 배출되면서 해당 계획은 '의도치 않게' 실행에 옮겨졌다. 미군 역시 그 분야에 뒤처지고 싶지 않았던지, 몇 차례의 수소폭탄 실험을 통해 북극 기온 상승에 혁혁한 공을 세웠다.

지금도 기상 악화에 대한 경고는 계속되고 있다. 관련 자료나 논문들을 보면 '97퍼센트의 학자들'이라는 말이 어김없이 등장한다. 지구온난화 이론을 의심하는 학자들이 매우 적다는 사실을 방증하기 위해 97이라는 높은 수치를 동원하는 것이다. 한때 빙하기의 도래를 차단해 줄 구세주라 믿었던 온실가스는 치명적 골칫거리로 변했고, 인간에 의해 발생한 기후변화와 지구온난화는 국제사회가 시급히 해결해야할 미래 과제 리스트에 빠지지 않고 포함되고 있다.

지금까지 본서를 통해 날씨와 역사의 연관성을 시대순으로 고찰해 보았을 뿐, 다가올 미래를 섣불리 점치고 싶지는 않다. 과거를 되돌아보니 다양한 요인의 상호작용을 통해 기후변화가 일어난다는 사실을 확인할 수 있었다. 개중 몇몇 요인은 아직 밝혀지지 않았고, 또 다른 요인은 인간이 자초한 것이었다. 인간에 의한 기후변화에 초점을 맞춘다면 변화는 현재 진행 중이며, 기후변화에 영향을 끼칠 유일한 요인은 유해가스 배출이라 할 수 있다.

그러나 기후는 일정한 궤적을 그리거나 일방통행식으로 변화하지 않기 때문에 앞으로의 변화 과정도 예측하기가 어렵다. 요즘

날씨가 바꾼 세계의 역사

도 아침에 눈을 뜰 때마다 달라져 있는 날씨나 기후에 대해 학술적으로 원인을 밝히지 못할 때가 많다. 게다가 지난 몇 십 년간 평균기온 상승 주기가 짧아지고 있는 것이 사실이다. 그런데 이 책에서 소개한 것처럼 인간에 의한 유해 물질 배출이 아닌 자연적 요인에 의해서도 기후는 장기적, 지속적으로, 혹은 갑작스레 변할 수 있다. 화산 폭발이 그 대표적 사례다.

요즘 언론에서는 크고 작은 화산 폭발로 인해 장거리 여객기의 운항에 지장이 있다는 점만 크게 다루고 있지만, 1815년의 탐보라 화산 폭발을 비롯한 대규모 화산 폭발은 지나간 시대의 유물이 아니라 지금도 언제든 되풀이될 수 있는 현재 진행형 자연 현상이다. 그런 점에서 독일의 기상역사학자 볼프강 람마허의 이와 관련된 지적은 시사하는 바가 매우 크다. 람마허는 "언제든지, 어쩌면 당장 내일, 탐보라 급의 심각한 화산 폭발이 일어날 수 있다. 그렇게 되면 그 이듬해 여름, 독일인들은 40도를 훌쩍 넘는 기록적 혹서(2003년) 대신 6월의 저지대에 내리는 눈을 보며 경악할 것이다"[3]라고 경고했다.

도입부에서 유해가스 배출과 관련해 학계와 언론계가 지나치게 과장을 하고 있다는 듯 말했지만, 필자 역시 지구온난화가 실제로 진행 중이고 인간이 거기에 일부 기여했다는 사실을 잘 알고 있다. 따라서 각국 정부들이 약속한 이산화탄소 배출량 감소 목표치를 부디 달성해 주기를, 나아가 그 목표치를 넘어서 주기를 기대하고 있고, 친환경 기술이 우리 삶 전반에 자리 잡기를, 전 세계 모든 인구가 최선을 다해 이 작고도 연약한 지구라는 행성의 보전에 힘써 주기를 바란다.

하지만 환경과 관련된 대부분 문제들이 그렇듯 기후변화를 불러일으키는 요인 역시 외면해 버리려는 이들이 많다. 기후변화를 초래한 매우 큰 원인 중 하나는 인구 증가인데, 어쩌된 일인지 모두가 그 얘기를 입에 담기 싫어하는 것처럼 보인다.

교황이 지구온난화가 인간 활동의 결과라는 취지의 발언을 하고 관련 회칙도 발표한 반면, 가톨릭 교단(기타 대표적 종교계도 포함)은 여전히 "생육하고 번성하라(Be fruitful and multiply)"를 외치고 있다. 올더스 헉슬리는 과잉 인구 문제를 해결하지 않으면 '다른 그 어떤 문제'도 해결할 수 없게 될 것이라 경고한 바 있다. 헉슬리가 말하는 '다른 그 어떤 문제'에는 분명 기후변화도 포함된다는 것을 잊어서는 안 된다.

날씨가 바꾼 세계의 역사

프롤로그: 지구라는 배

1   Hermann Pálsson (Hg.) The Book of Settlements: Landnámábok. Winnipeg, Manitoba
    2006.
2   Hubert H. Lamb, Climate, History and the Modern World. London, New York 2006, S. 175.
3   Wolfgang Behringer: Kulturgeschichhte des Klimas. dtv, München 2014 S. 114.

로마의 번영을 가져온 최적의 기후

1   Angabe des National Climatic Data Centers, http://www.ncdc.noaa.gov/ paleo/ctl/100k.html
2   Wolfgang Behringer: S. 87.
3   Jean Noel Biraben: »Essai sur l'évolution du nombre des hommes.« Population 1979; 34: S.
    13–24.
4   John L. Brooks: Climate Change and the Course of Global History. New York 2014, S.
    325–326.
5   Brian Fagan: The Long Summer. How Climate changed Civilzation. Cambridge, Massachu-
    setts 2004, S. 207.

살라미스 해전의 승패를 가른 해풍

1   Barry Strauss: The Battle of Salamis. The Naval Encounter that Saved Greece–and Western

Civilization. New York 2004, S. 13.

Aus einer englischen Plutarch-Ausgabe übersetzt. http://penelope.uchicago. edu/Thayer/E/ Roman/Texts/Plutarch/Lives/Themis tocles*.html

화산재를 뒤집어쓴 지구, 인류 멸종의 위기

David Keys: Catastrophe. An Investigation into the Origins of the Modern World. London 1999, S. 251.

Keys, S. 257.

William Rosen. Justinian's Flea. Plague, Empire and the Birth of Europe. London 2007, S. 217. Ferner: http://www.oeaw.ac.at/byzanz/pdf/Stadt_und_Um weltll_Quellen_der_Umwelt-geschichte_Preiser-Kapeller_2013.pdf

마야 문명의 붕괴가 주는 '섬뜩한' 경고

Zit. n. Brian Fagan: The Long Summer. How Climate Changed Civilisation. New York 2004, S. 229 - 230.

David A. Hodell, Janson H. Curtis, Mark Brenner: »Possible Role of Climate in the Collapse of Classic Maya Civilisation.« Nature 1995; 375: 391–394.

Douglas J. Kennett, Sebastian F.M. Breitenbach, Valorie V. Aquino et al.: »Development and Disintegration of Maya Political Systems in Response to Climate Change.« Science 2012; 338: 788–791.

Gerald H. Haug, Detlef Günther, Larry C. Peterson et al.: »Climate and the Collapse of Maya Civilisation.« Science 2003; 299: 1731–1735.

http://www.dfg.de/download/pdf/gefoerderte_projekte/preistraeger/gwlpreis/2007/haug_forschung.pdf

중세에도 지구온난화가 있었다?

Wolfgang Behringer: A Cultural History of Climate. Cambridge, UK 2010, S. 79.

Jean Grove und Roy Switsur: Glacial Geological Evidence for the Medieval Warm Period. Climate Change 1994; 26: 143–169

Rüdiger Glaser, S. 61.

Thomas J. Crowley und Thomas S. Lowery: How warm was the Medieval Warm Period? AMBIO: A Journal of the Human Environment. 2000; 29: 51–54.

일본의 운명을 가른 '가미카제' 신화

Paul K. Davis: 100 Decisive Battles: From Ancient Times to Present. Oxford und New York 1999, S. 146–147. 2 Davis, S. 149.

날씨가 바꾼 세계의 역사

인류의 생존을 위협한 기나긴 비

1   John L. Brooke: Climate Change and the Course of Global History. NewYork 2014, S. 364.
2   Zit. nach William Rosen: The Third Horseman. Climate Change and the Great Famine of the
    14th Century. NewYork 2014, S. 119.
3   Pierre Alexandre: Le climat en Europe au Moyen Age. Paris 1987, S. 781–785.
4   Rosen, S. 122.
5   Rosen, S. 123.
6   Zit. nach Brian Fagan: The Long Summer. How Climate Changed Civilization. Cambridge,
    Massachusetts 2004, S. 248.
7   Henry S. Lucas: »The Great European Famine of 1315, 1316 and 1317.« Speculum 5 (1930),
    S. 345.
8   William Chester Jordan: The Great Famine. Princeton, New Jersey 1996, S. 117.
9   Zit. nach. Rüdiger Glaser: Klimageschichte Mitteleuropas. Darmstadt 2008, S. 64.
10 Rosen, S. 225.
12 Neithard Bulst: »Der Schwarze Tod im 14. Jahrhundert«. In: Mischa Meier: Pest. Die
    Geschichte eines Menschheitstraumas. Stuttgart 2005, S. 144.

중세에 찾아온 빙하기

1   Michael E. Mann: »Little Ice Age.« In: Encyclopedia of Global Environmental Change. Vol-
    ume 1, S. 504–509. Chichester 2002.
2   Behringer, Cultural History of Climate, S. 122.
3   Wolfgang Behringer: Hexen. Glaube, Verfolgung, Vermarktung. München 2009. Ders.
    Hexen und Hexenprozesse in Deutschland. München 2000. Ders. »Climatic Change and
    Witch-Hunting. The Impact of the Little Ice Age on Mentalities«. Climatic Change 1999; 43:
    335–351. Ders. »Weather, Hunger and Fear: The Origins of the European Witch Persecution
    in Climate, Society and Mentality.« German History 1999; 13: 1–27.
4   Geoffrey Parker: »Lessons From the Little Ice Age.« NewYorkTimes, 22. März 2014.
5   Parker, NYT.
6   Zit. n. Geoffrey Parke:. Global Crisis. War, Climate Change and Catastrophe in the Seven-
    teenth Century. New Haven und London 2014, S. 59.
7   Parker, Global Crisis, S. 85.
8   Parker, Global Crisis, S. 226.
9   Behringer, S. 140.
10 H. H. Lamb, »The Weather of 1588 and the Spanish Armada.« Weather 1988; 3: 230 S. 230.
11 http://www.ultimatehistoryproject.com/frost-fairs-of-london.html
12 Zit. n. http://ocp.hul.harvard.edu/contagion/plague.html
13 David W. Stahle et al.: »The Lost Colony and Jamestown Droughts.« Science 1998; 280: S.
    564–567.
14 Ronald D. Gerste: »Das Dorf im Fluss.« Die Zeit, 10. Mai 2007.
15 Rüdiger Glaser: Klimageschichte Mitteleuropas. Darmstadt 2008. S. 187/188. Leicht
    gekürzt.

16 David Dickson: Arctic Ireland. Belfast 1997, zitiert nach einer Besprechung im Irish Independent, 30. 12. 2010.

17 Behringer, S. 211.

무적함대를 물리친 '신교도의 바람'

1 Robert Hutchinson, The Spanish Armada. New York 2013, S. 50.

2 Hutchinson, S. 161.

3 Hutchinson, S. 165.

4 Hutchinson, S. 170/171.

5 Lamb, S, 386–395.

6 Hutchinson, S. 184.

7 Hutchinson, S. 193.

8 Hutchinson, S. 200.

9 William Shakespeare, Der Sturm. Erster Aufzug, Erste Szene (Gonsalo).

기억 속 가장 추웠던 겨울

1 http://www.winterplanet.de/Winter1709/Winter1709.html

2 Walter Lenke: Untersuchung der altesten Temperaturmessungen mit Hilfe des strengen Winters 1708 –1709. Berichte des Deutschen Wetterdienstes Nr. 92, Band 13. Offenbach 1964. Das Zitat von Frau Kirch findet sich auf S. 15.

3 Lenke, S. 27.

4 Lenke, S. 29.

5 Lenke, S. 31.

6 Lenke, S. 32.

7 Lenke, S. 34.

8 Lenke, S. 36.

9 Carl Kunzel (Hrsg.): Die Briefe der Lieselotte von der Pfalz, Herzogin von Orleans. Hamburg 2013, S. 291.

미국의 독립을 도운 비바람과 눈폭풍

1 Zit. n. Ron Chernow: Washington. New York 2010, S. 245.

2 Chernow, S. 248.

3 Chernow, S. 250.

4 Zit. n. Bruce Chadwick: George Washington's War: The Forging of a Revolutionary Leader and the American Presidency. Naperville, Illinois 2005, S. 35–36.

대혁명의 먹구름과 거대한 우박덩이

1 Gekürzt und übersetzt wiedergegeben nach J. Neumann: »Great Historical Events that Were Significantly Affected by the Weather. The Year Leading to the Revolution of 1789 in France«. Bulletin of the American Meteorological Society 58 (1977), S. 163–168.
2 Zit. n. Simon Schama: Der zaudernde Citoyen. München 1989, S. 310.
3 Georges Lefebvre: The Great Fear of 1789–Rural Panic in Revolu tionary France. London 1973, S. 7.
4 Alfred Cobban: A History of Modern France. Vol. 1. London 1957, S. 136.

나폴레옹을 무릎 꿇게 한 러시아의 혹한

1 Andrew Roberts, Napoleon. A Life. New York 2014, S. 585.
2 Alexander Mikaberidse, The Burning of Moscow. Napoleon's Trail by Fire 1812. Barnsley. United Kingdom 2014, S. 78.
3 Roberts, 616.
4 Roberts, S. 622.
5 Roberts, S. 622.
6 Roberts, S. 627.
7 Roberts, S. 627.
8 Adam Zamoyski: Moscow 1812: Napoleon's Fateful March. New York 2005, S. 482.
9 Adam Zamoyski, S. 482.
10 Zamoyski, S. 482.
11 Zamoyski, S. 482.
12 Zamoyski, S. 487.
13 29. Bulletin de la Grande Armée. Marseille, Dezember 1812.
14 Roberts, S. 631.

나폴레옹의 발목을 잡은 워털루의 폭우와 진흙탕

1 Dennis Wheeler / Gaston Demarée: »The Weather of the Waterloo Campaign 16 to 18 June 1815: Did It Change the Course of History?« Weather 2004, 60: 160.
2 J. Neumann: »Great Historical Events that Were Significantly Affected by the Weather. Part 11: Meteorological Aspects of the Battle of Waterloo.« Bulletin of the American Meteorological Society 1993, 74: 416.
3 Neumann, S. 417. 4 Wheeler / Demarée, S. 162.

불타는 백악관 위로 쏟아진 폭우

1 Zit. n. Laura Lee: Blame It on the Rain. How the Weather Has Changed History. New York 2006, S. 155–156.

여름이 없는 해

본 장에 관한 기타 자료: William K. Klingaman und Nicholas P.Klingaman: The year without summer: 1816 and the volcano that darkened the world and changed history. New York 2013.

1   Thomas Stanford Raffles: The History of Java. London 1817, S. 28.
2   William K. Klingaman / Nicholas P. Klingaman: The Year Without Summer: 1816 and the Volcano that Darkened the World and Changed History. New York 2013, S. 58.
3   Klingaman, S. 30.
4   Klingaman, S. 59.
5   Klingaman, S. 67 f.
6   Klingaman, S. 112.
7   Klingaman, S. 114.
8   Klingaman, S. 189 f.
9   Klingaman, S. 55.
10   Klingaman, S. 55.
11   Klingaman, S. 97.

히틀러의 목숨을 살린 그날의 안개

1   Ian Kershaw: Hitler 1936–1945: Nemesis. London 2000. S. 263–264.
2   Peter Steinbach und Johannes Tuchel: »Allein gegen Hitler.« ZEIT Geschichte 04/2009.

독재자의 야망을 꺾은 혹독한 추위

1   Liljequist, Gösta H: ›The severity of the winters at Stockholm 1757–1942‹, Geografiska Annaler 1–2, 1943, S. 81–104; und ausführlicher in: Meddelanden, Serien Uppsatser, Stockholm 1943, S. 1–24.
2   Anthony Beevor: Der Zweite Weltkrieg. München 2014, S. 234/235.
3   Beevor, S. 270.
4   Beevor, S. 281.
5   Beevor, S. 283.
6   Allen F. Chew: Fighting the Russians in Winter. Three Case Studies. Fort Leavenworth, Kansas, 1981. S. 33

연합군에 허용된 단 '하루'의 맑은 날씨, 노르망디 상륙작전

1   J. M. Stagg: Forecast for Overlord. New York 1971, S. 14.
2   Stagg, S. 19.
3   Stagg, S. 87.
4   Jean Edward Smith: Eisenhower in War and Peace. New York 2012, S. 352.
5   Stagg, S. 115.
6   Stagg, S. 122.

7   Andrew Roberts: The Storm of War. New York 2011, S. 466.

안개에 가로막힌 히틀러 최후의 반격

1   Stephen Ambrose, Citizen Soldiers. New York 1997, S. 212.
2   Roberts, S. 506.
3   Roberts, S. 506.
4   Marvin D. Kays, Weather Effects During the Battle of the Bulge and the Normandy Invasion. U.S. Army Atmospheric Science Laboratory, White Sands, New Mexico 1982, S. 13.
5   Roberts, S. 507.
6   Kays, S. 14.

모래 폭풍 속의 최후, 독수리 발톱 작전

1   Mark Bowden, »The Desert One Debacle.« The Atlantic, Mai 2006. http:// www.theatlantic.com/magazine/archive/2006/05/the-desert-one-debacle/ 304803/

에필로그: 지구온난화에 관한 짧은 고찰

1   Vom 21. März 1970.
2   Vom 12. August 1974. Eine Übersicht über die damalige Diskussion unter http://www.welt.de/wissenschaft/umwelt/article5489379/Als-uns-vor-30Jahren-eine-neue-Eiszeit-drohte.html
3   http://www.winterplanet.de/Sommer1816/Jahr%20ohne%20Sommer.html# Europa

로마제국의 번성에서 미국의 독립까지

날씨가 바꾼 세계의 역사

초판 1쇄 발행 2022년 6월 29일
초판 2쇄 발행 2023년 8월 10일

지은이 로날트 D. 게르슈테
옮긴이 강희진
펴낸이 성의현
펴낸곳 (주)미래의창

출판 신고 2019년 10월 28일 제2019-000291호
주소 서울시 마포구 잔다리로 62-1 미래의창빌딩(서교동 376-15, 5층)
전화 070-8693-1719 **팩스** 0507-1301-1585
홈페이지 www.miraebook.co.kr
ISBN 979-11-91464-75-7 03900

※ 책값은 뒤표지에 있습니다.

생각이 글이 되고, 글이 책이 되는 놀라운 경험. 미래의창과 함께라면 가능합니다.
책을 통해 여러분의 생각과 아이디어를 더 많은 사람들과 공유하시기 바랍니다.
투고메일 togo@miraebook.co.kr (홈페이지와 블로그에서 양식을 다운로드하세요)
제휴 및 기타 문의 ask@miraebook.co.kr